LA GRANDE HISTOIRE DE LA COUPE DU MONDE

10
adidas
FFF

ISBN13 : 978-2-915535-81-5
Dépôt légal : octobre 2009

LA GRANDE HISTOIRE DE LA COUPE DU MONDE

TEXTES

DIDIER BRAUN, VINCENT DULUC, RÉGIS DUPONT

ET

CÉLINE RUISSEL

STATISTIQUES

SYLVAIN LE DUIGOU

INTRODUCTION DE GÉRARD EJNÈS

RÉALISÉ SOUS LA DIRECTION DE

JEAN-PHILIPPE BOUCHARD

AVEC JACQUES HENNAUX (DIRECTION ARTISTIQUE)

KARIM MEZOUDJI (MAQUETTE)

GILLES MONTGERMONT (ICONOGRAPHIE)

L'ÉQUIPE

Hulténs

PAR GÉRARD EJNÈS

LES PETITES MADELEINES

Le voilà l'événement le plus important inventé par l'homme depuis son apparition sur terre. La voilà l'invention suprême qui suspend le temps et fédère le genre humain en foules infinies qui, sur cinq continents, ici le jour, là-bas la nuit, font la même chose au même moment, figées par une passion commune pour cette balle en forme d'exutoire qui roule sans fin et dessine des destinées, un jour magiques, le lendemain tragiques.

C'est le chemin des écoliers qu'a pris la Coupe du monde pour aller de Montevideo, en Uruguay, où elle babilla en 1930, jusqu'à Johannesburg, en Afrique du Sud, où elle découvrira le continent africain en 2010, nouvelle et essentielle étape sur le chemin d'une universalité sans cesse améliorée. Ce chemin, elle l'a emprunté à pas très lents, quatre ans pour chacun d'eux, mais gigantesques à chaque fois.

Lecteurs, en tournant ces pages vous n'allez pas entrer simplement dans l'histoire du sport mais dans celle de l'humanité, avec, en creux, un grand écart (1938-1950) qui souligne la véritable déraison des hommes, quand ils choisissent de se détester, de se massacrer et de s'anéantir, plutôt que de confier leur sort à quelques magiciens chargés de les représenter, ou simplement de les éblouir, avec une boule de cuir.

Les images usées et délavées des origines indiquent que ce jeu est le propre de l'homme, qu'il l'a pris par la main et ne lâchera jamais. De l'Uruguay à l'Afrique du Sud, en passant par l'Italie, la France, le Brésil, la Suisse, la Suède, le Chili, l'Angleterre, le Mexique, l'Allemagne, l'Argentine, l'Espagne, le Mexique encore, l'Italie, encore, les États-Unis, la France encore, le Japon et la Corée du Sud et l'Allemagne encore, c'est la géographie qui dit tout.

De Schiaffino à Zidane soudain devenu furieux, en passant par Meazza, Piola, Schiaffino, Rahn, Pelé déjà, Garrincha, Bobby Charlton, Pelé encore, Beckenbauer, Kempes, Rossi, Maradona, Matthäus, Romario, Zidane en majesté et Ronaldo, c'est l'Histoire qui est convoquée avec ses empereurs triomphants ou déchus.

Avec aussi ses héros si divers, le Haïtien Gaetjens vêtu d'un maillot américain qui détruit l'Angleterre en 1950, le Hongrois Puskas, impossible naufragé de la pluie en 1954, le Brésilien Pelé, éternel Pelé dont on ne parle jamais assez, enfant roi ravagé par les larmes en 1958, l'improbable Nord-Coréen Pak Do-ik, qui pulvérise l'Italie en 1966, Cruyff l'elfe orange privé de couronne, et Platini après lui. Un pas de géant, un autre pas de géant, et voici maintenant la France en fleur puis la France en pleurs. Le creuset des émotions au creux de l'objet en or.

L'ouvrage que vous présentent les meilleurs spécialistes de *l'Équipe* convoque le savoir et l'accessoire. Il pèse le poids de cette immense compétition. Il en connaît tous les détails, ceux qui comptent et ceux qui n'en sont que l'écume. Il emporte dans des entrelacs magistraux au fil desquels l'on croise l'Egypte premier représentant africain en phase finale en 1934, les Indes Néerlandaises (aujourd'hui Indonésie) leur pendant asiatique en 1938, Israël premier qualifié du Moyen Orient en 1970, le Zaïre premier candidat d'Afrique noire en 1974, l'Australie premier invité du bout du monde la même année, l'Algérie et l'Arabie Saoudite qui élargissent le rassemblement à de nouvelles cultures en 1982.

Voici encore d'autres hommes ancrés dans la légende. Roger Milla le Camerounais, plus vieux buteur des dix-huit phases finales à 42 ans et 39 jours, Norman Whiteside l'Irlandais, plus jeune acteur à 17 ans et 112 jours, Dino Zoff l'Italien plus vieux champion à 40 ans et 133 jours, et Pelé, encore Pelé, éternel Pelé, déifié et mythifié à 17 ans et 249 jours.

Alors, bien sûr, au fil du temps qui passe et abîme, la naïveté des origines a disparu tandis que les marchands en rangs serrés, entraient dans les temples. Mais par delà un monde qui change en bien ou en mal, chacun d'entre nous porte en lui un petit morceau indélébile de Coupe du monde qui ne le quittera jamais. Cette petite « madeleine » est forcément cachée dans un recoin de ce livre. La mienne date de 1958. Je revois Fontaine partant tout seul de son propre camp et se ruant vers un gardien allemand, je revois son tir qui emporte tout, ballon et portier, derrière la ligne de but. Qu'importe si plus tard, beaucoup plus tard, l'âge adulte et sa cruelle réalité rattraperont un fantasme enfantin en m'accablant d'une fin d'action tout aussi efficace mais un peu moins romanesque. Le gardien n'avait pu arrêter le boulet, mais n'avait pas été emporté par l'impact.

Lecteurs, vos madeleines sont dans ce livre. Retrouvez-les et réinventez ces petits bonheurs qui sont des rayons de lumière, car ici brille la gloire du monde.

1930
1954

LA COUPE D'UN MONDE SANS TÉLÉVISION

Que sont les mots et les images figées pour rendre compte du génie en mouvement des footballeurs ? Jusqu'en 1954, la Coupe du monde a été servie par de grands joueurs, Stabile, Leonidas, Schiaffino, Andrade oncle et neveu, Ademir, Meazza, Piola, Zamora, Sindelar, Sarosi, Puskas, Hidegkuti, Kocsis... Mais une infime minorité de spectateurs ont vu, vu de leurs propres yeux, ces grands joueurs à l'œuvre.

Paris, le 19 juin 1938. Vittorio Pozzo, le sélectionneur italien, peut brandir « la victoire ailée ». L'Italie vient de remporter son deuxième titre de champion du monde en pleine montée des fascismes en Europe.

L'ÉQUIPE

L'ÉQUIPE
1

HAYNES ARCHIVE/POPPERFOTO
2

POPPERFOTO
3

1. Au milieu de l'Atlantique, le 2 juillet 1930.
Quatre équipes européennes effectuent la traversée vers l'Uruguay à bord du *Conte Verde*.
Les Français, ici Edmond Delfour, tentent de garder la forme pendant les quinze jours de voyage avant la première édition de la Coupe du monde.

2. Montevideo, le 5 juillet 1930.
L'arrivée à Montevideo du Français Jules Rimet, président de la FIFA et fondateur de la Coupe du monde.

3. Montevideo, le 18 juillet 1930.
Inauguration du stade du Centenaire, construit pour la Coupe du monde, avant le match Uruguay-Pérou (1-0).

Vue du vingt et unième siècle, la Coupe du monde de football se présente comme une évidence. Une évidence qui n'a d'abord été qu'une idée, laquelle a mis vingt-cinq ans à se concrétiser. L'idée émerge dès la naissance de la Fédération internationale de football association (la FIFA), à Paris, au 229 de la rue Saint-Honoré, le 21 mai 1904. L'article 9 des statuts fondateurs dit ceci : « La Fédération internationale seule a le droit d'organiser un Championnat international. » Le projet est bien hardi, deux ans seulement après la tenue du premier match entre nations non britanniques (Autriche-Hongrie, (5-0) à Vienne, le 12 octobre 1902), et trois semaines après la première rencontre officielle d'une équipe de France (Belgique-France, 3-3), le 1er mai. Mais si les dirigeants de sept pays, la France et les Pays-Bas, initiateurs de l'affaire, la Belgique, le Danemark, l'Espagne, la Suède et la Suisse, se sont ainsi réunis, et s'ils expriment d'emblée le désir de créer une compétition qui les rassemble, c'est que le football association - dissocié du football rugby depuis quarante ans déjà - est en quête d'unité et d'autonomie.

Dans ces premières années qui suivent l'exportation du jeu hors du Royaume-Uni, les initiatives et les associations se sont multipliées, qui prétendent régir ce sport dont la pratique déborde maintenant des couches aisées de la société qui l'ont inventé. Des matches internationaux, entre clubs de fédérations concurrentes, sélections de villes ou de pays, s'organisent de façon anarchique. Il devient également urgent d'uniformiser les interprétations des lois du jeu et d'envisager de façon moins dictatoriale les relations avec la nation mère, l'Angleterre. L'idée d'imposer la FIFA naissante comme seul organisme habilité à organiser un Championnat international va dans ce sens. Quant à l'émancipation du football vis-à-vis des instances omnisports de l'époque, elle va s'imposer à mesure que va s'accroître la popularité du jeu. Partout, les footballeurs des fédérations concurrentes souhaitent se réunir pour s'occuper de leur sport et se défaire du carcan de ces unions qui défendent leur chapelle, à la fois sportive et idéologique. Il faudra des années avant de faire sauter tous les verrous, avec comme enjeu international la reconnaissance de la FIFA, laquelle n'admet qu'une fédération par nation. Le plus tenace de ces cadenas sera le tabou de l'argent. Le sport est né dans le dogme de l'amateurisme, il va se développer sous l'impulsion du professionnalisme, officiel ou rampant. Mais comme le rapport à l'argent touche à la philosophie et à la politique, cela complique les relations internationales du football et nuit à l'unité du jeu. Jusqu'à l'orée des années 1920, le projet initial d'un Championnat international demeure enfoui dans les tiroirs aux utopies.

Pourtant il existe bien une première compétition internationale : ce sont les Jeux Olympiques, au programme desquels figure le football depuis 1900. Mais aux Jeux, par principe intangible, ne participent que les amateurs. En Angleterre, les meilleurs joueurs, professionnels depuis le début des années 1880, en sont exclus. Le succès grandissant du football au lendemain de la Première Guerre mondiale et l'irruption de nations nouvelles vont remettre en question la mainmise du dogme olympique. La FIFA, réunion d'associations européennes à l'origine, accueille bientôt des

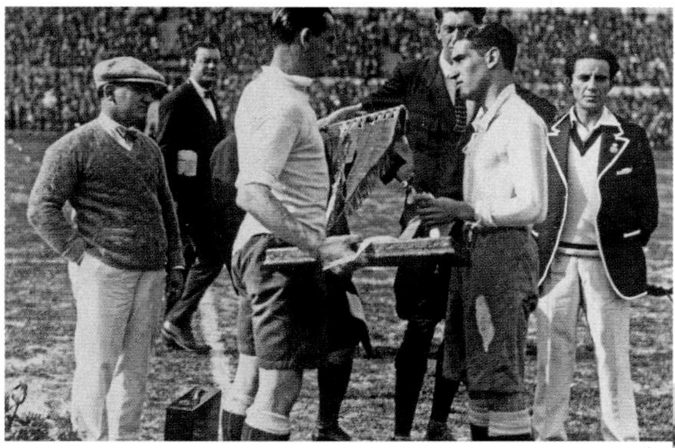

L'ÉQUIPE

4

BOB THOMAS/POPPERFOTO

5

L'ÉQUIPE

6

pays de tous les continents. Vingt-quatre pays y sont affiliés en 1914; ils seront cinquante-neuf en 1938. Dans ces années d'après-guerre, le professionnalisme est reconnu dans les trois grandes nations du football d'Europe centrale : l'Autriche, la Hongrie et la Tchécoslovaquie, lesquelles seront suivies par l'Italie (1929), l'Espagne (1930) et la France (1932). L'idée d'un Championnat du monde ouvert à tous, amateurs comme professionnels, redevient d'actualité.

Les Jeux de Paris, en 1924, seront le déclencheur. Cette année-là, le tournoi de football assure à lui seul le succès des Jeux. En dépit de l'idéologie olympique qui place au premier rang l'athlétisme et les sports individuels, c'est bien le football qui remplit le stade de Colombes, où les spectateurs assistent aux sensationnelles démonstrations puis à la victoire finale et inattendue de l'équipe d'Uruguay sur la Suisse (3-0). Le projet d'origine reprend forme, sous l'impulsion du nouveau président de la FIFA, le Français Jules Rimet, et d'un diplomate uruguayen, Enrique Buero. Le football se met à rêver d'un tournoi qui affirmerait sa place et son indépendance. Le monde optimiste des années 1920 se nourrit du mythe de rencontres pacifiques entre les nations. Il est prêt à entendre tous les chants d'unité des hommes, pourquoi pas celui du ballon. L'expression «Coupe du monde», proposée par la commission d'étude du projet, dans laquelle on trouve Henri Delaunay (l'homme qui va matérialiser l'idée) et le grand patron du *Wunderteam* autrichien, Hugo Meisl, apparaît pour la première fois dans un texte de la FIFA en 1927. Les réticences tombent peu à peu, bien que l'organisation d'une compétition transcontinentale ne soit pas chose facile. Le vieux projet européen de 1904 va naître de l'autre côté de l'Atlantique sud, en 1930, par la volonté d'un petit pays téméraire, l'Uruguay.

Dès le premier match (France-Mexique) du premier jour, le 13 juillet 1930 au Parque Central de Montevideo, dès le premier but, inscrit par l'inter du FC Sochaux, Lucien Laurent, tout indique que cette Coupe du monde, née sur les fondements du sport du dix-neuvième siècle, va exprimer les caractéristiques du sport contemporain.

En 1930, la Coupe du monde est de son temps, elle peut même être en avance sur son temps. Elle est le miroir du jeu de football de son époque, elle peut aussi annoncer des révolutions dans la manière de jouer et de gagner. Elle se révélera un atlas historique des relations internationales du siècle, en exprimant aussi, à travers les émotions d'un joli jeu parfois agressé, les angoisses et les drames du monde.

Ce premier chapitre court du berceau uruguayen de 1930 à la farandole de buts de 1954, au rythme irrégulier des mouvements de pendule entre l'Europe et l'Amérique du Sud, où chaque continent prend l'habitude de gagner chez soi. Dans ce quart de siècle qui enjambe la deuxième guerre mondiale, tout se met en place pour faire de la Coupe du monde l'équivalent des Jeux Olympiques en termes de notoriété. Pendant ces vingt-cinq ans, elle cherche encore le scénario idéal. Elle se veut Coupe. Depuis la naissance de la Coupe d'Angleterre en 1872, qui dit Coupe dit compétition par élimination directe. Or la Coupe du monde de football va instaurer, en tâtonnant, un système hybride. En 1930 et en 1954, elle commence sous une forme de Championnat avant de s'achever

4. Montevideo, le 30 juillet 1930. Avant la finale Uruguay-Argentine (4-2), les capitaines Manuel Ferreira et José Nasazzi, procèdent au désormais traditionnel échange de fanions.

5. Montevideo, le 30 juillet 1930. Le sacre de l'Uruguay devant plus de 60 000 spectateurs.

6. Paris, le 30 mai 1934. Malgré leur sortie prématurée de l'édition 1934, les joueurs français sont portés en triomphe à leur retour de Turin. Le football est déjà un phénomène de société.

L'ÉQUIPE

7

EXCELSIOR

9

EMPICS

8

7. Paris, le 4 juin 1938. En ouverture de l'édition française, le match Suisse-Allemagne (1-1) apparaît comme un symbole d'une Europe tiraillée entre bruits de bottes et espoirs de paix.

8. Rome, le 26 juin 1938. Benito Mussolini est satisfait. L'Italie est championne du monde. Il peut féliciter les vainqueurs qui, d'une certaine façon, ont servi sa cause.

9. Paris, le 22 mai 1938. Première représentante de l'Asie en Coupe du monde, la délégation des Indes néerlandaises (pays qui deviendra l'Indonésie à son indépendance en 1945) pose à son arrivée en France. Le 5 juin, Mo Hang et ses coéquipiers seront sévèrement battus à Reims par la Hongrie (6-0).

dans la frénésie des matches à défaite disqualificative. En 1934 et en 1938, elle est une Coupe intégrale et violemment éliminatoire. En 1950, la Coupe n'a rien d'une Coupe. À la suite d'un tour préliminaire rendu chaotique par le nombre impair et premier de participants (treize), quatre équipes s'affrontent dans un tournoi final mais sans finale, même si l'issue s'avéra la plus inattendue et la plus baroque de l'histoire. Ce sera après 1954 que la Coupe du monde trouvera sa formule la plus équilibrée.

1954 marque une date charnière dans l'évolution technique du jeu lui-même. Lorsque naît la Coupe du monde, en 1930, une révolution tactique se déroule en Angleterre, à la suite de la transformation de la règle du hors-jeu survenue en 1925. Alors que presque toutes les équipes de la planète pratiquent un système qu'en France on appelle « méthode classique » (deux arrières, deux demis ailes, un demi centre meneur de jeu, deux ailiers, deux intérieurs, un avant-centre), le football anglais subit l'influence du manager d'Arsenal, Herbert Chapman. Celui-ci fait reculer le mythique demi centre au rang d'arrière central, garde-chiourme de l'avant-centre adverse, dans un système où chaque défenseur suit pas à pas « son » attaquant. C'est le WM (les deux lettres dessinées par le positionnement des joueurs sur le terrain), qui fait la gloire d'Arsenal, quatre fois champion d'Angleterre de 1931 à 1935. Le football de la Coupe du monde passe à côté de cette révolution, la faute aux sélections britanniques qui ignorent cette Coupe qui n'a pas été inventée par la reine mère, avant de concéder d'y participer quand leur système de jeu sera passé de mode. Jusqu'en 1950, les grandes équipes de la Coupe du monde, celles d'Amérique du Sud et d'Europe centrale, restent fidèles, en le modernisant, au système classique. En 1954, l'histoire technique du jeu sera un instant prise à contre-pied. C'est la première fois qu'une équipe sera championne en usant du marquage individuel (mais il s'agit de l'Allemagne, fidèle à ce principe jusqu'à ses titres mondiaux de 1974 et de 1990, avant de l'abandonner au début des années 2000), alors que sa victime de la finale, la Hongrie, aura modernisé le système ancien, transformé en organisation novatrice, le 4-2-4, dont les principes collectifs feront bientôt la gloire du football brésilien, ce réservoir de génies qu'on a longtemps pris pour d'incorrigibles individualistes.

La bouderie des équipes britanniques dans cette première période de l'histoire fut la plus notable de cette époque, avec celle de l'Argentine, finaliste en 1930, éliminée d'entrée en 1934, qui refusa ensuite les voyages en Europe puis la visite au rival voisin, le Brésil, en 1950. Ces absences empêchèrent la Coupe du monde d'accueillir en son sein la totalité des grandes écoles de football. Pour le reste, l'universalité dont rêvaient des dirigeants qui, comme Charles-Quint, aspiraient à ce que le soleil ne se couche jamais sur leur empire, souffrit des affres de la politique. Le dernier Mondial d'avant-guerre annonce le drame de 1939-1945 : il se joue sans les équipes de pays en guerre ou annexés mais pourtant inscrites (l'Autriche, l'Espagne, le Japon). 1950 se passe de l'Allemagne, mise en quarantaine depuis 1945 ; 1954, comme toutes les éditions précédentes et pour la dernière fois, sans l'URSS, pestiférée des premiers âges.

Malgré ces défections liées à la sombre histoire du premier demi-siècle, la Coupe du monde

10

11

12

conquiert tout le globe. Passée la première édition, où treize pays de deux continents ont osé s'engager, il faudra toujours par la suite organiser des phases éliminatoires avant de parvenir, sauf accident diplomatique ou sportif, au nombre magique de seize. Trente-deux pays sont inscrits en 1934, dont l'Égypte et la Palestine; trente-six en 1938, avec la première participation à la phase finale d'une équipe venue d'Asie; trente-trois en 1950, trente-huit en 1954. Quand s'achève cette période, deux phénomènes gigantesques de l'histoire du vingtième siècle sont en cours, qui vont bouleverser aux chapitres suivants l'évolution de la Coupe du monde.

L'un est politique : c'est la décolonisation, qui modifiera le paysage de la Coupe du monde à partir de 1970. Jamais plus, à partir de 1958, le nombre de pays engagés ne sera inférieur à cinquante. S'inscrire à la Coupe du monde devient un geste fort, même sur le plan diplomatique, comme le comprennent très tôt la Chine, Israël, la Syrie ou le Soudan.

L'autre événement c'est, à peine apparue, la télévision. En 1954 elle balbutie, en noir et blanc, et n'est pas encore un loisir de masse. En France, depuis le début de l'année, 1 % des ménages (les possesseurs d'un téléviseur) ont découvert la Piste aux étoiles et les 24 Heures du Mans. Ils ont pu assister à la première retransmission en direct de la finale de la Coupe de France de football. Le 6 juin est née l'Eurovision, réseau d'échange de programmes européens. Neuf rencontres de la Coupe du monde sont retransmises, parmi lesquelles France-Yougoslavie et la finale. Des réclames encouragent le public à acheter un récepteur, afin d'être « mieux placé » que l'arbitre. Les spectateurs se regroupent devant les vitrines des commerces d'électroménager, grands acteurs de cette société de consommation naissante, ou dans des salles de spectacle comme la salle Pleyel, où les images s'étalent sur un écran de 6,50 m sur 5,10 m.

Avec l'entrée de la télévision dans les foyers, les champions vont s'inviter dans les salons et devenir des vedettes familières. Jusqu'alors, la Coupe du monde avait certes été servie par de grands joueurs, issus des meilleures académies du monde - sauf, encore une fois, la britannique. Stabile, Scarone, Leonidas, Schiaffino, Andrade oncle et neveu, Ademir ont été les magnifiques représentants du football sud-américain; Ferrari, Meazza, Piola, Zamora ont été les ambassadeurs de l'Europe du Sud, dont le football sera bientôt sublimé par des clubs à l'aura gigantesque; Planicka, Nejedly, Sindelar, Sarosi, Puskas, Hidegkuti, Kocsis ont témoigné de la science artistique des nations d'Europe centrale, imprégnée de l'enseignement des vieux maîtres du jeu écossais. Mais une infime minorité de spectateurs ont vu, vu de leurs propres yeux, ces grands joueurs à l'œuvre. La plupart des passionnés de football n'ont fait que lire leurs exploits dans les gazettes, les imaginer à la TSF, admirer leurs silhouettes sur les photographies sépia des magazines.

Que sont les mots et les images figées pour rendre compte du génie en mouvement des footballeurs ? Après 1954, la télévision va profondément changer le regard de la planète et estomper davantage le souvenir des premières idoles. Aussi, quand viendra le temps de désigner les plus grands joueurs, les plus grandes équipes, les plus grands matches de l'histoire, tous ceux d'avant la télé seront oubliés, leurs noms étant juste égrenés dans les encyclopédies. Pour mémoire. D. B.

10. Londres, le 10 juillet 1950. Pour la première fois, l'équipe d'Angleterre participait à une Coupe du monde.Battue par les États-Unis et l'Espagne, elle rentre du Brésil sans gloire ni trophée.

11. Berne, le 4 juillet 1954. La finale entre l'Allemagne de Fritz Walter et la Hongrie de Ferenc Puskas semble sur le papier devoir tourner en faveur de la formidable équipe de Hongrie.

12. Berne, le 4 juillet 1954. Le capitaine allemand est porté en triomphe. Un miracle s'est produit à Berne. L'Allemagne, en pleine reconstruction après la seconde guerre mondiale, détient désormais un noble motif de fierté : elle est championne du monde de football. Ce n'est qu'un début.

URUGUAY 30

Argentine
Belgique
Bolivie
Brésil
Chili
États-Unis
France
Mexique
Paraguay
Pérou
Roumanie
Uruguay
Yougoslavie

Finale : le 30 juillet, à Montevideo.
URUGUAY 4-2 (1-2) Argentine

LA COUPE DU NOUVEAU MONDE

L'URUGUAY, DÉJÀ DOUBLE CHAMPION OLYMPIQUE, LANCE L'AVENTURE D'UNE NOUVELLE COMPÉTITION MONDIALE.

Après la Première Guerre mondiale, il avait fallu que l'Amérique du Sud vienne en Europe pour que le Vieux Continent, berceau du football constate que le jeu de ballon n'était pas une exclusivité européenne.

Lors des Jeux Olympiques de Paris, en 1924, le public de Colombes avait fait la découverte d'un petit pays inconnu, qu'il était bien en peine de placer sur une carte : l'Uruguay. L'équipe au maillot couleur de ciel bleu avait largement dominé le tournoi, écrasant au passage l'équipe de France (5-1), ne laissant aucune chance à la Suisse en finale (3-0). L'Europe apprit à connaître un style et des champions qui s'appelaient Andrade, Petrone, Scarone, Cea, Romano. Ils seraient, plus tard, les premiers champions du monde.

Le triomphe uruguayen fit tant de bruit en Amérique du Sud que, quatre ans plus tard, le voisin argentin fit à son tour le voyage olympique, aux Pays-Bas. L'Europe se rendit compte alors que l'Uruguay n'était pas seule. L'Amérique fit main basse sur la finale, qui opposa l'Uruguay à l'Argentine, et la victoire resta à la Céleste (1-1, puis 2-1). Cette ferveur sud-américaine permit à Jules Rimet, le président français de la FIFA, d'en-

Montevideo, le 30 juillet 1930. Après la vctoire de l'Uruguay (4-2 face à l'Argentine dans une finale 100 % sud-américaine), les joueurs de la Celeste (dont Andrade au centre) sont salués par les notables du pays tandis que le stade Centenario de 60 000 places bâti pour l'occasion applaudit à tout rompre. Malgré seulement treize participants, la première édition de la Coupe du monde est un immense succès.

L'ÉQUIPE

courager l'organisation d'un premier tournoi mondial par-delà l'océan. L'Uruguay fut logiquement choisie en 1929 pour accueillir la compétition. Restait une année pour tout mettre en place !

C'EST LOIN L'AMÉRIQUE !

La nation entière se mobilisa, motivée par le fait que cette Coupe du monde serait le point culminant de la célébration du centenaire de la création du petit pays. Le monumental stade de Montevideo, mis en chantier pour l'occasion, s'appellerait stade du Centenaire. Les quatre tribunes rendraient hommage aux victoires du football national et porteraient les noms d'Olimpica, de Colombes, d'Amsterdam et - belle confiance ! - d'America. Pour les nations européennes, c'était bien loin, l'Amérique. La plupart des fédérations renoncèrent à s'engager. Jules Rimet dut faire preuve de beaucoup de persuasion avant que les joueurs de l'équipe de France - encore amateurs en 1930 - obtiennent un congé de leurs employeurs. L'un des sélectionneurs lui-même, Gaston Barreau, employé à l'Opéra de Paris, ne

FRIEDENREICH A RATÉ ÇA !

C'est le premier oublié de la Coupe du monde. Première figure de légende du football brésilien, Arthur Friedenreich a raté involontairement son rendez-vous avec le monde. Certes, en 1930, l'immense carrière aux 1 239 buts (chiffre mythique officiellement retenu par la FIFA) du « Tigre » tire alors à sa fin. Il a trente-huit ans et va moins vite, mais il aurait quand même dû la jouer, cette Coupe du monde. Seulement, le football brésilien est alors déchiré par une sévère lutte politique entre les fédérations de Rio et de Sao Paulo, où joue Friedenreich. Cette dernière décide de ne pas envoyer ses joueurs en sélection. Privé de Coupe du monde, Friedenreich, dont la légende dit qu'il a inventé les feintes de corps, aura privé le monde de sa présence. Juste après le Mondial, le « vrai » Brésil accueille la France, de retour de Montevideo. Le Brésil l'emporte 3-2, dans un match non homologué par la FFF. Friedenreich marque à cette occasion son dernier but avec la Seleçao. ■

AFP / GETTY IMAGES

Lucien Laurent.
À jamais, il restera comme le premier buteur de la Coupe du monde. Et pourtant, Lucien Laurent fut sélectionné dix fois en équipe de France entre 1930 et 1932. Né en 1907, il meurt en 2005, ce qui lui permettra d'assister à la victoire des Bleus en 1998.

LUCIEN LAURENT OUVRE LA MARQUE

C'est un but banal, dont on parle d'abord peu dans les journaux. Son auteur, Lucien Laurent, attaquant du CA Paris, avouera d'ailleurs des années plus tard qu'il ne fut pas plus célébré qu'un autre : « Quand j'ai inscrit ce but, j'ai eu une joie simple, celle d'un buteur normal avec ses coéquipiers. On a dû tout juste s'embrasser ou se taper dans la main avant de reprendre le jeu. »

« SUR LE COUP, JE N'AI PAS RÉALISÉ »

C'est pourtant le premier match de la première Coupe du monde, le 13 juillet 1930 à Montevideo, entre la France et le Mexique. À la 19e minute, une action française, partie du gardien Thépot, relayée par Chantrel et Libérati, dont le centre est repris par le cadet des frères Laurent, conduit à l'ouverture du score et mène la France vers un large succès (4-1). « Sur le coup, dira Lucien Laurent, je ne me suis même pas posé la question de savoir si c'était le premier but du Mondial. Je n'ai pas réalisé. »
Bien après la fin de sa longue carrière professionnelle, les historiens du sport s'intéressèrent enfin à cet inaugurateur oublié. Des journalistes du monde entier vinrent lui rendre visite pour lui faire raconter, maintes et maintes fois, ce but historique qui, finalement, avait eu si peu d'importance et qui relégua dans l'oubli André Maschinot, auteur du premier doublé de la compétition. C'est ainsi que, pour un documentaire de la BBC, Lucien Laurent, devenu octogénaire, échangea devant les caméras anglaises quelques passes avec l'Anglais Gary Lineker qui, en 1986, avait inscrit le 1 300e but de la série ouverte par le Français. ■

L'ÉQUIPE

Montevideo, le 30 juillet 1930.
Juan Botasso, le gardien de but argentin encaisse un quatrième but, œuvre d'Hector Castro (à demi masqué à gauche) à la 89e minute. C'est fait, l'Uruguay est champion du monde !

put se libérer pour le grand voyage. Et si la Roumanie participa à l'aventure, ce fut par ordre du roi Carol, qui venait juste de reprendre le pouvoir à Bucarest. Avec la France et la Roumanie, la Belgique et la Yougoslavie complétèrent la participation européenne. Les quatre équipes se retrouvèrent à bord du *Conde Verde*, élégant paquebot de la Blue Star Line, pour un voyage de deux semaines.
Au débarquement à Montevideo, c'est la découverte d'un nouveau monde pour les équipes venues d'Europe, représentées dans le dernier carré par la seule Yougoslavie. La passion locale

envers le ballon devient omniprésente dès que les Uruguayens et les Argentins entrent en lice. Les Français s'en rendent compte face à l'Argentine : les supporters uruguayens prennent fait et cause pour la France contre le grand rival local. Les Bleus semblent, au stade de ce premier tour, en mesure d'empêcher une finale à risque - pour l'Uruguay - entre les deux finalistes des Jeux de 1928. Même quand Luis Monti marque à la 81e minute, les trente mille spectateurs continuent d'y croire. Il reste neuf minutes, après tout. Sauf sur le chronomètre de l'arbitre brésilien, qui siffle la fin à cet instant. Cet incident d'arbitrage - un de plus après de nombreux autres - provoque une énorme bronca. Quand l'arbitre s'aperçoit de son erreur, l'élan français est brisé. On va tout droit vers la finale attendue.

LA FOULE ENVAHIT LES RUES

Le 30 juillet, le rio de la Plata, séparant les deux pays, s'emplit de bateaux de toutes sortes. Des milliers d'Argentins veulent voir la finale. Pris dans le brouillard, un certain nombre d'entre eux accosteront… après le match ! Au moins n'assistent-ils pas à la remontée, puis au triomphe, des Uruguayens, menés 2-1 jusqu'à l'heure de jeu. Emmenés par le magnifique Hector Scarone, les joueurs de la Céleste égalisent par Cea, avant de prendre un court avantage par Iriarte et d'assurer leur victoire à la dernière minute par Castro. Une nuit de folie attend le pays vainqueur. À Buenos Aires la foule, qui avait envahi les rues pour écouter la retransmission du match au moyen de haut-parleurs, manifeste sa colère devant l'ambassade d'Uruguay. Les équipes européennes reprennent le bateau la nuit suivante. Elles savent désormais ce que représente le football en Amérique du Sud. ■

EMPICS SPORT / PA PHOTO

MONTI, LE BOUCHER

Le défenseur Luis Monti a sa place dans la grande histoire de la Coupe du monde, pour deux raisons : une belle, l'autre moins. L'exploit est unique. Il est le seul joueur au monde à avoir participé à deux finales, avec deux pays différents. Il perd la première avec l'Argentine, en 1930. Il gagne la seconde avec l'Italie, en 1934 (il aura entre-temps changé de nationalité et de prénom, adoptant Luigi qui sonne plus italien).

ÇA DEVAIT MAL FINIR

Mais il est également célèbre pour avoir été un des joueurs les plus violents de l'histoire du football. En 1930, l'arbitre belge John Langenus est témoin lors de Chili-Argentine d'une bagarre générale dont Monti est le premier responsable, à cause d'un tacle sauvage qu'il a porté à un adversaire. L'arbitre avoue : « Suivant les règles du jeu, tous les joueurs auraient dû être exclus et la partie aurait dû prendre fin faute de joueurs. » Quatre ans plus tard, Monti sera l'acteur principal de deux sanglants Italie-Espagne qui lui vaudront de la part du journaliste et ancien international français, Lucien Gamblin, le doux surnom de « Boucher ». Fatalement, avec un tel palmarès, l'histoire est obligée de mal finir. À la fin de 1934, lors d'un Angleterre-Italie connu sous le nom de « bataille d'Highbury », un joueur d'Arsenal, Drake, lui fracassera la jambe comme pour venger tous les attaquants que Monti avait un jour croisés. ■

Luis Monti. Seul joueur de l'histoire à avoir disputé deux finales de Coupe du monde pour deux pays différents, ce défenseur d'origine argentine est aussi resté dans les mémoires pour la violence de ses tacles.

MAZALI, LE BANNI

On ne badine pas avec la discipline au sein de la Céleste. Andres Mazali est le gardien de but héroïque des Jeux de 1924 et de 1928. Double médaillé d'or, triple champion sud-américain, et aussi champion d'Amérique du Sud d'athlétisme, il pouvait espérer que sa carte de visite plaiderait pour lui. Mais il a enfreint la règle. Il a fait le mur avant le début de la Coupe du monde pour aller embrasser sa femme et son enfant de deux ans. Mazali est exclu. Il ne sera jamais champion du monde. Ce sera la chance d'Ernesto Ballestrero, le gardien de Rampla Juniors. ■

Andres Mazali. Depuis 1924, il gardait les buts de l'Uruguay. Mais pour s'être affranchi de la discipline quasi militaire de la Céleste, il sera privé d'un titre de champion du monde.

L'ÉQUIPE

ÉTONNANT FOOT US

Ainsi, donc, on joue aux États-Unis. Et plutôt bien. La Belgique, solide sélection européenne, s'en rend compte la première en encaissant un sévère 3-0. Même tarif pour les Paraguayens. Seule l'équipe argentine viendra à bout du foot US, en demi-finales (6-1). Ces Américains ne sont pas des novices.

Dans les années 1920, s'est même créée une Ligue professionnelle sur la côte atlantique qui comprend de nombreux joueurs récemment immigrés d'Europe.

Alec Wood a été international scolaire en Écosse, avant de suivre ses parents en Amérique. Il fera une vraie carrière professionnelle en Angleterre, à Leicester et à Nottingham notamment.

Même trajet aller pour Jimmy Gallagher, qui a participé aux Jeux Olympiques de 1928 sous la bannière étoilée.

Bart McGhee, deux fois buteur contre la Belgique, a pour père un international écossais des premiers âges.

George Moorhouse a été professionnel en Division 3 anglaise, à Tranmere, avant d'aller au Canada puis de jouer à Brooklyn et aux New York Giants.

Andy Auld, lui, a fait la guerre avant de devenir professionnel en Écosse et d'émigrer au début des années 1920.

James Brown est parti aux États-Unis à la recherche de son père, il devient professionnel aux Giants. Il reviendra en Europe, jouera à Manchester United et à Brentford, où son militantisme syndical lui posera quelques soucis.

Il ne fallait pas sous-estimer ces étonnants demi-finalistes. ■

Hector Castro. Surnommé « El Manco » (le manchot) depuis la perte de sa main droite dans son enfance, l'avant-centre de la Céleste, déjà sacré champion olympique à Amsterdam en 1928, marque l'ultime but libérateur de la Coupe du monde 1930.

TOPHAM PICTUREPOINT / PRESS ASSON IMAGES

L'équipe américaine. Inattendue demi-finaliste de la Coupe du monde, elle comptait pourtant dans ses rangs plusieurs professionnels.

POPERFOTO / GETTY IMAGES

CASTRO, LE MANCHOT

Au milieu d'une attaque céleste conduite par Scarone, le stratège, et Cea, le meilleur buteur, et brillamment complétée par les deux ailiers, Dorado et Iriarte, voici Hector Castro l'avant-centre, déjà champion olympique à Amsterdam en 1928.

Dans cette Coupe du monde, il marque deux buts importants : le premier de la Céleste, qu'il tire d'un mauvais pas face au Pérou (1-0), et le dernier, à la dernière minute du temps réglementaire de la finale face aux voisins argentins, qui scelle la victoire, déclenchant la clameur d'un stade de soixante mille place et l'hystérie de tout le pays. Castro porte le surnom de « Manco » (manchot) : enfant, il a perdu la main droite en manipulant une scie. ■

POPERFOTO / GETTY IMAGES

Montevideo, le 30 juillet 1930. La poignée de main entre les deux capitaines : l'Argentin Ferreira (à droite) et l'Uruguayen Nasazzi. Chaque équipe voulant disputer le match avec son propre ballon, l'arbitre belge, John Langenus, doit non seulement procéder au tirage au sort du coup d'envoi mais aussi à celui du choix du ballon.

DEUX BALLONS POUR UNE FINALE

John Langenus était arbitre, belge, et portait des culottes de golf, ce qui ne suffirait pas à en faire un personnage de l'histoire du football. Le plus célèbre arbitre européen de l'entre-deux-guerres, qui participa aux trois Coupes du monde de cette période, est devenu célèbre en arbitrant la première finale, entre l'Uruguay et l'Argentine. On fut étonné de le voir pénétrer sur le terrain avec deux ballons sous les bras. Il en a expliqué la raison dans son livre de souvenirs : « Chaque équipe avait apporté une balle de fabrication nationale propre et prétendait ne jouer qu'avec une balle de cette espèce. C'est ce qui explique qu'au moment de donner le signal du début je me trouvai au centre du terrain, portant un ballon sous chaque bras. La balle du jeu fut désignée à pile ou face. » Après la victoire uruguayenne, il dut filer rapidement vers le port afin de rejoindre le navire en partance pour l'Europe. En prévision des insurmontables embouteillages, la police mit à sa disposition et à celle de son juge de touche deux side-cars. C'est dans ce curieux équipage qu'il arriva à temps, pour constater que le navire n'était pas là. Un brouillard très dense sur le Rio de la Plata avait empêché tous les bateaux d'accoster. Les arbitres, ainsi que les équipes belges et roumaines, repartirent le lendemain. Ils purent ainsi assister à la grande fête de la victoire. ■

SEULE LA « VICTOIRE » EST BELLE !

Le 30 juillet 1930, participants et spectateurs de la première finale découvrent un bel objet qui va faire rêver le monde entier pendant près d'un demi-siècle : la Coupe du monde, que le président français de la FIFA, Jules Rimet, a emportée dans ses bagages et qu'il a ainsi décrite dans ses Mémoires : « Une statuette de trente centimètres de haut et pesant quatre kilos. Elle représentait une « Victoire » portant, dans ses deux mains élevées au-dessus de sa tête, une vasque octogonale en forme de coupe. Cette statuette est l'œuvre d'un sculpteur français, Abel Lafleur. (...) La Coupe du monde est en or massif. On voudra bien croire que je n'ai pas choisi ce métal précieux par ostentation. C'est un symbole : la Coupe du monde devait être la première parmi les manifestations sportives, l'or est le symbole de la primauté. » Cachée dans un carton à chaussures pendant la guerre, volée en 1966 et retrouvée par un chien anglais, la coupe devient en 1970 la propriété du Brésil, trois fois vainqueur. Hélas ! elle fut de nouveau dérobée en 1983 et a dû finir refondue par ses voleurs. ■

D.R.

« La Victoire ». Sculpté par Abel Lafleur, le premier trophée de la Coupe du monde pèse quatre kilos et mesure trente centimètres de haut.

LA CÉLESTE TRIOMPHE, LE PESO CHUTE

La coïncidence de date est troublante : la finale mondiale, triomphale pour la Céleste, se déroule le 30 juillet 1930. Pendant deux semaines, l'Uruguay a vécu au rythme du football. La célébration de la victoire dure plusieurs jours. Personne ne parle de la crise économique consécutive au gigantesque krach boursier de Wall Street le 24 octobre 1929, qui a pourtant commencé à ébranler le pays, naguère si prospère qu'il était surnommé « la Suisse de l'Amérique ». Le 4 août, le gouvernement dévalue soudain le peso, la monnaie locale, de plus de 4 %. Sans conséquences politiques fâcheuses. Le football serait-il déjà assez fort pour devenir un opium du peuple ? ■

L'ÉQUIPE

Montevideo, le 30 juillet 1930. Avec ce titre de champion du monde, l'Uruguay oublie la crise économique qui s'abat sur le pays.

ITALIE

34

Allemagne
Argentine
Autriche
Belgique
Brésil
Egypte
Espagne
États-Unis
France
Hongrie
Italie
Pays-Bas
Roumanie
Suède
Suisse
Tchécoslovaquie

Finale : le 10 juin, à Rome.
ITALIE 2-1 a.p. (0-0, 1-1)
Tchécoslovaquie

Rome, le 10 juin. Pour les arbitres de la finale Italie – Tchécoslovaquie, le salut fasciste est une obligation avant de donner le coup d'envoi. La Coupe du monde italienne est avant tout, pour Mussolini, l'occasion d'une opération de propagande d'envergure internationale.

BOB THOMAS/POPPERFOTO

LA MARCHE SUR ROME

DÈS SA DEUXIÈME ÉDITION, LA COUPE DU MONDE DEVIENT UN ENJEU POLITIQUE POUR L'ITALIE DE MUSSOLINI.

L'Uruguay ne venant pas défendre son titre, l'Argentine et le Brésil n'envoyant que des équipes de deuxième ordre, la Coupe du monde 1934 sera une affaire européenne. Mais, en l'occurrence, le football d'Europe va présenter une mine bien patibulaire.

Pour le pays d'accueil, l'Italie, cette Coupe du monde va être l'occasion d'une grandiose opération de publicité politique. Pour l'État fasciste de Mussolini, il s'agit tout à la fois de montrer sa capacité à organiser une grande manifestation internationale et la vigueur athlétique et morale de ses champions. Les stades ont été agrandis, embellis. Ils s'attirent les commentaires élogieux de la presse internationale, comme ceux du journaliste français Maurice Pefferkorn : « Ces temples de la jeunesse sont sortis du sol comme par enchantement et témoignent de l'ardente foi du peuple entier pour la religion nouvelle. » Quand ces stades s'appellent « stade du Parti National Fasciste » (Rome) ou « stade Mussolini » (Turin), ces mots ont de quoi satisfaire le régime. Tout en Italie appelle à la ferveur nationale autour de la sélection. Tous les

matches de l'équipe nationale seront suivis par une foule hystérique, impressionnante pour les spectateurs neutres, les adversaires et même les arbitres. Les rencontres disputées par la *Nazionale* donneront lieu à des incidents de jeu, parfois gravissimes. En quart de finale, elle affronte l'Espagne dans un combat d'une rare violence. Les deux équipes ne peuvent malgré tout se départager (1-1 après prolongation), mais les Espagnols perdent dans l'affaire la moitié de leur équipe, dont leur gardien et capitaine,

Milan, le 31 mai.
Encore des bras tendus. Cette fois, ce sont les Allemands qui font le salut nazi avant leur quart de finale face à la Suède (2-1).

BOB THOMAS/POPPERFOTO

BOB THOMAS/POPPERFOTO

Florence, le 31 mai 1934. Lors du premier quart de finale au couteau entre l'Espagne républicaine et l'Italie fasciste (1-1), le capitaine italien Guiseppe Meazza, blessé, doit sortir du terrain aidé par ses coéquipiers. Mais au final, ce sont les Italiens qui se montrèrent les plus violents.

Rome, le 10 juin 1934. Beaucoup plus volumineuse que la « Victoire », la Coupe que remet Benito Mussolini aux vainqueurs est le symbole de l'enjeu que revêtait pour lui cette deuxième édition de la Coupe du monde.

Ricardo Zamora, blessé, qui déclare : « Il n'est pas possible de battre l'Italie chez elle. Il ne peut pas en être autrement, cela ne se peut pas. M'avez-vous compris ? » Le second Italie-Espagne est arbitré par un « italophile notoire », le Suisse Mercet. Il fermera les yeux sur les charges portées au gardien remplaçant de Zamora, Nogues, lors d'un corner qui provoque le seul but. Plus on approche de la finale, plus la passion augmente. En demie les *Azzurri*, et singulièrement leur demi-centre Luigi Monti, font encore le ménage avant de venir à bout d'une équipe d'Autriche vieillissante (1-0). L'équipe italienne n'est pas la seule à jouer des coudes pour parvenir à ses fins. Le quart de finale entre les deux vieux rivaux d'Europe centrale, l'Autriche et la Hongrie, avait donné lieu à une véritable bataille rangée. Il faudra aussi la classe et le savoir-faire technique de la Tchécoslovaquie pour résister à la fougue et au jeu physique de l'Allemagne en demi-finales (3-1). Enfin, voici l'heure du sacre. Depuis des jours, la presse italienne a chanté les vertus de l'équipe de Vittorio Pozzo, son esprit de discipline et sa soif de conquête. Elle exige la victoire.

«ENVAHI PAR LA DIVINE PASSION»

Le jour de la finale, *le Corriere della sera* écrit : « On sera envahi par la divine passion qu'on porte inévitablement à tout ce qui est nôtre, à tout ce qui porte la marque de notre race, aux couleurs de notre drapeau. » Des heures durant, avant et pendant le match, la foule romaine va pousser son équipe aux cris de « Duce, Duce ! Italia, Italia ! ».
Maurice Pefferkorn, dans *L'Auto*, écrit : « Si compréhensible que soit le désir chez une foule sportive à voir gagner les siens, si légitime que paraisse cette ardente ambition, il est tout de même pénible de voir que l'adversaire soit à ce point méconnu et ignoré. »

Les trois mille supporters tchécoslovaques arrivés de Prague le matin même ne peuvent rien contre la marée italienne. Leurs joueurs, au contraire, luttent vaillamment, ouvrent la marque par leur ailier Antonin Puc. Le stade, d'abord tétanisé, reprend ses encouragements, encore plus féroces. L'Italo-Argentin Raimondo Orsi, lancé par l'Italo-Argentin Luigi Monti, égalise dans les dix dernières minutes. Rien ne peut plus arrêter la marche sur Rome et la victoire, obtenue pendant la prolongation par Angelo Schiavio (95e). Le capitaine italien, Giuseppe Meazza le « Balilla », peut recevoir la Coupe du monde, si petite à côté du colossal trophée qu'a tenu à offrir aux vainqueurs Benito Mussolini, maître absolu de l'Italie triomphante. ■

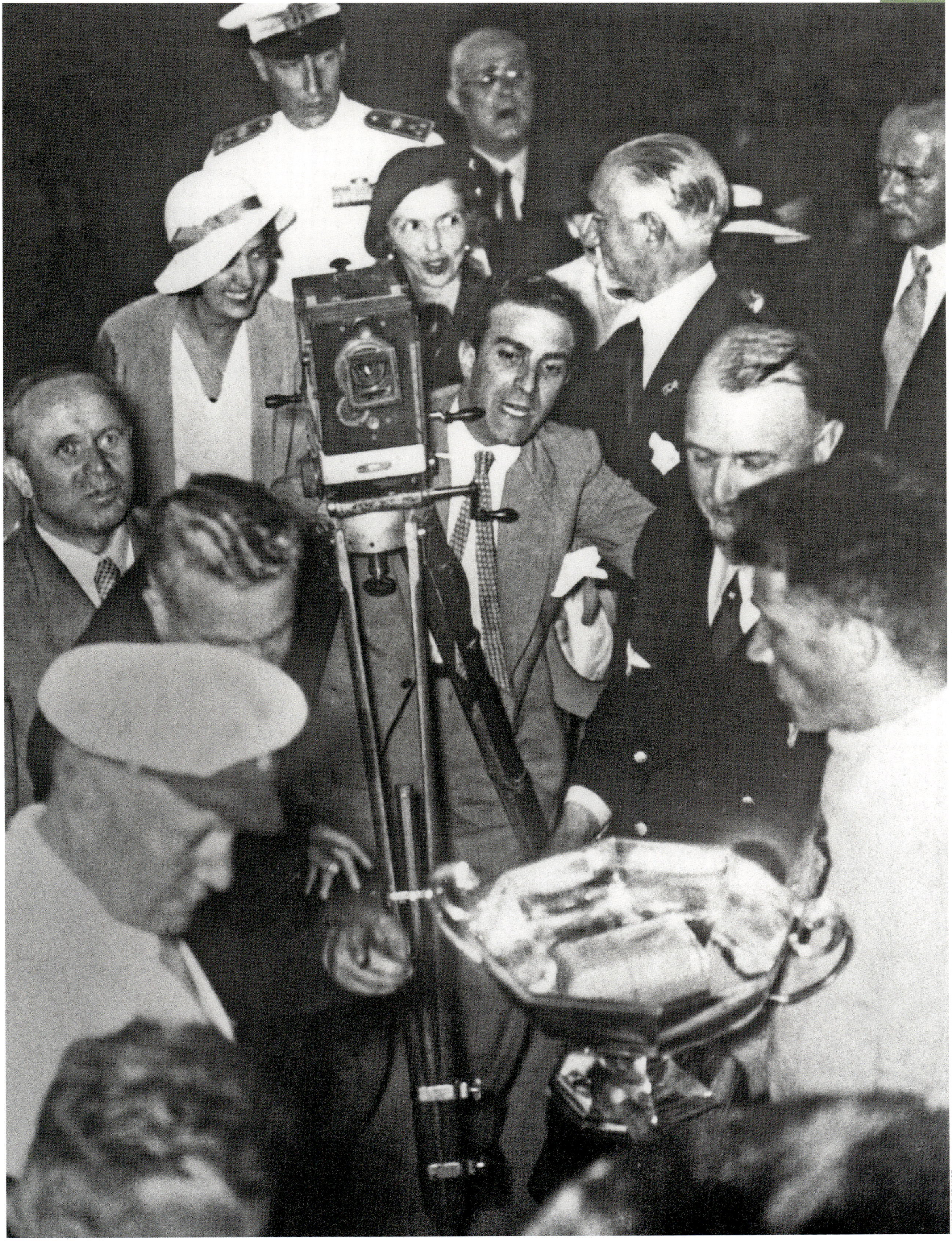

KEYSTONE-FRANCE

L'EQUIPE

UN ÉVÉNEMENT MÉDIATIQUE

Pour la presse européenne qui avait ignoré la première Coupe du monde, trop éloignée, celle de 1934 est l'occasion d'en faire un événement majeur du printemps 1934. Deux cent quarante-neuf journaux du monde entier envoient des reporters afin de suivre le tournoi. La presse italienne arrive naturellement en tête, avec soixante-cinq journalistes accrédités. Mais, tout de suite après, on trouve la France (27) et l'Allemagne (23). Un Vénézuélien côtoie un Arménien, un Polonais est voisin d'un Bulgare. Le journal du Vatican, *l'Osservatore romano*, est présent. Quant à l'Angleterre, qui boude l'événement, elle n'a délégué qu'un seul envoyé spécial. ■

Rome, le 10 juin. Présents sur tous les matches à partir des huitièmes de finale, les radios reporters s'installent au bord des terrains mais restent très encadrés.

ILS N'IRONT PAS À ROME

Les supporters néerlandais ne doutent de rien. Quelques semaines avant le début de la Coupe du monde, ils accueillent l'équipe de France pour un dernier match de préparation en chantant « Nous irons à Rome », lieu de la finale de la Coupe du monde. La France l'emporte 5-4, ce qui ne rafraîchit pas les ardeurs du peuple orange.

Sept mille supporters envahissent Milan, où leur équipe affronte la Suisse en huitième de finale. Mais leur attaquant vedette, Bep Bakhuys, ne fait pas sauter le verrou suisse. Les Pays-Bas perdent 2-3 malgré une égalisation de Smit (19e) puis la réduction du score par Vente (84e). La route de Rome est déjà coupée. Les milliers de Néerlandais reprennent tristement le chemin du plat pays. Un scénario qui se reproduira par la suite souvent au cours de l'histoire de la Coupe du monde. ■

© ROGER-VIOLLET

KEYSTONE-FRANCE

Milan, le 27 mai. Plus de 7 000 supporters néerlandais sont présents à Milan pour le match Pays-Bas - Suisse. Mais les buts de Kielholz (7e, 44e) et Abegglen (69e) pour la Suisse vont sceller la fin de leurs espoirs (3-2).

LE CONSEIL DE KIMPTON À VERRIEST

En cette Coupe du monde de 1934, le vénérable comité de sélection de l'équipe de France a engagé un entraîneur, anglais comme il se doit, George « Sid » Kimpton. Après une honnête carrière de joueur à Southampton, Kimpton a entraîné en Pologne, en passant par une première expérience en France, au Havre. C'est lui qui introduit la nouvelle méthode tactique en vogue en Angleterre, le WM, basé sur le marquage individuel. Ainsi, quand il désigne le Roubaisien Georges Verriest pour suivre au plus près la star autrichienne, Matthias Sindelar, il lui explique la tactique à suivre de la façon suivante : « Geôôdge, si Sindy va aux toilettes, vous allez aux toilettes avec lui ! » Verriest n'a pas eu à le faire. ■

Gabriel Sibley « Sid » Kimpton, alias George Kimpton. Entraîneur du Racing Paris, celui qui sera sélectionneur de l'équipe de France à la Coupe du monde 1934 introduit la tactique du marquage individuel en France.

L'EQUIPE

L'EQUIPE

Ricardo Zamora. Le gardien de but de la sélection ibérique depuis 1920, victime du redoutable traitement des joueurs italiens, va manquer le match d'appui. Son équipe sera éliminée (1-0).

ZAMORA, GRAND D'ESPAGNE

Le trophée annuel du meilleur gardien du Championnat espagnol porte son nom, Ricardo Zamora. Au moment de la Coupe du monde 1934, il représente toute l'histoire de la sélection dont il garde les buts depuis le premier match de l'Espagne, aux Jeux Olympiques de 1920. Partout en Europe, il est une vedette. En quart de finale, dans le premier match contre l'Italie, il est au centre de la bataille. Derrière Ciriaco et Quincoces, Zamora fait barrage. En ouvrant la marque, l'Espagne a paru décupler l'hystérie de l'équipe et des supporters italiens. Les charges sont terribles, les coups pleuvent. Juste avant la mi-temps, l'Italie obtient un coup franc. Le ballon voyage devant le but, Zamora est sur le point d'arrêter l'action comme il a stoppé toutes les autres. Plusieurs Italiens le bousculent, le ceinturent. Ferrari pousse le ballon dans le but. L'arbitre accorde le but sans broncher. La suite est tout aussi farouche et Zamora ne plie pas. Les deux équipes ne peuvent se départager, il faudra rejouer le lendemain. Sans Zamora, hors de combat, l'Espagne s'inclinera. Les Espagnols seront accueillis en héros au pays. Deux ans plus tard, Zamora disputera son dernier match international contre l'Allemagne. Puis viendra la guerre civile... ■

L'ÉQUIPE

Matthias Sindelar. Figure de proue de la magnifique équipe d'Autriche du début des années 1930, le « Mozart du football » et son équipe sont en fin de course à la Coupe du monde 1934. Ils ne franchissent pas l'obstacle italien.

LA FIN DU *WUNDERTEAM*

Le premier rendez-vous manqué avec la Coupe du monde fut celui de la grande Autriche de l'entre-deux-guerres. Et du plus symbolique de ses joueurs, Matthias Sindelar. La grande épreuve est née trop loin et elle est arrivée en Europe trop tard pour eux. De 1928 à 1933, l'Autriche a régné sans couronne sur le continent européen et subjugué à ce point les foules qu'on l'a appelée le *Wunderteam*, l'équipe de rêve. Elle a failli, en décembre 1932, être la première équipe non britannique à s'imposer en Angleterre (3-4). À Paris, elle a donné la leçon à la première équipe de France professionnelle (4-0). Sindelar est l'animateur de sa formidable attaque. Ses allures sont si frêles (1,79 m, 63 kg) qu'elles lui valent le doux surnom d'« Homme de papier ». Il est si génial qu'on le surnomme aussi le « Mozart du football ».

IL N'Y AURA PAS DE PROCHAINE FOIS

Mais, en 1934, l'Autriche est sur une pente descendante ; Pepi Blum, le grand défenseur, a pris sa retraite ; Rudi Hiden, gardien du temple, garde désormais le but du RC Paris ; Sindelar a passé la trentaine. Au premier match, elle n'est pas loin d'être éliminée par la France (3-2 a.p.). En quart, elle se sort difficilement du derby austro-hongrois (2-1). Elle succombe en demi-finale, d'un but, face à une Italie survoltée, puis perd le match de la troisième place contre l'Allemagne (3-2).

Il n'y aura pas de prochaine fois. En 1938, l'Autriche et son football ont été engloutis par l'Allemagne hitlérienne. Et Sindelar se suicidera le 22 janvier 1939. Quarante mille personnes accompagneront sa dépouille le jour de ses funérailles, portant le deuil d'un grand joueur, d'une grande équipe et d'une époque. ■

Florence, le 1er juin. C'est à la 12e minute du match d'appui entre Italiens et Espagnols que Meazza inscrit, de la tête, le but de la qualification pour la demi-finale, tandis que Nogues, le gardien de but espagnol est plaqué au sol.

MEAZZA ET FERRARI, LES DEUX PILIERS DE L'ITALIE

À eux deux, Giuseppe Meazza et Giovanni Ferrari symbolisent le brillant football italien des années 1930. Ils sont les deux seuls Italiens à avoir remporté les deux titres de 1934 et 1938. Le premier en est si fortement représentatif qu'il porte le surnom de « Balilla », l'organisation de la jeunesse fasciste dont tous les enfants des écoles doivent porter l'uniforme. Meazza est l'attaquant rayonnant de l'Inter Milan, rebaptisé Ambrosiana en 1928. Il est à la fois élégant et d'une redoutable efficacité : il sera quatre fois le meilleur buteur du Championnat italien et meilleur buteur de l'équipe d'Italie (33 buts en 53 sélections), jusqu'à l'arrivée de Gigi Riva trente ans plus tard.

Quand commence la Coupe du monde, il est à vingt-quatre ans un des attaquants les plus redoutés d'Europe. Les Hongrois (en 1930) et les Français (en 1931), qui ont subi un hat trick de sa part, en témoignent. Dans ce Mondiale, il joue un rôle essentiel de soutien du buteur Schiavio. Quatre ans plus tard, il est le capitaine de la *Nazionale*. Lui seul aura disputé tous les matches des deux Coupes victorieuses.

UN STADE POUR MEAZZA LA SÉLECTION POUR FERRARI

Si Meazza, l'inter droit, est indispensable, Giovanni Ferrari, l'inter gauche, ne l'est pas moins. Le métronome du jeu de la Juventus (cinq titres de suite) est un superbe stratège, relais sur le terrain de l'entraîneur Vittorio Pozzo. En 1934, il est au sommet. En 1938, à trente-et-un ans, Ferrari – qui a rejoint Meazza au sein du club milanais – est toujours là. Un bagage accru de science du jeu compense une certaine perte de percussion.

Au total, les deux inters ont été les deux piliers du monument italien et demeureront deux grands personnages du Calcio. Le stade de Milan porte le nom de Meazza. Ferrari sera à son tour sélectionneur (Coupe du monde 1962) et deviendra le patron des entraîneurs de la fédération italienne. ■

38

Allemagne
Belgique
Brésil
Cuba
France
Hongrie
Indes Néerlandaises
Italie
Norvège
Pays-Bas
Pologne
Roumanie
Suède
Suisse
Tchécoslovaquie

Finale : le 19 juin, à Colombes.
ITALIE 4-2 (3-1) Hongrie

Paris, le 19 juin. Lors de la finale Italie-Hongrie (4-2), Titkos égalise à la 7e minute après l'ouverture du score par Colaussi. Un joli match qui voudrait faire oublier un instant les bruits de bottes partout dans le monde.

LA COUPE DU MONDE DE LA PAIX

ALORS QUE LES DICTATURES EUROPÉENNES PRÉPARENT LA GUERRE, LA FRANCE VEUT ORGANISER UNE ÉPREUVE PACIFIQUE.

Les visiteurs de la Coupe du monde de 1938 qui auraient vécu celles de 1930 et de 1934 n'en auraient pas cru leurs yeux. Cette compétition mondiale du premier des sports populaires était née en Uruguay et avait grandi dans l'Italie du fascisme, en des lieux où la passion avait pu gravir des degrés troublants jusqu'à la pire hystérie chauvine. Arrivant en France au mois de juin, ces observateurs auraient donc lu ceci : « Une épreuve comme la Coupe du monde vient apporter le témoignage d'une compréhension universelle sur laquelle il est bon de méditer. » (*L'Auto*, 4 juin 1938) ; puis ils auraient réfléchi sur cette autre phrase : « La balle ronde servira à rapprocher les peuples. La troisième Coupe du monde doit se dérouler sous le signe du succès, de la bonne entente et des vertus humaines. » (*Ce Soir*, 5 juin 1938).

En accueillant la Coupe du monde, la France n'a nulle envie de brandir un drapeau ni de vanter une idéologie. Elle veut la paix, sur le terrain de la politique comme sur celui du football. Elle le désire d'autant plus ardemment que le canon tonne en plusieurs points du globe : guerre sino-japonaise ;

POPPERFOTO/GETTY IMAGES

qu'une fédération par État. Un match amical France-Autriche, prévu à la fin du mois de mars, est annulé. Au mois de juin, il n'y aura que quinze équipes sur seize; l'Autriche aura laissé un grand vide et l'Allemagne tentera en vain de lier le style des joueurs viennois à l'organisation de son football.

DEUX DICTATURES EN FINALE

Autre innovation française en ce printemps 1938 : ici, contrairement à ce qui s'était passé en Uruguay et en Italie, pas de stade national flambant neuf pour accueillir le gratin du football mondial. Il existe bien des projets de grands stades, que l'on ressort quand le retard de la France dans ce domaine est constaté. Ils ont été activés avant l'organisation des Jeux Olympiques de 1924; depuis, ils dorment au fond de dossiers. En vue de la Coupe du monde, on rafistole le vieux stade de Colombes, qui avait déjà été agrandi pour les Jeux de 1924. Dernière excentricité française, personne ne met comme préalable à la réussite de la Coupe du monde une victoire de l'équipe nationale! Les Bleus battront la Belgique en huitième de finale (3-1), puis seront battus en quart par les champions du monde italiens (3-1). Pour la première fois, l'équipe du pays organisateur ne sera pas championne du monde. On n'en fera pas un drame : la presse française, qui avait été si critique envers l'ambiance des stades en Italie quatre ans plus tôt, ne pouvait pas se laisser aller à des excès de chauvinisme ou exiger la victoire à tout prix. Si on excepte une guerre civile en Espagne. Le Japon, initialement engagé, laisse aux Indes néerlandaises le soin de représenter pour la première fois le football asiatique. L'Espagne, grand d'Europe du football, est trop déchirée pour avoir l'esprit au jeu. L'Autriche, quant à elle, s'est qualifiée le 5 octobre 1937 en battant la Lettonie (2-1). Mais, le 12 mars 1938, les troupes hitlériennes envahissent le pays. Aussitôt le football autrichien, comme toutes les activités du pays, passe sous contrôle allemand. La FIFA se retranche derrière sa règle qui veut qu'elle ne reconnaisse

Paris, le 4 juin.
Avant son match face à la Suisse (1-1), l'équipe d'Allemagne composée d'Allemands et d'Autrichiens exécute le salut nazi. L'Autriche vient d'être annexée par le IIIe Reich et plusieurs joueurs autrichiens sont contraints de renforcer la sélection allemande.

STAFF/AFP/GETTY IMAGES

certaine tension perceptible au Parc des Princes lors des deux matches entre la Suisse et l'Allemagne, ou quelques manifestations d'hostilité anti-fasciste à Marseille, le public français s'avère courtois, bienveillant. Que, surtout, il n'y ait aucun incident paraît être sa priorité. Jules Rimet écrira dans son livre de souvenirs : « Partout, le moindre incident prenait pour l'opinion publique l'aspect d'une menace, d'un péril qui s'approchait, inéluctable. »
Le 19 juin, la finale entre l'Italie et la Hongrie sera une belle fête. Personne pour s'en prendre à l'Italie sous prétexte que les relations franco-italiennes ne sont pas franchement fraternelles. Personne pour remarquer que les deux finalistes représentent deux régimes dictatoriaux, ceux de Mussolini et de Horthy. On est à Colombes pour voir du bon football, pour voir et féliciter les vainqueurs. Rimet écrira : « À voir l'enthousiasme de la foule française devant le triomphe de l'équipe italienne, victorieuse par 4 à 2, à entendre les applaudissements qui saluèrent le drapeau italien hissé au sommet du mât, on oubliait que les deux nations traversaient à ce moment même une période de graves dissentiments politiques. »
La France voulait juste la paix. ■

LES ANGLAIS BOUDENT TOUJOURS

Depuis 1930, les Anglais ont trouvé un moyen commode de ne pas mettre en jeu leur couronne de meilleure équipe du monde : ils ne participent pas à la Coupe du monde et concèdent juste de disputer des matches de prestige sans enjeu véritable. Comme pour narguer la planète, ils viennent même à Colombes, lieu de la future finale mondiale, quelques jours avant le début de la compétition afin d'y rencontrer l'équipe de France qui se prépare à l'événement. Les vedettes sont là : Drake, Hapgood, Bastin, Matthews. Le score est éloquent : 4-2. ■

MO-HANG ET SA POUPÉE

En 1938, la Coupe du monde accueille un nouveau continent, l'Asie. Au premier tour, le tout nouveau stade de Reims reçoit la très exotique équipe des Indes néerlandaises orientales, qui deviendront indépendantes en 1945, prenant alors le nom de République d'Indonésie. Ce sont de bien modestes footballeurs qui affrontent la puissante Hongrie. Neuf mille spectateurs veulent pourtant les voir à l'œuvre. Ils découvrent une équipe qui entre sur le terrain à douze car le gardien, Mo Hang, porte une poupée hindoue qu'il va accrocher dans ses filets. Le fluide magique du porte-bonheur a dû rester au pays : la poupée tremblera six fois (6-0 score final), dont quatre dans les trente premières minutes. ■

L'IMPOSSIBLE MARIAGE

L'équipe d'Allemagne participant à la Coupe du monde comprenait dans sa délégation neuf joueurs autrichiens. Cela lui posa un problème technique insoluble. Serait-il possible de donner à l'équipe « germano-autrichienne » la cohésion mentale et technique indispensable à une telle entreprise ? La manière autrichienne, fidèle depuis toujours à la méthode dite classique qui refusait tout marquage individuel, serait-elle conciliable avec le WM qu'avait adopté l'équipe d'Allemagne ? Ces deux styles avaient amené chacune des deux équipes en demi-finale de la Coupe du monde 1934. Combinés, ils conduisirent la grande Allemagne à sa perte face à la Suisse, moins talentueuse mais infiniment plus homogène. L'ambiance hostile du Parc des Princes et la dureté de l'affrontement jouèrent en sa défaveur. Après le premier match (1-1), l'entraîneur Sepp Herberger changea la moitié de l'équipe sans résoudre son problème. L'Allemagne, d'abord dominatrice (2-0 au bout de vingt-deux minutes), s'effrita par la suite et chuta lourdement (4-2). Dans son football, au moins, la frontière n'avait pas été abolie. ■

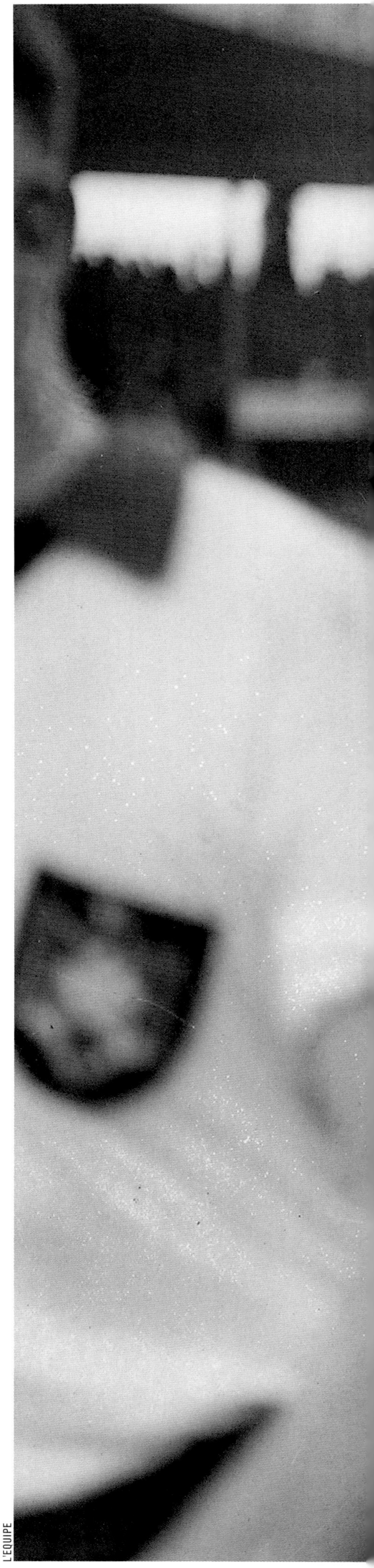

Paris, le 9 juin.
Au Parc des Princes, le match d'appui entre l'Allemagne et la Suisse se conclut sur la défaite des Allemands (2-4) à l'issue d'une partie extrêmement violente. Treize points de suture pour le Suisse Aebi ; la pommette gauche en sang pour l'Allemand Streitle.

L'EQUIPE

L'EQUIPE

LE PREMIER « MATCH DU SIÈCLE »

Strasbourg, le 5 juin. Au quadrupé du Polonais Wilimowski (ci-dessus) répond le triplé de Leonidas. Mais c'est finalement le Brésil qui remporte (6-5, a.p.) ce match d'anthologie.

Le premier « match du siècle » de la Coupe du monde a eu lieu à Strasbourg, par un dimanche d'orage. Au premier tour, le Brésil et la Pologne s'y affrontent. Rien ne laisse présager le déluge de pluie et de buts qui va s'abattre sur la Meinau. En première période, les Polonais sont étouffés par la chaleur et par le rythme si exotique des Brésiliens. Leonidas, Romeu et Peracio ont marqué trois fois, les Polonais ont limité la casse grâce à un penalty. Et voici que l'orage éclate et que la Pologne revient. Son avant-centre, Wilimowski, marque deux buts en six minutes. Peracio redonne l'avantage au Brésil ? Wilimowski fait le coup du chapeau. On en est à 4-4, le terrain devient bourbier, puis cloaque. Leonidas s'englue. Ni une, ni deux, il se déchausse et joue quelques minutes pieds nus, avant que l'arbitre lui intime l'ordre de remettre les crampons. Et c'est lui qui sort le Brésil du marais, en marquant deux nouveaux buts pendant la prolongation. Mais Wilimowski quitte la scène sur un quatrième but qui le fait entrer dans la légende. ■

L'EQUIPE

L'EQUIPE

LE BRÉSIL S'Y VOYAIT DÉJÀ

POPPERFOTO/GETTY IMAGES

Après leur extraordinaire victoire de Strasbourg contre la Pologne, les Brésiliens font désormais figure de principaux opposants aux tenants du titre italiens, qu'ils ont toute chance de retrouver en demi-finale, à condition de passer l'obstacle tchécoslovaque à Bordeaux. Ils y parviendront, mais en puisant dans leurs réserves. Lors d'un premier match d'une grande violence, au cours duquel deux Brésiliens, José et Machado, et un Tchèque, Riha, seront expulsés, les deux équipes ne peuvent se départager, même en prolongation (1-1). Il faut s'affronter de nouveau deux jours plus tard. Le gardien Planicka et le stratège Nejedly, deux des finalistes de 1934, sont absents côté tchèque. L'opposition de styles donne lieu à un spectacle remarquable. Menés 1-0 en première période, les Brésiliens s'imposent en seconde (2-1). Leonidas avait marqué au premier match, il a encore frappé au second. Il en est déjà à cinq buts en trois rencontres. Tout le monde en est sûr : avec lui, l'Italie peut trembler. Sauf que l'entraîneur brésilien, Adhemar Pimenta, se croit plus malin que tout le monde. Il pense déjà à la finale et décide de laisser reposer le « Diamant noir » et l'inter, Tim ! Sans eux, le jeu de passes redoublées et d'échanges répétés perd toute son efficacité. L'Italie, prudente, va attendre tranquillement son tour et frapper deux fois à l'heure de jeu. Le Brésil reviendra à 2-1 en toute fin de match. Trop tard pour permettre à Leonidas de voir Paris. C'est à Bordeaux qu'il marquera ses deux derniers buts et donnera au Brésil la troisième place face à la Suède, bien maigre consolation. Et dire qu'avant le match de Marseille la délégation brésilienne, sûre de son coup, avait demandé aux Italiens de lui revendre les billets d'avion pour Paris qu'ils avaient réservés ! ■

Gare de Strasbourg, le 1er juin. La France découvre avec admiration les artistes brésiliens. Avec sept buts, Leonidas terminera meilleur buteur du tournoi. Le « Diamant noir » est déjà une star, mais il ne verra pas Paris. À Marseille, sans lui, le Brésil sera battu par l'Italie.

L'EQUIPE

DOCTEUR SAROSI

Georges Sarosi, docteur en droit, capitaine de l'équipe de Hongrie, futur entraîneur de la Juventus. Le CV est remarquable. L'attaquant de Ferençvaros n'a pas encore vingt-six ans quand il s'avance à la tête de sa sélection pour participer à la finale de la Coupe du monde de 1938. En 1934, il avait marqué le but hongrois face à l'Autriche en quarts de finale (1-2). À Reims, au début de la compétition, il a marqué deux des six buts de la Hongrie face aux modestes Indonésiens. Ensuite, il sera surtout le parfait serveur du buteur Zsengeller. Contre l'Italie, il marque le deuxième but qui redonne un peu d'espoir à la Hongrie. En 1999, le magazine anglais *World Soccer* l'a placé parmi les cent meilleurs joueurs de l'histoire. ■

Paris, le 16 juin. Même en méforme, le grand Sarosi (penché au centre) inscrit face à la Suède un but de la tête (victoire des Hongrois 5-1) et reste l'incontestable leader de son équipe.

POZZO, LE VIEUX MAÎTRE

On avait laissé cet homme aux cheveux blancs, terrassé par l'émotion, épuisé, sur la pelouse du stade de Rome lors du triomphe italien de 1934. Quatre ans plus tard, quand l'Italie remporte sa deuxième Coupe du monde, on le voit au milieu de son équipe, brandissant le trophée, tout sourire, comme apaisé. En 1934, Vittorio Pozzo avait rempli une mission nationale. En 1938, il parachève son œuvre, colossale. Jeune étudiant en Angleterre, il en a ramené la science du jeu. Dès avant 1914, il est impliqué dans le développement du football italien. Il participe à la création du Torino. Il est, déjà, entraîneur aux Jeux Olympiques de Stockholm en 1912. Tout en étant directeur technique du club turinois, il dirige de nouveau la *Nazionale*, troisième aux Jeux d'Amsterdam en 1928. Nommé sélectionneur unique en 1929, il le restera jusqu'en 1948 et sera champion olympique en 1936. Il aura occupé seul la tête de la *Nazionale* pendant 95 matches, record absolu ! D'un titre mondial à l'autre, il aura su reconstruire son équipe, passant d'une terrible formation de combat à une autre moins ardente et plus scientifique. Pozzo aura marqué l'histoire de son sport en professionnalisant la sélection italienne. ■

L'EQUIPE

Vittorio Pozzo. Sélectionneur de l'Italie pendant 95 matches, il a remporté avec l'Italie deux Coupes du monde et un titre olympique.

KEYSTONE-FRANCE

PIOLA, LE FER DE LANCE

L'EQUIPE

Paris, le 16 juin.
Bien qu'il ne marque pas lors de la victoire de l'Italie sur le Brésil (2-1) en demi-finale (ci-dessus), Silvio Piola se montre digne de sa réputation de meilleur attaquant européen. Contre la Hongrie en finale (ci-contre) trois jours plus tard, il scorera deux fois même s'il échoue ici devant le gardien Szabo.

Le deuxième titre mondial de l'Italie doit énormément à son avant-centre Silvio Piola. En huitième de finale, à Marseille, c'est lui qui soulage la *Nazionale* en marquant le but qui élimine la Norvège, pendant la prolongation (2-1). En quart, à Colombes, il est le bourreau des Français à qui il marque les deux buts de la seconde période. En demi-finale, contre le Brésil, il ne marque pas mais il impose à Domingos un rude duel dont profitera notamment Meazza pour inscrire le but vainqueur sur penalty. Enfin, il est le grand homme de la finale contre la Hongrie (4-2), qu'il domine de sa haute taille (1,83 m). Auteur, comme Colaussi, de deux buts, il est sacré meilleur attaquant européen. Le buteur de la Lazio a alors vingt-cinq ans. La guerre qui s'annonce le privera d'une carrière plus immense encore que celle qu'il aura eue malgré cela, et dont rendent compte quelques chiffres : dix-neuf ans séparent sa première sélection de sa trente-quatrième et dernière (1933-1952) ; premier match en Liga à seize ans, dernier à quarante ans ; meilleur buteur de tous les temps du Championnat italie avec 274 buts. ■

BRÉSIL

50

Angleterre
Bolivie
Brésil
Chili
Espagne
États-Unis
Italie
Mexique
Paraguay
Suède
Suisse
Uruguay
Yougoslavie

le 16 juillet, à Rio de Janeiro.
Brésil 1 - 2 (0 - 0) URUGUAY
Pas de finale à proprement parler mais un match décisif pour le titre entre le Brésil et l'Uruguay.

PPP

Rio de Janeiro, le 16 juillet. Pour cette édition sans véritable finale, le match Uruguay-Brésil (2-1) fait figure d'ultime rendez-vous. Mais le but d'Alcides Ghiggia (79e), alors qu'un match nul suffisait aux Brésiliens pour devenir champions du monde, scelle la fin des espoirs brésiliens.

LE CARNAVAL FINIT EN DRAME

LE BRÉSIL VOULAIT FAIRE DE LA QUATRIÈME ÉDITION DE LA COUPE DU MONDE UNE PARADE TRIOMPHALE. RATÉ !

Pour sa deuxième visite en Amérique, la Coupe du monde va vivre le plus étrange des carnavals sportifs, tout en trompe-l'œil et qui s'achèvera, comme il se doit, par l'effondrement de son roi de carton.

Voici d'abord une Coupe qui n'en est pas une : le vainqueur sera désigné lors d'un second tour où s'affronteront, sous forme de Championnat, les premiers des quatre groupes du premier tour. 1950 est la seule Coupe du monde sans finale, la seule aussi où une équipe n'a besoin que d'un match pour figurer parmi les quatre premiers, car les défections se multiplient. L'Argentine refuse de jouer au Brésil ; l'Écosse et la Turquie, qualifiées, déclarent forfait ; la France et le Portugal, invités à les remplacer, refusent. Résultat, treize équipes sont présentes et le groupe 4 se réduit à un seul match, entre l'Uruguay et la Bolivie (8-0).

UN STYLE VENU D'UN AUTRE MONDE

Pour accueillir le plus grand événement du football mondial, le Brésil a construit le plus grand stade du monde ; ou plutôt continue de construire, car le gigantesque Maracana sera jusqu'au dernier jour du tournoi un vaste chantier. Le Yougoslave Rajko

LA FRANCE N'A PAS VOULU

Pour la première fois depuis la création de l'épreuve, en 1950 l'équipe de France ne participe pas à la Coupe du monde. Elle a d'abord été éliminée sur le terrain par la Yougoslavie après deux matches nuls, 1-1, l'un à Belgrade, l'autre à Colombes, puis en perdant le match d'appui disputé à Florence le 11 décembre 1949 et remporté par la Yougoslavie au bout de la prolongation (3-2).

Pourtant, au mois de mai 1950, une chance d'aller quand même au Brésil surgit. L'Écosse et la Turquie, qualifiées, ayant déclaré forfait, la FIFA invite à son festin la France et le Portugal. Celui-ci refuse, mais la FFF accepte. Un mois plus tard, revirement complet : la France déclare forfait, pour protester contre le calendrier qui lui est proposé. Les Bleus seraient contraints de disputer deux matches à deux jours d'intervalle et à 3 500 kilomètres de distance. Mais la vraie raison, c'est qu'on ne se fait aucune illusion sur les chances tricolores : la France vient de perdre deux matches, contre l'Écosse à Colombes (1-0) et face à la Belgique (4-1). Décision peu glorieuse, mais peut-être nettement plus raisonnable…

Florence, le 11 décembre 1949. A l'issue du match d'appui entre la France et la Yougoslavie, les Bleus battus (2-3) manquent la qualification pour la phase finale. De toute façon, Marius Walter (assis), Louis Hon et leurs coéquipiers ne pouvaient sans doute pas nourrir de grandes ambitions.

L'ÉQUIPE

Mitic entrera même dans le match Brésil-Yougoslavie avec cinq minutes de retard et n'assistera pas au premier des deux buts brésiliens ; il s'est ouvert le front en heurtant une poutrelle dans les coursives du stade ! Mais c'est dans ce faramineux monument que doit se dérouler la triomphale parade du Brésil.

On découvre un football semblant venu d'un autre monde. Personne ne doute de l'issue d'une compétition à ce point dominée par une équipe. La mise en train laborieuse (2-2 contre la Suisse) est oubliée. Depuis, Zizinho, Jaïr, Ademir, Friaça, Chico, les attaquants brésiliens, font de terribles misères aux meilleures équipes européennes. Ils marquent sept buts aux Suédois (quatre buts d'Ademir !), demi-finalistes de la dernière Coupe du monde d'avant-guerre.

Puis ce sont six buts marqués aux Espagnols, invaincus en Europe depuis plus d'un an, vainqueurs des Anglais (1-0) au premier tour et qui viennent de tenir tête aux Uruguayens (2-2). Le soir, dans les boîtes de Rio, on joue la dernière samba à la mode, qui dit : « *Seis a Um* » (« Six à un »). Le

TOPHAM PICTUREPOINT/PA PHOTOS

Rio de Janeiro, le 16 juillet. Tentatives infructueuses pour les Brésiliens qui ne trompent pas Maspoli, le gardien uruguayen. Mais près de 200 000 spectateurs espèrent encore...

POPPERFOTO/GETTY IMAGES

Rio de Janeiro, le 25 juin. L'Angleterre porte beau et va triompher ce jour-là du Chili (2-0). Mais, battue par la suite par les États-Unis (1-0) puis l'Espagne (1-0), elle sort du tournoi à la surprise générale.

peuple brésilien a le triomphe immodeste, les Espagnols ont quitté Maracana sous les quolibets.

Il reste un match, un nul suffit. Autant dire une formalité face à l'Uruguay, qui vient de jouer deux matches compliqués pour revenir à la hauteur de l'Espagne (2-2) et battre la Suède (3-2) dans le dernier quart d'heure.

Le 16 juillet, la vie s'arrête. Le Maracana est le centre du monde. Deux cent mille spectateurs vont assister au sacre.

« JE PAYE POUR UN CRIME QUE JE N'AI PAS COMMIS »

Mais les magiciens semblent avoir perdu leurs pouvoirs. Ils dominent, certes, mais ils sont submergés par le trac. Même quand, après la mi-temps, Friaça ouvre le score qui leur assure le titre, le stress ne les quitte pas. Les génies de l'attaque n'attaquent plus. Ils ne pensent qu'à défendre leur avance. Et ça, ils ne savent pas faire. Maracana s'inquiète. À la 65e minute, Schiaffino égalise. Cette péripétie prend des allures de drame, qui va devenir catastrophe un quart d'heure plus tard, quand Ghiggia marque un deuxième but, d'un tir au premier poteau qui trompe Barbosa, le gardien de Vasco de Gama, lequel a anticipé un centre. Jacques de Ryswick, un des deux journalistes français présents, raconte l'ambiance qui saisit Maracana : « L'arène géante du football est subitement devenue une nécropole silencieuse, écrasée sous le poids de l'échec qui vient de s'abattre sur l'équipe du Brésil. » Les dix dernières minutes s'effilochent. Le Brésil ne sera pas champion. Dans le silence qui plombe alors toute une nation, on n'entend plus que les quelques milliers de supporters uruguayens, perdus dans la foule, qui acclament leurs vainqueurs.

L'épilogue est surréaliste : les officiels s'éclipsent, la cérémonie de remise de la coupe est escamotée. Jules Rimet, le vieux président de la FIFA, racontera : « Je me trouvai seul dans la foule, bousculé de tous côtés avec la coupe dans les bras et ne sachant que faire. Je finis tout de même par apercevoir le capitaine uruguayen et je lui remis la coupe en lui serrant la main, comme en cachette, sans pouvoir lui dire un mot. »

Les héros d'hier sont maudits : Barbosa se verra reprocher le but fatal jusqu'à sa mort, en 2000. En 1993, il lui est interdit de commenter un match du Brésil. Il lâche alors : « Au Brésil, la peine pour un crime est de trente ans de prison. Moi, il y a quarante-trois ans que je paye pour un crime que je n´ai pas commis. » En 1963, lorsque les buts du Maracana seront changés, c'est à lui qu'on donnera les poteaux carrés. Comme un ultime poteau d'exécution. ■

TONNERRE SUR L'ANGLETERRE

L'Angleterre, mère des nations du football, aura reculé le plus possible le moment de se confronter à la Coupe du monde. Enfin le voici, en 1950. Comme pour quitter son splendide isolement en douceur, elle s'est qualifiée dans un groupe uniquement composé des autres sélections britanniques qui ont sauté le pas avec elle. On allait voir ce qu'on allait voir ! Elle qui ne compte encore

que neuf défaites contre les équipes non britanniques se prend toujours pour la reine. Ses attaquants ? Une pléiade de vedettes du plus célèbre des Championnats : Matthews et Mortensen (Blackpool), Finney (Preston), Mannion (Middlesborough), Milburn (Newcastle)... Derrière ? L'armature du grand Wolverhampton (le gardien Williams et le capitaine Wright) ; ajoutez-leur Dickinson (Portsmouth, champion en titre) et Ramsey (Tottenham), et les autres qui viennent de Chelsea, Liverpool ou Manchester, Albion n'a peur de personne. Et c'est cette équipe de grands professionnels qui va subir la plus étonnante défaite de l'histoire, à Belo Horizonte, de la part d'une équipe de parfaits inconnus partis tenter leur chance en Amérique.

UNE VICTOIRE À 500 CONTRE 1

Jamais les vedettes ne referont leur but de retard de la première période. Ils dominent, c'est peu de le dire. Ils réclament un penalty, rien n'y fait. Les téléscripteurs crépitent de cette incroyable information : les Etats-Unis ont battu l'Angleterre. Mannion pourra toujours ironiser : « Est-ce qu'on pourrait rejouer contre eux aujourd'hui ? » C'est jour de honte pour le sport britannique qui, à la même date, perd en cricket face aux Indes occidentales ! Maudit 29 juin ! Sauf pour les parieurs intrépides qui ont misé quelques pennies sur les Etats-Unis : leur victoire était cotée à 500 contre 1 ! ■

L'ÉQUIPE

GAETJENS, STAR D'UN JOUR

Joseph Gaetjens. Haïtien d'origine, il restera dans l'histoire de la Coupe du monde comme le tombeur de l'Angleterre, le jour où les États-Unis vainquirent leur ancien colon.

Une tête plongeante à quatre mètres du but a fait de Joseph Gaetjens une légende. Il restera comme le tombeur de l'Angleterre en 1950. Et dire qu'il n'était même pas citoyen américain ! Une bourse du gouvernement haïtien lui avait permis d'étudier à New York. C'est ainsi que son petit talent fut repéré. Ni la fédération américaine ni la FIFA n'étaient très regardantes. Il suffisait de déclarer son intention de devenir américain pour être sélectionnable. Son passeport restera haïtien. Son exploit de la Coupe du monde lui vaut d'être contacté par des clubs professionnels qui ne l'ont jamais vu jouer. Il signe au RC Paris. Pour son premier match amical, il marque deux buts contre Anderlecht. Ce sera son seul exploit. Après un rapide passage à Alès, il rentre au pays et participe pour Haïti aux qualifications de la Coupe du monde 1954 contre le Mexique (0-4). En 1964, il est arrêté par les Tontons macoutes, les agents de la police secrète du dictateur haïtien François Duvalier. On ne l'a jamais revu. ■

AP

L'ITALIE REND SA COUPE

Sao Paulo, le 25 juin. Face à la Suède, l'Italie perd son seul match du tournoi (2-3). Cela suffit à l'éliminer, malgré sa victoire (2-0), le 2 juillet, devant le Paraguay (ci-dessous, l'équipe alignée ce jour-là).

Les temps ont changé depuis les sacres de 1934 et de 1938. L'Italie ne sera pas le premier pays trois fois vainqueur de la Coupe du monde. Les temps ont beaucoup changé depuis le triomphe de Colombes. Vittorio Pozzo, le « commandator » de la *Nazionale* d'avant-guerre, a quitté le banc de touche pour la tribune de presse. Il est devenu journaliste à *la Stampa*. Surtout, le football italien a été frappé en 1949 par un drame qui a mis brutalement un terme à la reconstruction de la sélection. Le 4 mai, l'avion qui transporte l'équipe du Torino, championne d'Italie sans interruption depuis 1946, s'écrase sur la colline de Superga, près de Turin ; joueurs, entraîneurs et journalistes qui occupaient l'avion sont morts. C'est Vittorio Pozzo, ancien sélectionneur et entraîneur historique du Torino, qui ira reconnaître les corps, parmi lesquels ceux de dix joueurs internationaux, dont le capitaine, Valentino Mazzola. Une équipe est rebâtie à la hâte pour aller défendre la Coupe du monde. Mais dans un groupe à trois d'où ne sortira que le vainqueur, une courte défaite contre la Suède (2-3) suffit à éliminer le tenant. Pozzo, en observateur triste et lucide, résumera l'affaire en peu de mots : « Ce fut une rencontre entre une équipe (la Suède) et... onze hommes (les Italiens). » ■

EMPICS SPORT/PA PHOTOS

BOB THOMAS/POPPERFOTO

Ademir. L'attaquant brésilien inscrit neuf buts durant cette Coupe du monde (ci-dessus à la lutte avec Andrade lors de la « finale »). Dont quatre en quarante minutes face à la Suède (victoire 7-1, le 9 juillet à Rio, ci-dessous).

AFP/GETTY IMAGES

AH ! ADEMIR...

L'Europe n'a jamais vu à l'œuvre l'un des plus admirables attaquants brésiliens, Ademir Marques de Menezes. Son talent, son efficacité, son élégance ont été réservés au public sud-américain. Né en 1922 à Recife, ce superbe buteur au menton en galoche va éclore à Fluminense puis grandir au Vasco de Gama. Avec ce dernier, il remporte la seule édition du Championnat sud-américain des clubs, disputé en 1948 à Santiago et ancêtre de la Copa Libertadores. Avec la sélection brésilienne, il remporte la Copa America en 1949 et inscrit trois buts en finale, contre le Paraguay (7-0). Cette année-là, le Brésil a marqué 39 buts en sept rencontres ! Jusqu'au drame du dernier jour, contre l'Uruguay, la Coupe du monde 1950 démontre la splendeur du buteur brésilien. Il y inscrit neuf buts, dont quatre en quarante minutes contre la Suède, deux en six minutes contre l'Espagne. Lors de ce match, il est dans tous les coups des six buts brésiliens. Entouré par les magnifiques inters Zizinho et Jaïr, il vole de match en match, avant le fatal épilogue. Quel dommage que les clichés photographiques témoignent aussi peu d'un talent qui annonce les grands artistes brésiliens qui suivront... ■

ANDRADE ET ANDRADE

C'est un fait : il faut toujours qu'il y ait un Andrade en équipe d'Uruguay pour que la Céleste soit championne du monde. José Andrade, la merveille noire, fut le premier international uruguayen noir. Il subjugua l'Europe par sa classe lors des Jeux Olympiques de 1924 et de 1928.

Il fut l'un des héros de la première Coupe du monde et connut la consécration du titre mondial lors de son dernier match international. Il fut alors question d'ériger une statue à sa gloire près du Centenario.

Son neveu, Victor, avait trois ans en 1930. Vingt ans plus tard, il était au milieu de terrain de la *Céleste* sacrée à Rio. Le joueur de Penarol participera également à la Coupe du monde de 1954. ■

Juan Alberto Schiaffino.
Ce buteur aux bonnes manières égalise à la 66e du match décisif entre l'Uruguay et le Brésil avant que Gigghia offre le but du sacre uruguayen. Schiaffino est ici félicité par le journaliste de radio Nobel Valentini.

« DON JUAN » SCHIAFFINO, LE SÉDUCTEUR

Dans douze jours, il aura vingt-cinq ans. « Don Juan » – surnom facile quand on s'appelle Juan – Schiaffino, inter gauche de l'équipe d'Uruguay, entre ce 16 juillet 1950 au panthéon du glorieux football uruguayen. Car c'est lui, l'attaquant de Penarol, qui pose la première pierre tombale d'un Brésil moribond qui ne le sait pas encore. À la 66e minute de ce match fatal, alors que les Brésiliens, menant 1-0, font déjà la fête, Varela sert Ghiggia sur la droite. L'ailier déborde dans les règles de l'art et centre. Schiaffino, à l'affût, reprend de volée et inscrit son cinquième but de la compétition (*). Il est le deuxième buteur derrière le Brésilien Ademir. Dans l'invraisemblable triomphe de la *Céleste* qui suit, son fin visage perd un peu de son air taciturne. Jacques de Ryswick, un des deux seuls journalistes français présents au Brésil, l'a élégamment décrit. Il paraît « traîner sur le terrain une insondable nostalgie ». Les journalistes brésiliens voient en lui « l'homme des bonnes manières ». Sur le terrain, notamment dans les grandes occasions, le jeune homme d'apparence si fragile se transforme. Il trouve dans la cause uruguayenne et dans le souffle communicatif de son capitaine en sélection (et à Penarol) Obdulio Varela l'enthousiasme nécessaire à l'accomplissement de grandes choses, voire des miracles : il sera champion du monde. Celui qui fut à vingt ans le meilleur buteur du Championnat uruguayen est un parfait inconnu en Europe. Le Vieux Continent le découvrira quatre ans plus tard, comme un des grands acteurs de la Coupe du monde de 1954. Puis, transféré à Milan, il rayonnera en Coupe d'Europe, participant à la finale de la Coupe des Clubs champions 1957 et portant, lui le petit-fils de migrants italiens, le maillot azur de la Nazionale à quatre reprises. ■

(*) Les archives de la FIFA sont formelles et Schiaffino l'a lui-même confirmé : lors du match Uruguay-Bolivie (8-0), il n'a marqué que deux buts, et non cinq, comme cela fut souvent indiqué.

POPPERFOTO/GETTY IMAGES

UNE DEUXIÈME FINALE ?

Va-t-on devoir rejouer la finale et le Brésil va-t-il se voir octroyer une deuxième chance ? Au lendemain du drame du Maracana, les journaux de Rio annoncent qu'Alcides Ghiggia, le buteur qui a donné la victoire à l'Uruguay, un des trois seuls hommes à avoir fait taire le Maracana, après le pape et Frank Sinatra (c'est lui qui l'a dit), n'est pas uruguayen. Il serait argentin, né à Buenos Aires. Pendant quelques heures, le peuple brésilien veut se persuader que les organisateurs vont faire rejouer le match. Jusqu'à ce que l'ambassade uruguayenne fournisse la preuve qu'« el señor » Ghiggia, Alcides Edgardo, est bien né le 22 décembre 1926 à Montevideo. ■

SUISSE

54

Allemagne (RFA)
Angleterre
Autriche
Belgique
Brésil
Corée du Sud
Écosse
France
Hongrie
Italie
Mexique
Suisse
Tchécoslovaquie
Turquie
Uruguay
Yougoslavie

Finale : le 4 juillet, à Berne.
ALLEMAGNE (RFA) 3-2 (2-2) Hongrie

MIRACLE OU INJUSTICE ?

À LA SURPRISE GÉNÉRALE, L'ALLEMAGNE S'OFFRE UN PREMIER RENDEZ-VOUS AVEC L'HISTOIRE.

Deux chemins qui se croisent. L'un va vers un miracle, l'autre vers une injustice. Cette cinquième Coupe du monde, la plus belle aux yeux de ceux qui l'ont vécue, pourrait se résumer aux trajectoires de l'Allemagne et de la Hongrie. Pour la première, c'est déjà un grand bonheur d'être présente. Elle n'est plus au ban des nations. Pour la seconde, c'est une grande ambition qui l'anime. L'équipe hongroise, invaincue depuis près de quatre ans, a fait tomber le mythe de l'invincibilité de l'Angleterre chez elle en allant gagner à Wembley le 25 novembre 1953, sur le score impressionnant de 6-3.

Quand débute la Coupe du monde, la Hongrie est l'indiscutable favori, malgré la présence des deux doubles champions du monde, l'Uruguay et l'Italie, malgré une équipe d'Autriche qui rappelle les belles années d'avant-guerre, malgré le Brésil, toujours mystérieux. Les deux premiers matches des Hongrois ne laissent planer aucun doute. Ils accablent les Sud-Coréens (9-0). Sandor Kocsis commence son festival et marque trois buts. Puskas est bien le phénoménal gaucher an-

L'ÉQUIPE

noncé. Puis ils écrasent l'Allemagne 8-3. Kocsis ajoute quatre buts, Puskas marque une fois encore, Nandor Hidegkuti réussit un doublé. L'admiration du monde est telle qu'on a à peine remarqué que Sepp Herberger, le sélectionneur allemand, avait mis au repos la moitié de ses titulaires. On a peu prêté attention à la sortie de Puskas, victime d'un vilain tacle de Liebrich. À cet instant, rien ne peut laisser supposer que la Hongrie sera un jour battue, ni que l'Allemagne ira loin alors qu'elle doit passer par un match d'appui contre la Turquie (7-2) pour atteindre les quarts de finale. Mais les Allemands vont en s'améliorant. Leur vigueur, la force de pénétration de leurs attaquants leur permettent de battre les talentueux Yougoslaves (2-0). Herberger est comme tout le monde, il n'en revient pas : « Nous voici donc parmi les quatre meilleures équipes du monde, est-ce possible ? »
Le même jour, la Hongrie entame un éprouvant parcours du combattant. Son quart contre le Brésil, annoncé

Berne, le 4 juillet.
Cette finale entre la Hongrie et l'Allemagne semble promise aux coéquipiers de Ferenc Puskas. Mais ceux de Fritz Walter, qui ont pourtant été battus (8-3) deux semaines plus tôt par les Magyars, vont renverser la hiérarchie et redonner fierté et espoir à leur pays en pleine reconstruction.

POPPERFOTO

Fritz Walter. Héros de la finale, le capitaine allemand a trente-quatre ans lorsqu'il accède à la gloire internationale.

L'ÉQUIPE

Berne, le 4 juillet. En Suisse, l'ambiance est plus feutrée que quatre ans plus tôt au Brésil. Mais, sur les terrains, le spectacle est exaltant. Lors de la finale, la Hongrie mène 2-0 au bout de huit minutes. Mais Anton Turek, le gardien allemand (ci-dessus) ne sera plus battu, même par Sandor Kocsics. Et c'est Max Morlock réduisant le score à la 10e (ci-contre) qui lancera la reconquête allemande.

ALLSPORT/HULTON

comme un sommet d'esthétisme, sombre dans le combat immonde. Privés de Puskas, les Hongrois laissent force et sérénité sur le champ de bataille de Berne, pour s'imposer dans les dernières minutes (4-2). Trois jours plus tard, en demi-finale, il leur faut puiser un peu plus dans leurs réserves pour retrouver leur plus haut niveau afin d'aller chercher, au bout de la prolongation, le billet de la finale face à de superbes Uruguayens (4-2). On s'extasie devant tant de prouesses, mais les Hongrois sont à bout. Hidegkuti l'admet : « Jamais nous n'aurions dû nous laisser amener à la prolongation. Je crois bien qu'elle nous a tués. »

« TORE ! TORE ! TORE ! »

Au même moment, les Allemands, soutenus par vingt mille compatriotes qui ont passé le Rhin pour venir à Bâle, se jouent de l'Autriche (6-1). Fritz Walter est partout. Il marque deux penalties, donne deux buts sur corner, puis est à la manœuvre sur les deux derniers. L'Allemagne va retrouver la Hongrie en finale.

La veille du grand jour, quelle différence d'ambiance dans les deux camps ! Chez les Hongrois, ce n'est que fatigue et mélancolie. Puskas, qui n'a plus rejoué depuis le premier tour, sera là. Il le faut, il le veut, même si sa cheville n'est pas totalement guérie. Toute la Hongrie et le Parti communiste l'exigent. Chez les Allemands, on a passé l'avant-dernière soirée dans une taverne bernoise où la bière a coulé à flots. Des années plus tard, des joueurs allemands avoueront qu'ils n'ont pas pris que de la bière pour préparer la finale…

Quand le match commence, il pleut, le terrain est gras, glissant. Comme d'habitude, la Hongrie prend le large et mène rapidement 2-0, par Puskas et Czibor. Mais cette fois l'Allemagne réagit. Et vite. 10e minute : Morlock intercepte une passe de Buzansky au gardien Grosics et marque ; 19e minute : sur un corner de Fritz Walter, Grosics dégage du poing malgré une charge de Schäfer et Rahn, de volée, égalise. Inquiets, les Hongrois perdent leur beau collectif. Puskas veut jouer seul. Kocsis ne reçoit plus les ballons qui faisaient son miel. En Allemagne, ils sont des millions à écouter le match à la radio. À six minutes de la fin, un ballon venu de l'aile est faiblement dégagé par la défense hongroise. Rahn dribble trois Magyars. Sa frappe croisée va vers le second poteau. Les pieds de Grosics se dérobent dans la boue. Le commentateur allemand lance : « Tore ! Tore ! Tore ! » Trois fois le mot *but* résonne sur les ondes. L'Allemagne est championne du monde. La Hongrie prend le deuil et les amoureux du football crient à l'injustice. Il pleut sur Berne et la mémoire allemande se fera un film du « *Miracle de Berne* », que plusieurs millions de spectateurs verront en 2006. Un train du triomphe traverse toute l'Allemagne, s'arrêtant à chaque gare. Un train de la honte repart vers la Hongrie où les battus devront rendre des comptes. ■

L'ÉQUIPE

LA COUPE DES RECORDS

Pour ceux qui l'ont vécue, les quelques privilégiés qui en virent quelques images filmées et ceux qui étaient en âge d'en lire les comptes rendus, la Coupe du monde en Suisse est la plus belle des Coupes du monde. Aucune autre, même celle de 1970, ne l'égalera jamais. Les statistiques attestent de cette frénésie offensive du tournoi de 1954 : 140 buts marqués, soit 5,38 par match, record absolu ; 27 buts marqués par la seule Hongrie, record ; 12 buts inscrits en un seul match, dont 9 lors de la première période (Autriche-Suisse, 7-5), record ; aucun match terminé par 0-0, ce qui ne se reproduira jamais ; dix matches au cours desquels une équipe a marqué au moins cinq buts. On retrouve cette frénésie sur le plan individuel. Un quadruplé : Kocsis (Hongrie), recordman des buteurs (11) avant Fontaine en 1958 ; six triplés : Kocsis, Burhan (Turquie), Morlock (RFA), Probst et Wagner (Autriche), Hügi (Suisse), Borges (Uruguay) ; vingt doublés ! Là encore, du jamais-vu. ■

LA SUISSE Y A CRU

Le verrou suisse de Karl Rappan fonctionne bien à domicile. Une première fois victorieuse de l'Italie au premier tour (2-1), la Suisse retrouve le même adversaire dans un match d'appui qualificatif pour les quarts de finale. Sur son terrain de Bâle, l'inamovible meilleur buteur suisse Josef Hügi, déjà buteur lors du premier match, frappe deux fois. Ballaman (Grasshoppers) et Fatton (Servette) marquent aussi et renvoient l'Italie à sa tristesse. En quart de finale, contre l'Autriche, la Suisse y croit très fort, au cours d'un extravagant festival de buts. En quatre minutes, la voici qui mène 3-0. Mais le verrou se grippe. En trois minutes, l'Autriche revient à 3-3. La suite se jouera sur le même tempo de folie, mais la Suisse ne refera jamais le retard de deux buts concédés entre la 32e et la 34e minute ! Score final : 7-5... ■

DES BLEUS EN VACANCES

L'équipe de France qui part pour la Suisse pense avoir trouvé une génération de jeunes joueurs qui peuvent monter haut, en particulier une attaque qui a un fort accent du Nord. Les Rémois Kopa et Glowacki, les Lillois Strappe et Vincent, le Toulousain Dereuddre, qui rencontrent la Yougoslavie, sont tous nés dans le bassin minier. Mais la voici qui tombe de haut. Dans un système de qualification étrange, où l'on ne rencontre que deux des trois adversaires de son groupe, une défaite suffit à vous éliminer. C'est ce qui arrive aux Bleus, battus 1-0. Leur court succès sur le Mexique (3-2) s'avérera inutile. Alors, les critiques se mettent à pleuvoir. « Sans caractère, sans envergure », a-t-on lu après le premier match. Des Coqs en pâte passifs, résignés. Robert Jonquet reconnaîtra plus tard : « Nous vivions en Suisse comme si nous étions en vacances. » Le sélectionneur Gaston Barreau affirmera : « Leur avenir les intéresse avant tout *(nous sommes en pleine période des transferts)*, les cartes et les distractions aussi. Ils ont réussi à se mettre toute la presse à dos. Le public les a sifflés sans que cela paraisse les humilier. » À oublier... ■

Dully (Suisse), le 1er juillet 1954. « Des Coqs en pâte », voilà le jugement porté sur les performances de l'équipe de France en Suisse. Pour Penverne, Schultz, Jonquet, Glovacki ou Marche, la période des transferts et des loisirs dans leur retraite du château de Dully, semble plus importante que la Coupe du monde.

L'EQUIPE

Lausanne, le 17 juin. Grâce à une première victoire sur l'Italie (2-1), la Suisse obtient le droit de disputer un match d'appui, le 23 juin à Bâle, de nouveau contre les Italiens. Une victoire (4-1) l'envoie en quart de finale. Où un festival de buts (7-5) face à l'Autriche lui sera fatal.

LE CHANT DU CYGNE AUTRICHIEN

L'équipe d'Autriche, qui avait séduit tous les romantiques dans les années 1930, vit ses derniers feux en 1954. Les joueurs qui la composent, Happel et Stojaspal, qui vont bientôt jouer en France, Hanappi, Ocwirk, Probst, Zeman, ne sont pas loin de valoir leurs prédécesseurs. Au premier tour, ils infligent un impressionnant 5-0 à la Tchécoslovaquie. En quart de finale, ils viennent à bout d'une équipe suisse galvanisée, sur un score ahurissant : 7-5. Comme en 1934, l'Autriche est en demi-finale, face à l'Allemagne. Et, décidément, le grand voisin a le don de la martyriser. Zeman dans un mauvais jour, Ocwirk, qui laisse Fritz Walter maître de ses mouvements, l'Autriche perd toute efficacité (1-6). Jamais plus le football autrichien ne côtoiera ces sommets. ■

L'EQUIPE

Bâle, le 30 juin. En demi-finale, Zeman, le gardien autrichien devra s'incliner six fois face aux Allemands. C'est la dernière fois qu'on verra l'Autriche aux premières loges du football mondial.

L'EQUIPE

L'EQUIPE

L'EQUIPE

Berne, le 27 juin. Alors que la Hongrie mène rapidement au score dans ce quart de finale après un deuxième but inscrit dès la 7e minute par Kocsis (en haut), les contacts se font rapidement plus rudes. En fin de match, les Brésiliens qui maîtrisent mieux le ballon que leurs nerfs vont terminer à neuf. Nilton Santos, puis Humberto, sont expulsés. Tout comme Bozsik, côté hongrois, par l'arbitre anglais de la rencontre, M. Ellis.

INCORRIGIBLES BRÉSILIENS

Depuis un quart de siècle, les Brésiliens courent après la Coupe du monde. En Suisse, ils sont les seuls, parmi les seize pays qualifiés, à avoir participé à toutes les phases finales. À chaque fois, ils ont été cités parmi les favoris. À chaque fois, ils ont échoué ; souvent ils ont connu des matches où leurs nerfs lâchaient. Ce fut le cas en 1938, à Bordeaux contre la Tchécoslovaquie, puis à Marseille contre l'Italie ; et encore plus lors de l'incroyable renversement de situation auquel ils se sont exposés quatre ans plus tôt, chez eux, face à l'Uruguay. En 1954, il ne reste de la mésaventure du Maracana que le demi Bauer. Place a été donnée à la génération des Didi, Djalma et Nilton Santos. Peut-être que cette nouvelle équipe saura résister à la pression du grand événement. Peine perdue.

BAGARRES ET EXPULSIONS…

Dès le début du quart de finale si prometteur contre la Hongrie, Indio et Didi se signalent par leur brutalité, alors que les Hongrois mènent très vite 2-0. Les choses se calment jusqu'à une demi-heure de la fin, quand les Brésiliens s'énervent de nouveau. Menés 3-1, ils forcent leur nature pour égaliser et oublient leur football, pourtant magnifique. Tout à coup, la bagarre se déclenche entre Bozsik et Nilton Santos. L'expulsion des deux joueurs excite encore plus les esprits. Dans les dernières minutes, revenus à 3-2, les Brésiliens cherchent visiblement le coup dur. Didi, Julinho, Bauer sont parmi les plus énervés. Humberto est à son tour expulsé. Par séquences, la qualité technique des Brésiliens est apparue et, dans ces moments-là, les Hongrois ont souffert. Mais quand sauront-ils maîtriser leurs nerfs aussi bien que le ballon ? Dans quatre ans, peut-être… ■

L'EQUIPE

Lausanne, le 30 juin. Cette demi-finale entre la Hongrie, maître du continent, et l'Uruguay, double champion du monde est un chef d'œuvre (4-2, a.p.). Le but d'Hidegkuti qui double la mise ne suffit pas. L'Uruguay ira en prolongation. Avant de céder sur deux buts de la tête de Kocsis.

LE CHEF-D'ŒUVRE OUBLIÉ

À la fin du XXe siècle, lorsque les médias de tous les pays choisiront leur équipe du siècle, leur joueur du siècle, leur match du siècle, les champions et les événements des temps anciens, sans télévision, seront hélas pénalisés. La mémoire visuelle des peuples ne les aura pas imprimés et le temps aura fait son œuvre. Si bien que cette demi-finale de la Coupe du monde de 1954, entre la Hongrie et l'Uruguay, sera oubliée. Elle oppose, à Lausanne, le champion en titre au principal prétendant à sa succession, le seul représentant sud-américain au favori de l'Europe. Contrairement au sombre Hongrie-Brésil qui l'a précédé, le match fait montre d'une formidable limpidité avant d'atteindre des sommets d'intensité.

Une fois encore, les Hongrois mènent rapidement (Czibor, 13e) et prennent le large peu après la mi-temps (Hidegkuti, 46e). Une fois de plus, ils se relâchent ensuite, et Juan Schiaffino entre en scène, en souplesse, en majesté. Il permet à son compère de Penarol, né en Argentine, Juan Hohberg, de marquer deux fois dans le dernier quart d'heure et d'ouvrir la porte à la prolongation. C'est alors que Kocsis prouve qu'il mérite son glorieux surnom de « Tête d'or ». En cinq minutes, il frappe deux fois du crâne et envoie la Hongrie en finale. Le journaliste de *L'Equipe,* Jacques de Ryswick, présent quatre ans plus tôt à Rio de Janeiro, aura vu à Lausanne le champion du monde 1950 perdre son titre « en très grand seigneur du football ». ■

PA ARCHIVE/PA PHOTOS

LA VICTOIRE D'ADI DASSLER

Dans les années 1950, les chaussures de football ne portent aucun sigle apparent. Seules celles des joueurs de l'équipe allemande arborent un signe distinctif, trois fines bandes blanches qu'on n'a pas encore appris à connaître. Ce sont des « Adidas ». Adolf (dit « Adi ») Dassler, le patron de cette marque allemande, fils de savetiers, a confectionné très jeune des chaussures adaptées aux différentes disciplines. En 1954, il fait partie du staff de la sélection allemande qu'il équipe. Les joueurs de la *Nationalmannschaft* portent même une paire révolutionnaire à crampons vissés et adaptable à tous les temps. Le matin de la finale, Sepp Herberger scrute le ciel en ne souhaitant qu'une chose : qu'il pleuve. Et l'après-midi, qu'est-ce qu'il a plu ! ■

19 juillet 1979. Gustav Sebes, le sélectionneur hongrois, Fritz Walter, Berni Klodt, Helmut Rahn, Max Morlock et Werner Liebrich, joueurs vainqueurs de la finale de Berne en 1954, se remémorent leurs exploits devant la chaussure Adidas portée par Rahn, vingt-cinq ans plus tôt.

L'AMI FRITZ

Ce capitaine de l'équipe d'Allemagne qui reçoit la coupe du monde des mains du vieux président français de la FIFA, Jules Rimet, ce Fritz Walter devenu une sorte d'icône d'un pays reconstruit, combien de Lorrains se souviennent de l'avoir vu jouer, pendant quelques mois du printemps 1943, sous le maillot du TSG Diedenhofen, le Thionville occupé. C'était onze ans avant la finale de Berne, et l'aîné des frères Walter gâchait, comme tous ceux de sa génération, ses plus belles années de footballeur : il avait débuté en équipe d'Allemagne à 20 ans, le 14 juillet 1940, lors d'un Allemagne-Roumanie au cours duquel l'avant-centre de Kaiserslautern, son club de toujours, avait marqué trois buts. Jusqu'en 1954, c'est-à-dire jusqu'à l'âge de 34 ans, il ne sera célèbre qu'en Allemagne car la *Nationalmannschaft* n'a été autorisée à participer à des rencontres internationales qu'en 1950. Sans cela, il aurait atteint un nombre de sélections bien supérieur à ses 61 matches disputés entre 1940 et 1958 ! C'est donc sur le tard que le monde le découvre et que Gabriel Hanot peut écrire : « Fritz Walter c'est le coulé, la facilité et l'évidence du travail bien fait. » En 2006, cinq matches de la Coupe du monde se sont déroulés au stade Fritz-Walter de Kaiserslautern. ■

« TÊTE D'OR », LE MAUDIT DE BERNE

Les enfants des années 1950 jouent à être Kocsis quand ils se voient buteurs, comme on les appelle Bobet quand ils baissent la tête pour avoir l'air d'un coureur. Sandor Kocsis personnifie l'avant-centre moderne, courageux au sol et souverain dans les airs : il marquera 75 buts en 68 sélections avec l'équipe de Hongrie ! Champion olympique en 1952, participant à l'historique Angleterre-Hongrie de 1953, il est de toutes les aventures du Honved et de la sélection, avec ses copains de club, Puskas, Grosics, Czibor, Bozsik, Lorant, Budai. Il règne, splendide, sur la Coupe du monde 1954 pendant laquelle il bat le record des buts en marquant onze fois.

À plusieurs reprises, il sauve la mise des Hongrois. Il marque deux buts contre le Brésil, et deux autres, pendant la prolongation, dans la magnifique demi-finale contre l'Uruguay. Roque Maspoli, le gardien des champions du monde 1950 lui rend ce jour-là ce bel hommage : « Même lorsque j'aurai une longue barbe blanche, je parlerai encore de Kocsis ». Il n'y a qu'un match de la Coupe du monde au cours duquel il ne marque pas, et c'est, hélas, la finale contre l'Allemagne. C'est sur la transversale qu'il tire. « Tête d'or » vient de rater de la tête le but le plus important de sa carrière.

Sept ans plus tard, avant-centre d'une magnifique équipe de Barcelone, Kocsis revient à Berne pour disputer contre Benfica une finale de Coupe d'Europe dont le Barça est grandissime favori. Kocsis marquera, ce jour-là, mais Barcelone perdra 3-2. Sur le même score que la Hongrie en 1954. Quand il évoquera Berne plus tard, Kocsis ne parlera jamais de miracle, mais de malédiction. ■

Sandor Kocsis. Double buteur de la fantastique demi-finale entre l'Uruguay et la Hongrie, il est le meilleur réalisateur de la quatrième édition de la Coupe du monde avec onze buts. Il a marqué en tout 75 buts en 68 sélections en équipe nationale hongroise.

KEYSTONE/GETTY IMAGES

POPPERFOTO / GETTY IMAGES

1958
1970

PELÉ, L'EMBLÈME

C'est une époque où le football oscille entre classicisme et modernisme, entre romantisme et cynisme, entre Europe et reste du monde. Il se racontait sur du papier, on le regarde désormais dans une étrange lucarne qui s'invite dans les salons. La Coupe du monde, en ces années où la planète refonde ses équilibres entre l'Est et l'Ouest, le Nord et le Sud, devient le facteur essentiel de rayonnement du premier sport mondial. Dont l'emblème absolu se nomme Pelé.

Edison Arantes do Nascimento, dit Pelé. Quand débute la Coupe du monde 1958, Pelé n'est encore qu'un adolescent doué et inconnu. Les jours, et les années qui suivent, vont en faire une légende vivante, le meilleur joueur de tous les temps.

L'ÉQUIPE
1

L'ÉQUIPE
2

L'ÉQUIPE
3

1. Udevalla, le 6 juin 1958. Alors que se profile le premier match de la Coupe du monde, la star du Brésil s'appelle Didi (au centre). Pelé, (au premier plan), n'est encore qu'un remplaçant.

2. Norrköping, le 19 juin 1958. Jean Vincent, Roger Piantoni, Raymond Kopa (le seul à n'avoir pas marqué), Just Fontaine, Maryan Wisnieski. Cinq des héros de la victoire française face à l'Irlande du Nord (4-0), en quart de finale.

3. Göteborg, le 28 juin 1958. L'avant-centre français Just Fontaine (porté par Yvon Douis, André Lerond et Jean Vincent) vient de réussir un quadruplé. Cette étonnante équipe de France, qui a battu l'Allemagne (6-3), termine troisième de la Coupe du monde.

C'est une période jaune et bleue qui fait croire que le football a été inventé par le Brésil. C'est une période qui superpose, pourtant, le génie perpétuel et moderne de joueurs pleins de magie et de grâce, et le couronnement tardif des historiques inventeurs du jeu. La période 1958-1970 dit tout de l'écartèlement d'un sport universel entre le classicisme et le modernisme, entre ses racines et la vision d'un futur, entre les romantiques et les cyniques, entre l'Europe et le reste du monde.

Le déplacement de ses lignes de force s'accompagne d'une médiatisation sans pareille et devenue directe : là où la radio et la presse écrite entretenaient la légende et les réputations, remuant les imaginations plus que les certitudes, la télévision a commencé de transporter le football au salon, ou alors dans les rues, où l'on s'agglutine devant les vitrines des magasins d'électroménager, sur les grands boulevards.

Le football qui se racontait est désormais celui que l'on voit dans une étrange lucarne dont les images en noir et blanc sautent parfois et qui renvoie un commentaire grésillant parfois couvert par les cris du stade.

La Coupe du monde, en ces années où la planète refonde ses équilibres entre l'Est et l'Ouest, le Nord et le Sud, devient le repère de l'évolution du premier sport mondial et le facteur essentiel de son rayonnement. La Coupe du monde se joue tous les quatre ans et construit un empire pour toujours. Elle est la première à débarquer à l'intérieur des habitations et gardera cette première place due à son charme comme à son antériorité.

La Coupe du monde mélange les influences, érode les frontières et oblige les frileux à sortir de chez eux. Ils ne sont pas toujours très couverts, ou très préparés, et l'Angleterre est le symbole de ces réticences initiales comme de ces retournements : il va falloir que l'événement arrive à elle, en 1966, pour qu'elle lui accorde une légitimité durable.

Cette même Angleterre qui n'était pas intéressée par la première Coupe d'Europe des clubs, créée par *L'Équipe* en 1955, semble d'abord regarder la Coupe du monde comme une part peu contrôlable d'un jeu qu'elle avait inventé pour elle-même et dont la plupart des extensions l'avaient laissée indifférente, dans le meilleur des cas. En 1958, diminuée par la perte de plusieurs internationaux, dont Edwards, Byrne et Taylor, dans la catastrophe aérienne qui toucha Manchester United au décollage de Munich, le 6 février de cette année-là, l'Angleterre ne se trouvait pas dans une logique de conquête. Mais, paradoxalement, tout ce qui allait résumer cette grande période de foot, étendue sur quatre Coupes du monde parmi les plus mémorables, était déjà présent lors de Brésil-Angleterre en 1958 en Suède. L'avenir de la Coupe du monde se lisait sur les bancs : remplaçant, côté brésilien, pour la dernière fois hors blessure, un inconnu de dix-sept ans au visage d'ange, Pelé ; remplaçant, côté anglais, le crâne déjà gagné par une calvitie précoce, un rescapé de la catastrophe de Munich, Bobby Charlton.

Quatre ans plus tard, l'Angleterre sera toujours aussi peu intéressée, aussi peu préparée à une expédition si loin de Londres, ses fauteuils club en cuir, ses verres de cherry. La vision d'une

ANDRÉ LECOQ / L'ÉQUIPE

4

ANDRÉ LECOQ / L'ÉQUIPE

5

ANDRÉ LECOQ / L'ÉQUIPE

6

Coupe du monde, chez les inventeurs du jeu, se limite alors à celle de l'Empire et au cricket. Les conservateurs finissent toujours par changer ; un peu plus tard, c'est tout.

1958 commence à marquer une dérive des continents. Jusque-là, les valeurs du football mondial affichaient quelque faiblesse à l'exportation : l'Amérique du Sud était restée dominatrice chez elle (Uruguay 1930 et 1950), et l'Europe avait remporté les éditions implantées sur le Vieux Continent (Italie 1934 et 1938, Allemagne 1954). Autant qu'un début d'universalité galopante (53 pays sont au départ en 1958, un record), c'est la supériorité du Brésil qui brise cette linéarité : les Brésiliens, en 1958, deviennent les premiers champions du monde sur un autre continent que le leur. Le monde n'est jamais allé aussi vite mais, pendant qu'apparaît la télévision, la publicité et des compétitions nouvelles, qui vont se conjuguer pour faire entrer l'argent dans les mœurs et dans le vestiaire, ce qui accompagne le Brésil en ses conquêtes mondiales est d'abord une révolution du jeu et des joueurs.

Il n'y a pas assez de rencontres télévisées, alors, pour que la tactique d'une équipe de vainqueurs étende immédiatement sa contagion et devienne en six mois une pensée unique. Il y a de véritables écoles du jeu, alors, et le Brésil en est une. À moins qu'il ne s'agisse avant tout d'une école de joueurs, et que le jeu s'organise ensuite à partir de ces talents. Le Brésil de ces années-là dirige le monde vers le 4-2-4, un rêve de football et d'équilibre, à peine retouché, désormais, selon le profil plus ou moins milieu ou plus ou moins avant-centre du deuxième attaquant.

Mais le football de la Coupe du monde de ces années-là n'échappe pas aux perversions du football de clubs, la violence, les tactiques défensives, le chauvinisme. Pour un Mondial champêtre en Suède, en 1958, il y a un Mondial gagné par les excès et le nationalisme, quatre ans plus tard, au Chili. C'est une Coupe du monde du football triste et des journalistes heureux. Il suffit de se plonger dans les archives pour comparer le niveau de jeu de la compétition et l'immense plaisir des observateurs, séduits par la chaleur du pays et de ses habitants. Car les reportages rendent compte, également, de la vie inoubliable des envoyés spéciaux de la presse française qui partageaient une villégiature et quelque chose d'une jeunesse.

Il n'y avait pas grand-chose à voir au Chili, en dehors du Chili. C'était un pays à visiter et un football à oublier. Le Brésil a prolongé là-bas l'idée d'une dynastie qui s'attachait également au double triomphe de l'Italie en 1934 et en 1938, mais c'est son empreinte et sa victoire qui ont donné à la Coupe du monde 1962 des lettres de noblesse dont elle aurait manqué, sinon. La grande Hongrie en 1954, la naissance de Pelé en 1958 et, sans la victoire du Brésil, qu'est-ce qui serait resté de 1962 ? La Tchécoslovaquie, le Chili ?

La Coupe du monde ne découvre pas le chauvinisme et le nationalisme cet été-là. L'Italie est passée par là, en 1934. Le Chili, poussé par la passion et un arbitrage conciliant, se hisse en demi-finale : c'est une politesse à l'égard du pays hôte qui reviendra régulièrement dans l'histoire de la compétition.

Les frontières ainsi ouvertes voient les joueurs passer et repasser au gré de leur carrière et porter

4. Santiago, le 2 juin 1962. Malgré la bonne ambiance générale de la Coupe du monde organisée au Chili, certains matches, comme ce Chili-Italie (2-0) se disputent au couteau. Les Italiens Giorgio Ferrini (photo) et Mario David sont expulsés aux 8e et 41e minutes.

5. Santiago, le 17 juin 1962. Garrincha, « le petit oiseau », ici lors de la finale face à la Tchécoslovaquie (3-1) est le héros brésilien de la Coupe du monde organisée au Chili. Il inscrit quatre buts dans la compétition.

6. Santiago, le 17 juin 1962. Pour la deuxième fois consécutive, Didi et le Brésil remportent la Coupe du monde. Pelé, blessé, n'a joué que les deux premiers matches.

PA ARCHIVE / PA PHOTOS

7

KESTONE-FRANCE

8

PA ARCHIVE / PRESS ASSOCIATION IMAGES

9

7. Middlesbrough, le 19 juillet 1966.
La victoire de la Corée du Nord sur l'Italie (1-0) constitue l'énorme surprise de ce premier tour lors de la seule édition anglaise de la Coupe du monde à ce jour.

8. Londres, le 23 juillet 1966.
L'arbitre allemand Rudolf Kreitlein doit quitter le terrain sous escorte à l'issue du quart de finale Angleterre-Argentine (1-0) au cours duquel il a exclu l'Argentin Antonio Rattin, provoquant des troubles dans le stade.

9. Londres, le 30 juillet 1966.
Martin Peters, Geoff Hurst et Roger Hunt célèbrent le deuxième but anglais de la finale. Malgré le retour de l'Allemagne, l'Angleterre va finalement l'emporter (4-2, a.p.) et se réconcilier avec une compétition qu'elle a longtemps boudée.

dans leurs valises autant de passeports qu'ils portent de maillots de clubs. Les fédérations, en ces années-là, naturalisent au gré de leurs intérêts et la police internationale, autrement dit la FIFA, ferme royalement les yeux. Mais il n'y a pas de règle, si l'on ose dire, ou alors il y a une morale : l'Italie ne laisse aucune trace au Chili malgré la présence dans ses rangs du Brésilien José Altafini et de l'Argentin Omar Sivori, et l'Espagne est sortie d'entrée en dépit des naturalisations de Puskas, finaliste avec la Hongrie en 1954, de Santamaria, qui jouait pour l'Uruguay en 1954 et d'Alfredo Di Stefano, qui avait déjà joué pour l'Argentine… et la Colombie.

L'explosion sportive, médiatique et populaire de la Coupe d'Europe des clubs créée par *L'Équipe* provoque au début des années 1960 des questionnements sur le décalage entre la valeur comparée du football de sélection et du football de club. Le Real et Barcelone dominent l'Europe, et c'est comme si la Coupe du monde n'aimait pas l'Espagne. L'Inter et l'AC Milan vont prendre le relais, et l'Italie n'aura qu'une finale, en 1970, pour scander une décennie qu'elle aura dominée.

1966 marque un nouvel âge dans le football européen. Le Vieux Continent est traversé par des courants comme des chevaux de bataille. D'un côté, le béton, le catenaccio, le verrou, le cynisme, le jeu vu comme une prise d'otages dont le ballon et les créateurs seraient prisonniers. De l'autre, la défense en ligne, l'intelligence, quelque chose d'un romantisme. Mais le monde de la Coupe du monde n'est pas si manichéen : il y a d'autres voies, inconnues. L'Italie de 1966 connaît l'humiliation d'une défaite face à la Corée du Nord, face à des footballeurs militaires embrigadés dans un régime replié sur lui-même qui ne connaît, sur un terrain de football, qu'une seule tactique : tous à l'attaque, au diable le repli.

L'été anglais n'est pas celui des Latins. Poussée par l'extraordinaire arrogance d'Alf Ramsey, l'Angleterre est une parenthèse européenne dans la domination brésilienne, mais une parenthèse qui ne ressemble pas tout à fait à l'Europe du football des clubs : les Anglais ne sont pas encore une force sans pareille, ils sortent dans le monde avec l'élégance des grandes familles désargentées, ils ont un nom mais plus le moindre trophée dans les coffres. Leur jeu s'éloigne à la fois du béton italien et du talent créatif du Brésil. C'est un jeu pragmatique. Ramsey n'a pas d'ailiers ? Il joue sans ailiers, ajoute du jeu long, beaucoup d'engagement et l'élan d'un pays fera le reste.

L'Angleterre a du panache, possède d'immenses joueurs, de Bobby Moore à Bobby Charlton, mais le triomphe du pays organisateur s'entoure à la fois de plus de passion et de moins de mérite. L'Uruguay en 1930, l'Italie en 1934, l'Angleterre en 1966, en attendant l'enchaînement de l'Allemagne en 1974 et de l'Argentine en 1978, traduisent l'avantage objectif et considérable d'une Coupe du monde disputée à domicile. Parce que tout un pays pousse ou parce que les arbitres ou les organisateurs de la FIFA ont tendance à vouloir remercier leurs hôtes de leur hospitalité ?

Le football promène, au plus haut niveau, ce perpétuel paradoxe : aucun autre sport collectif n'est aussi ouvert à l'incertitude et au renversement des valeurs supposées et, lorsqu'un grand événement arrive, son issue semble écrite. Ce qui était également écrit, en 1966, et ce qui a été balayé dès le premier tour, c'est l'évidence d'une équipe du Brésil favorite à sa propre succession.

L'ÉQUIPE
10

L'ÉQUIPE
11

DR
12

Le Brésil a remporté trois Coupes du monde sur quatre de 1958 à 1970 et il faut forcément se demander pourquoi il a perdu la quatrième. La réponse, une nouvelle fois, s'appelle Pelé. C'est une réponse parcellaire à un problème probablement un peu plus vaste, mais Pelé, le roi du jeu, a plus que jamais les clés de la Seleçao. L'histoire retiendra qu'il a inscrit le premier but de la Coupe du monde en Angleterre. L'histoire, surtout, n'a pas oublié dans quelles circonstances il a été mis hors d'état de nuire, par le Bulgare Jetchev au premier match, puis par le Portugais Morais au troisième, alors que le Brésil coulait déjà, il faut le préciser.

Pelé a marqué l'histoire de la Coupe du monde, plus profondément qu'aucun de ses devanciers ni de ses successeurs, et il a passé douze années de sa carrière à rêver d'un sacre qui lui appartienne. Entre 1958 et 1970, entre sa naissance au plus haut niveau et son crépuscule, avec tout le poids du monde sur les épaules, Pelé a traversé la Coupe du monde au rythme des blessures et des communiqués médicaux. Entre 1958 et 1970, Pelé n'a joué que quatre matches du premier tour, deux en 1962, deux en 1966. Le Brésil avait Amarildo et il avait surtout Garrincha, encore, au Chili. En Angleterre, il y avait Pelé, quelques joueurs en devenir comme Jairzinho, mais les champions du monde vieillissants de 1962 n'avaient pas préparé leurs successeurs à ce qui les attendait.

La boucle refermée par Pelé en 1970 est ce qui fait toute la différence entre une carrière magnifique et un destin exceptionnel. Cette finale gagnée face à l'Italie (4-1), dans la lumière blanche du stade Aztèque à Mexico, juste avant de se retirer de la scène, ou presque, est ce qui fait toute la différence entre Pelé et Zidane, entre Pelé et tous les autres.

Est-ce Pelé, alors, qui a fait la légende de la Coupe du monde, ou est-ce la Coupe du monde et la mondovision nouvelle qui ont fait la légende de Pelé, lui attribuant la couronne de roi du siècle ? Sans Pelé, le Brésil a tout de même gagné la Coupe du monde 1962, l'une de ses trois victoires, mais celle durant laquelle il a eu le moins d'impact. Mais, sans Pelé, la Coupe du monde aurait manqué d'un emblème. Pelé, lui, a été un phare, le personnage charismatique et fascinant d'un feuilleton mondial revenant tous les quatre ans. Chacun a fait grandir l'autre. Pelé a été une marque, celle d'une épreuve en train de grandir et de s'installer, pour toujours, comme le plus grand événement sportif planétaire, avant ou avec les Jeux Olympiques.

1970 marque un tournant parce que c'est le point de départ de la nostalgie. Chaque génération a la sienne, mais celle-ci est une nostalgie partagée, les dernières heures du noir et blanc, les derniers amateurs, les derniers rendez-vous à visage humain, avec une proximité avec les champions qui ne reviendrait plus. 1970 marque un tournant parce que la Coupe du monde a son héros et que son héros est parti sur une troisième victoire. C'est un tournant, enfin, parce que la Coupe du monde est aussi un trophée, une victoire ailée ciselé par le sculpteur français Abel Lafleur, qui part définitivement au Brésil. Dans un début de siècle marqué par les guerres, les premiers organisateurs ne croyaient ni en l'avenir, ni en la capacité d'un pays à installer une dynastie sur la compétition qu'ils avaient imaginée. Le premier pays trois fois vainqueur repartirait avec le trophée, on en sculpterait un autre. En son sommet, il y aura la terre, comme un ballon. V. D.

10. Mexico, le 17 juin 1970. L'Allemand Berti Vogts prend le meilleur sur Luigi Riva. La superbe demi-finale Italie-Allemagne tourne finalement à l'avantage des Italiens (4-3), mais cette équipe de RFA, qui compte déjà dans ses rangs un certain Franz Beckenbauer, se positionne comme un futur vainqueur.

11. Mexico, le 21 juin 1970. Les deux capitaines des deux équipes les plus titrées au monde, Carlos Alberto pour le Brésil et Giacinto Facchetti pour l'Italie se retrouvent en finale d'une Coupe du monde considérée comme l'une des meilleures de tous les temps.

12. Mexico, le 21 juin 1970. Pelé, premier buteur de la victoire du Brésil face à l'Italie en finale (4-1), dans les bras de Jarzinho. C'est bien lui le roi !

SUÈDE

Allemagne (RFA)
Angleterre
Argentine
Autriche
Brésil
Écosse
France
Hongrie
Irlande du Nord
Mexique
Paraguay
Pays de Galles
Suède
Tchécoslovaquie
URSS
Yougoslavie

Finale : le 29 juin, à Stockholm.
Suède 2-5 (1-2) BRÉSIL

58

L'ÉQUIPE

LA NAISSANCE DE PELÉ

C'EST PRESQUE ENCORE UN ENFANT QUI, EN LARMES, BRANDIT LE TROPHÉE. À DIX-SEPT ANS, IL EST DÉJÀ LE MEILLEUR FOOTBALLEUR DE LA PLANÈTE. LA SUÈDE N'EN CROIT PAS SES YEUX.

Il est le fils de Joao Romos Nascimento et de Celeste Arantes, né en 1940 à Três Coraçoes, dans l'État de Minas Gerais, l'État des montagnes. Edson Arantes do Nascimento ne s'est même pas toujours appelé Pelé. Dans le quartier Bauru de son enfance, à Santos, il était « Dico », un gamin qui faisait des prodiges dans les rues avec une balle de chiffons. En découvrant les chaussures à crampons, les ballons de cuir et le maillot blanc immaculé de Santos, son club de toujours, il est devenu Pelé. Le football du Brésil ne s'est jamais écarté de sa fascination pour les surnoms, en partie parce que les noms propres sont trop souvent les mêmes.

En ce début d'été suédois qui voit le jeune Pelé, dix-sept ans et huit mois, découvrir l'Europe comme on accoste sur le rivage d'un nouveau monde, les surnoms brésiliens participent à la fois de la mythologie et du bon sens : il y a quatre Santos dans l'équipe, tous titulaires, et les commentateurs brésiliens qui hurlent derrière leur micro deviendraient fous, ou un peu plus encore, s'ils n'avaient qu'un prénom pour seul signe de distinction. Deux d'entre eux, Nilton Santos et Djalma Santos, ont conservé leur nom de famille; mais Manoel Francisco dos Santos

Stockholm, le 29 juin. Deux buts de Pelé (55e, 90e), un de Zagallo (68e), qui s'ajoutent aux deux de Vava (9e, 32e), la finale de la Coupe du monde Brésil – Suède tourne à la démonstration en faveur des artistes brésiliens (5-2). Mais surtout, le meilleur joueur du monde se révèle soudain à toute la planète.

s'appelle Garrincha, et le quatrième Santos est Gilmar, le gardien. Il suffit de se plonger dans les photos de cette Coupe du monde pour être frappé par le contraste : Pelé est encore un enfant dans un monde d'adultes. Il est un enfant qui pleure, au soir de la victoire en finale contre la Suède (5-2), et qu'il faut encore prendre dans ses bras, sans savoir s'il faut le consoler ou le féliciter. Il est un enfant qui découvre tout à la fois et dont l'entrée dans la carrière ressemblera à quelque chose comme une rentrée des classes, un apprentissage : selon le recensement de 1950, le Brésil compte 41 % de Noirs et 4 % d'entre eux seulement vont à l'école primaire. Mais tous, ou presque, ont joué au football dans la rue.

DES DÉBUTS DE REMPLAÇANT

Quand il débarque en Suède, Pelé est un quasi-inconnu, présenté comme un inter gauche, plus qu'un milieu, moins qu'un attaquant de pointe. Il a connu sa première sélection moins d'un an auparavant, à l'âge de seize ans, contre l'Argentine à Maracana, devant 200 000 spectateurs. Il a inscrit un but trois minutes seulement après son entrée en jeu.
Mais il n'est pas titulaire quand s'ouvre la Coupe du monde. Il est un prodige que le Brésil maintient dans le coton, un jeune joueur de 1,70 m au visage d'adolescent, qui promène ses enthousiasmes à l'entraînement et ses naïvetés dans la ville. Dans les jardins de l'hôtel Hindasgarden, le repaire des Brésiliens, à 40 kilomètres de Göteborg, Pelé semble un enfant parmi les enfants, dans une Coupe du monde à taille humaine qui le voit arpenter les rues sans susciter la folie des quinze années qui vont suivre.
Pelé commence par apprendre. Au premier tour, ce n'est pas que le Brésil

L'ÉQUIPE

Pelé. Personnalité timide et réservée, le jeune Brésilien doit pourtant faire face à l'élan de sympathie que la révélation de son talent brut déclenche en Suède.

n'ait pas besoin de lui, c'est juste qu'il ne le sait pas encore. Au premier tour, Pelé ne marque pas le moindre but, parce qu'il ne joue pas contre l'Autriche (3-0), jour de doublé pour José Altafini, ni contre l'Angleterre (0-0). Vicente Feola, le sélectionneur brésilien, le lance enfin contre l'URSS (2-0), doublé de Vava. Pelé porte le numéro 10, déjà. C'est un numéro de titulaire. Il va le rester.

En quart de finale, le 19 juin, il inscrit le seul but du Brésil face au pays de Galles (1-0). En demi-finale, le triplé inscrit contre la France (5-2) le révèle au monde, ainsi que ses crochets, la soudaineté de sa frappe, sa vitesse, sa détente, ses inspirations venues d'ailleurs. Mais il reste une finale à gagner. Le Brésil n'a jamais été champion du monde. Il est marqué par l'échec à domicile en 1950, ce jour de deuil national, et la défaite de la Hongrie en 1954 laisse planer l'idée d'une malédiction sur les équipes enchanteresses à l'heure de la remise des prix.

Mais pas avec ce Brésil-là. Pas avec Vava, Didi, Garrincha et Pelé. Le gamin fait de cette finale une fête, que la Suède espère seulement troubler l'espace de dix minutes, le temps que Vava (9e) réponde au but de Liedholm (4e). La finale bascule, irrémédiablement. À 1-1, Pelé tire sur le poteau. Il inscrit le but du 3-1 après une merveille : un lob sur un défenseur suivi d'une reprise de volée.

SIX BUTS EN QUATRE MATCHES

Il manque un post-scriptum : ce sera le dernier but de la finale (5-2), le sixième but de Pelé dans la compétition. Six buts, à dix-sept ans, dans sa première compétition internationale, après n'avoir joué que quatre matches. Lorsque l'arbitre français M. Guigue siffle la fin et s'empare du ballon du match, Pelé fond en larmes; elles mouillent le maillot de Gilmar, qui l'apaise sur sa poitrine, comme on le fait avec un enfant. Garrincha et Gilmar essaient de le porter en triomphe, il résiste, l'émotion et la timidité le poussent à se recroqueviller. Sa vie ne sera plus jamais la même. Le Brésil et la Coupe du monde non plus. ■

POPPERFOTO / GETTY IMAGES

Stockholm, le 29 juin. Pelé souffre entre Gustavsson et Bergmark (à droite). Mais il est brillamment secondé par Zagallo (au milieu ci-dessous). La victoire du Brésil devient son triomphe.

Stockholm, le 29 juin. Kurt Hamrin (en bas à gauche, derrière Nilton Santos) a beau être un redoutable buteur, la Suède est irrémédiablement dominée.

L'ÉQUIPE

L'ÉQUIPE

L'ÉQUIPE

Stockholm, le 29 juin.
Pelé fond en larmes dans les bras de Gilmar. L'émotion est trop forte pour un génie de dix-sept ans.

L'ÉQUIPE

LE FOOT PASSE AU SALON

Pendant que les enfants du baby-boom repoussent les murs des écoles, les salons cossus s'ornent d'un nouveau meuble : la télévision arrive dans les ménages les plus aisés. La Coupe du monde 1958 est un argument publicitaire. Dans *L'Équipe*, la marque Schneider propose « la Coupe du monde chez vous pour 5 000 francs. » Moins de 10 % de la population française est équipée, dans un pays où il y a plus de dix millions de postes de radio.

Le soir de la demi-finale France-Brésil, le président de la République, René Coty, invite son valet à suivre la rencontre à la télé. Au total, rassemblés dans les salons ou sur les boulevards devant les vitrines des vendeurs d'articles électroménagers, cinq millions de Français verront la demi-finale. Mais personne n'aura vu le deuxième but brésilien de Didi. L'image coupée, un panneau de quatre phrases, en quatre langues, indique que le circuit est interrompu. Jacques Sallebert, le commentateur, fait de la radio. Comme avant. Mais plus rien n'arrêtera la télé. ■

Göteborg, le 11 juin. Incapables de remporter une seule victoire (ici le 0-0 face au Brésil), les Anglais repartent chez eux à l'issue du premier tour et une défaite en match d'appui concédée à la Russie (0-1), le 17 juin à Göteborg.

LES BRITANNIQUES FONT PROFIL BAS

Au pays des nuits courtes, le soleil s'est couché très tôt sur l'Empire britannique. Représenté par quatre fédérations, l'Angleterre, l'Écosse, le pays de Galles et l'Irlande du Nord, le Royaume-Uni continue d'être fâché avec le plus grand rendez-vous d'un jeu qu'elle a inventé. Au premier tour, ces quatre équipes remportent seulement une victoire en douze matches ! Mais les Gallois et les Irlandais seront tout de même en quarts de finale, après une victoire en match d'appui contre la Hongrie (2-1) et la Tchécoslovaquie (2-1 a.p.). Les Gallois pourront se consoler de leur courte défaite face au Brésil (0-1) en se disant qu'ils ont évolué sans leur meilleur joueur, John Charles. Quant aux Irlandais, ils sont battus (0-4) par l'équipe de France mais ils ont tenu presque toute une mi-temps avant d'encaisser leur premier but.

L'Angleterre, plutôt sérieuse face au Brésil (0-0) au premier tour, persiste à porter un regard condescendant sur un événement qu'elle prépare aussi peu qu'elle le considère. Alors que toutes les sélections comportent 22 joueurs, le maximum autorisé, les Anglais sont venus à vingt. L'année 1958, il est vrai, est particulière pour l'équipe d'Angleterre, touchée en plein cœur par la catastrophe aérienne de Munich dans laquelle plusieurs joueurs de Manchester United ont péri, dont quatre internationaux anglais. ■

L'ÉQUIPE

FONTAINE, UN RECORD POUR TOUJOURS

Il faudra une Coupe du monde à 64 pays, avec quinze matches en deux mois pour que son record soit un jour approché. Just Fontaine a inscrit treize buts pendant la Coupe du monde 1958, et plus de cinquante ans après sa marque semble inaccessible. Comme les grands Leonidas, Piola et Kocsis avant lui, l'attaquant de l'équipe de France a marqué au moins un but à chaque match pendant le tournoi. L'amplitude de sa trace donne le vertige : trois buts face au Paraguay (7-3), deux buts devant la Yougoslavie (2-3), un but contre l'Écosse (2-1), deux buts face à l'Irlande du Nord (4-0), un but inscrit à Gilmar en demi-finale contre le Brésil (2-5), et quatre buts dans le match pour la troisième place devant l'Allemagne (6-3).

Face à une trajectoire aussi inattendue, la facilité serait de croire que le destin a choisi à sa place. Mais il l'a forcé, plus simplement. Adolescent, il est renvoyé, du lycée de Marrakech, où il habite ? Il bouge et se révèle sous les couleurs de l'USM Casablanca. Nice le maintient en équipe réserve ? À l'été 1956, il part à Reims pour un essai et devient titulaire dans la meilleure équipe française. Il ne semblait pas devoir être titulaire à la Coupe du monde 1958, après un hiver gâché par une opération du ménisque ? Il devient le recordman des buts marqués en phase finale de Coupe du monde.

Au moment de s'embarquer en Suède, il a vingt-cinq ans et seulement quatre sélections. Il a longtemps été dit qu'il avait profité, au dernier moment, de la blessure de René Bliard pour être titulaire. Mais ce n'est pas exactement ainsi que s'est déroulée l'histoire. Just Fontaine a fini par nous la raconter, un jour : « En fait, j'étais titulaire. C'est une bonne action qui à la longue s'est retournée contre moi parce qu'il n'a jamais été question que Bliard joue à ma place. Mais il avait la jambe dans le plâtre, il était mon voisin et il avait besoin qu'on lui remonte le moral. Alors c'est moi qui ai dit que je n'aurais peut-être pas joué la Coupe du monde s'il n'avait pas été blessé. »

Pour ses treize buts, à l'issue de la compétition, Just Fontaine a reçu un fusil pour récompense. Et un record éternel. ■

Just Fontaine.
En Suède, l'avant centre de l'équipe de France (ci-dessus lors de France – Irlande du Nord, le 19 juin 1958, 4-0) et son complice Raymond Kopa inscriront seize buts. Dont treize pour Fontaine, record inégalé.

L'ÉQUIPE

L'ÉQUIPE

Garrincha. Un dribble prévisible et imparable, une jambe plus courte que l'autre, une irrésistible soif de vivre, tel est Garrincha, le petit oiseau du Brésil. Il passe ici Sven Axbom, lors de la finale.

GARRINCHA, QUEL DRÔLE D'OISEAU

Manoel Francisco Dos Santos, dit Garrincha, a vingt-trois ans, déjà quatre filles et toujours le même dribble quand il se présente au monde en cet été suédois. Il fixe son défenseur, fait passer son pied droit par-dessus le ballon, fait semblant de revenir à l'intérieur et repart à l'extérieur. Il le fait trop vite, c'est tout.

Il a une jambe plus courte que l'autre qu'il a refusé d'opérer, des genoux tordus, brûle la vie comme il joue, sans jamais se retourner. Il ne connaît que l'évitement. « Garrincha », comme les oiseaux qu'il aimait chasser, est un ancien paysan de la montagne de Pao Grande.

« IL PASSE TOUJOURS »

Il descendra de l'autre côté de la colline un peu plus tôt, un peu plus vite que les autres, mais en attendant, ce droitier magnifique, dribbleur d'exception, torture tous les défenseurs du monde en 1958. Le Suédois Gren résumera tout ce qui fait le charme et le poison du petit Brésilien : « Il fait toujours la même feinte, on sait exactement comment il va s'y prendre, et il passe toujours. »

LES HÉROS EN CARTES POSTALES

L'effet télé ? L'été suédois est la saison où les footballeurs deviennent des héros pour longtemps. Avant la demi-finale France-Brésil (2-5), Albert Batteux, immense orateur, prend ses joueurs par le sentiment national : « Jamais, depuis le Championnat du monde de boxe Carpentier-Dempsey, la France n'aura attendu un résultat sportif avec autant de passion. »

Les joueurs français ont des preuves : le journal *L'Équipe* et la station de radio *Europe 1* se sont associés pour faire venir en Suède les femmes de joueurs, impers clairs et mises en pli, et lancer une opération cartes postales. Celles-ci se déversent par milliers dans une salle du Grand Hôtel de Saltsjöbaden où les Bleus préparent leur demi-finale. ■

L'ÉQUIPE

Saltsjöbaden, le 1er juin. Pour la première fois, les joueurs français deviennent des stars lors d'une Coupe du monde. Ici Roger Piantoni pose avec l'un des nombreux sacs de courrier que les joueurs français ont reçus en Suède.

AH, SI JONQUET...

En 1958, le coaching n'existe pas. Ni les remplacements pour blessure. Le 24 juin, à la 26e minute de Brésil-France (5-2), en demi-finale, le défenseur central français Robert Jonquet s'écroule après un choc avec Vava. Fontaine a égalisé très vite (1-1), les Bleus espèrent encore. Mais Jonquet n'est plus en état de jouer. Sur les photos, les masseurs lui massent la cuisse en se disant que cela peut toujours servir. Le Français, en fait, est victime d'une fracture du péroné. Il ne le sait pas encore car il peut tenir debout et marcher à pas lents. Jonquet n'est plus sur le terrain quand Didi inscrit le deuxième but brésilien, et quand il revient, au début de la seconde période, il s'installe sur l'aile gauche, pour faire le onzième, sentinelle inutile et immobile. Albert Batteux, l'entraîneur des Bleus, que sa droiture rend peu soupçonnable de vouloir distordre l'histoire, a bien le droit, après coup, de vouloir la refaire : « À onze, nous tenions le coup. Rien ne dit que nous n'aurions pas résisté plus longtemps. » ■

L'ÉQUIPE

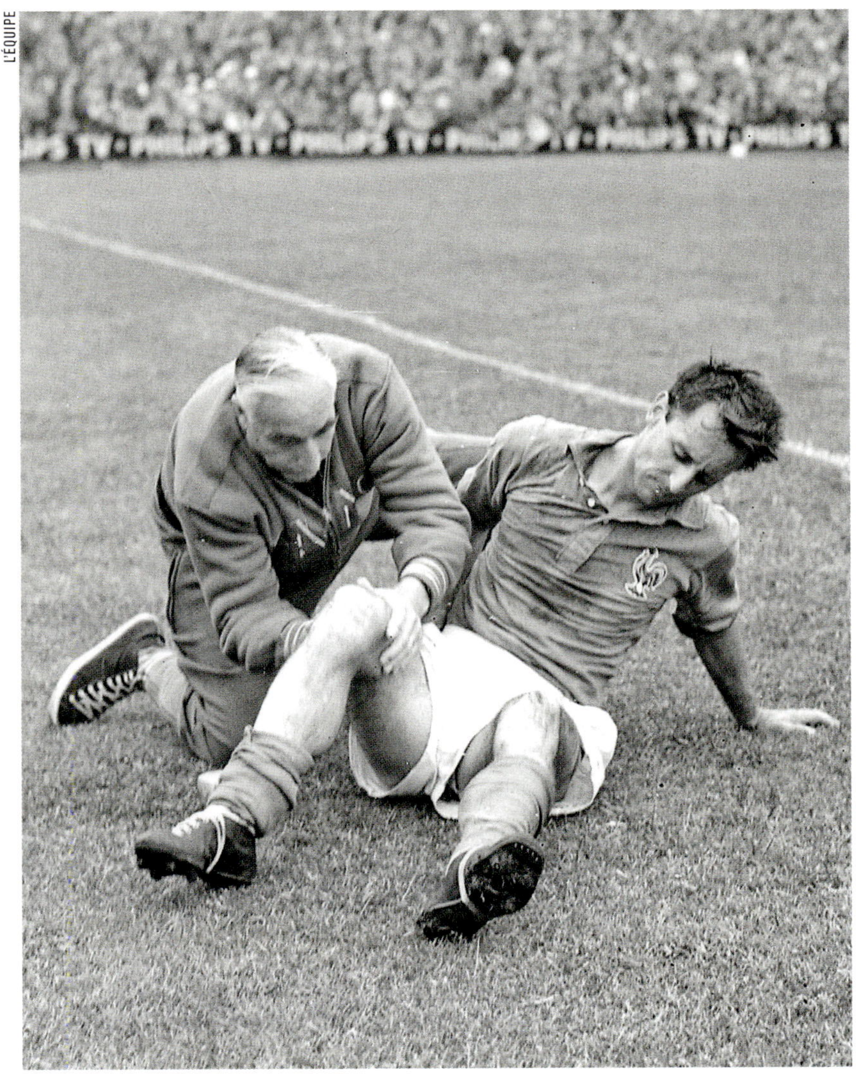

Robert Jonquet. Le 24 juin, à la 26e minute de la demi-finale Brésil – France (5-2), le défenseur central Robert Jonquet s'écroule après un choc avec Vava. Le Français est victime d'une fracture du péroné.

L'ÉQUIPE

LE ROI KOPA

Le Ballon d'Or de *France Football* n'est encore qu'une récompense européenne. Le lauréat 1958 s'appelle Raymond Kopa. Élu meilleur joueur de la Coupe du monde par certains spécialistes, surnommé le « Napoléon du football » par le journaliste britannique Desmond Hackett, Kopa est arrivé en Suède fatigué par une longue saison avec le Real Madrid, avec lequel il a battu l'AC Milan (3-2) en finale de la Coupe d'Europe des clubs champions. Mais il se ressource avec les Bleus à Kopparberg, un nom prédestiné et, à vingt-six ans, va exercer une influence décisive sur l'aventure. Raymond Kopa, l'ancien galibot qui avait laissé une phalange de l'index en poussant les wagonnets de charbon au fond de la mine, à quatorze ans, repousse les reproches anciens d'individualisme en se fondant dans un collectif qui met Just Fontaine dans des conditions idéales. Il résumera ainsi le secret de son été : « J'ai joué en retrait, et Vincent a souvent décroché. C'est ce qui a permis à Fontaine de jouer plus haut. » Ainsi parla le meilleur joueur européen 1958. ■

Raymond Kopa. Meilleur joueur européen de l'année 1958, il est surnommé le « Napoléon du football » lors de l'aventure des Bleus en Suède.

4-2 OU 5-2 ?

Des spectateurs se sont trompés, sans doute. Des journalistes ont été induits en erreur, c'est sûr. En finale, le Brésil a-t-il battu la Suède 4-2 ou 5-2 ? C'est 5-2, bien sûr. Mais l'arbitre français de la finale, le gendarme marseillais Maurice Guigue, voulait être tellement certain de récupérer le ballon du match qu'il s'en empara dès que Pelé eut marqué le cinquième but, de la tête, sifflant la fin sans redonner l'engagement à la Suède. Une attitude qui laissa penser qu'il avait refusé ce but. ■

LA FOLIE À RIO

Le 2 juillet, les champions du monde brésiliens reviennent au pays. Après une escale à Recife, ils arrivent à Rio en quadrimoteur présidentiel, escortés par seize chasseurs à réaction, attendus par un million de personnes qui ont dressé des arcs de triomphe fleuris sur les vingt kilomètres qui séparent l'aéroport du centre. Bellini est le premier à sortir de l'avion avec la coupe Jules-Rimet. Les Brésiliens mettront trois heures pour parvenir au centre-ville sous les confettis et serpentins, bercés par une samba interminable. Leur butin final ? Un titre de champion du monde, un retour triomphal, une maison, une télé, une montre en or. Ils n'ont pas tous les mêmes prix. ■

HAMRIN, LE DIABLE BOITEUX

La Suède n'est pas seulement un décor de rêve pour un mois de juin en ballon. C'est un pays de football, ou plus exactement de footballeurs : amateurs au pays, professionnels en exil. Le débat, intense, sera tranché : tous ensemble. Avec Gren et Liedholm, trente-sept ans chacun, grands noms du Milan, et médaillés de bronze aux Jeux Olympiques de 1948 avec la Suède. Avec, surtout, Kurt Hamrin, vingt-trois ans, buteur de Padoue, surnommé le « Diable boiteux » ou « Uccellino » (petit oiseau), deux surnoms qui dessinent un Garrincha européen. Hamrin marquera 190 buts en Serie A. Avec cet amalgame de talents, la Suède parvient en finale de sa compétition, seulement battue par le Brésil (2-5) après que Liedholm eut ouvert la marque dès la troisième minute. ■

Kurt Hamrin. Premier buteur de la Suède face à l'URSS (2-0) en quart de finale, il joue en Italie. Il a vingt-trois ans et y est surnommé « Uccellino », le petit oiseau. Comme Garrincha.

L'ÉQUIPE

CHILI

Allemagne (RFA)
Angleterre
Argentine
Brésil
Bulgarie
Chili
Colombie
Espagne
Hongrie
Italie
Mexique
Suisse
Tchécoslovaquie
URSS
Uruguay
Yougoslavie

Finale : le 17 juin, à Santiago.
BRÉSIL 3-1 (1-1) Tchécoslovaquie

62

ANDRÉ LECOQ / L'ÉQUIPE

UNE DEUXIÈME COURONNE PLUS PRÉCIEUSE QUE LE RIZ

LE DEUXIÈME TITRE CONQUIS PAR DES BRÉSILIENS TRENTENAIRES REVÊT UN CARACTÈRE ÉMINEMMENT POLITIQUE.

Un footballeur brésilien qui s'envole pour la Coupe du monde n'est pas qu'un footballeur. Il est un représentant de l'espoir, un élu qui serait soumis au référendum populaire chaque jour. Un footballeur brésilien ne s'appartient pas. Lorsque les Brésiliens, champions du monde en titre, s'envolent pour le Chili en 1962, leur avion fait escale à Brasilia. Ce n'est pas exactement une escale technique. Cet arrêt dans la capitale nouvelle du pays a pour but de les faire rencontrer Joao Goulart, le président de la République. Et de leur faire entendre ce discours qui dit tout de l'histoire conjuguée du Brésil, du football et de la Coupe du monde : « Vous devez conserver cette Coupe du monde qui est l'orgueil de toute notre population, leur dit Joao Goulart. Elle fait

Santiago, le 17 juin. La *Seleção* qui se présente en finale a une mission : conserver la Coupe du monde qui, selon le président de la République, « fait oublier aux Brésiliens nos difficultés économiques. »

oublier aux Brésiliens nos difficultés économiques et, en cela, elle est plus précieuse que le riz. » *Circenses ante panem*, les jeux avant le pain : les dirigeants brésiliens ont régulièrement envisagé le football comme un produit masquant.

CYNISME ET VIOLENCE

En cet été chilien, les champions du monde en titre le sont vraiment. C'est-à-dire que ce sont les mêmes qu'en 1958, à l'exception d'Orlando. Quatre années de plus, ce n'est rien pour Pelé, vingt-et-un ans, dans la force de l'âge, mais dont la cuirasse est de plus en plus attaquée par les défenseurs du monde. Mais le Brésil a remporté la Coupe du monde en Suède avec des joueurs d'âge mûr. Quatre ans après, ils ont un âge un peu plus mûr que mûr. Nilton et Djalma Santos ont plus de trente-cinq ans, Didi à trente-quatre ans, Gilmar, Zito et Zagallo sont largement trentenaires, eux aussi. Autant de conservatisme est probablement une vision à court terme, mais c'est une vision qui gagne : le Brésil va remporter la finale de la Coupe du monde 1962, contre la Tchécoslovaquie (3-1), avec huit titulaires de la finale 1958.

Avant d'en arriver là, il faut découvrir le Chili, décrit en ces années-là comme la Suisse de l'Amérique du Sud pour la stabilité de son climat politique.

ANDRÉ LECOQ / L'ÉQUIPE

Santiago, le 17 juin. Amarildo qui crochète Jiri Tichy (ci-dessus) puis qui passe malgré l'intervention du grand Joseph Masopust (à gauche) : un symbole de la supériorité brésilienne. Masopust avait ouvert le score (15e) mais deux minutes plus tard, Amarildo sonne la fin du rêve tchèque, avant que Zito puis Vava ne finissent le travail.

ANDRÉ LECOQ / L'ÉQUIPE

Santiago, le 17 juin. Pelé est descendu sur la pelouse pour étreindre Amarildo, le héros de la finale.

ANDRÉ LECOQ / L'ÉQUIPE

C'est un pays qui a été durement touché par un séisme et un raz de marée qui ont fait plusieurs milliers de morts deux ans plus tôt, mais qui offre sa gentillesse comme un paradis. Lorsque le Chili joue, toutefois, l'orgueil nationaliste fait du stade de Santiago un enfer pour ses adversaires, pour les arbitres aussi.

Les matches du Chili laissent un drôle de goût dans la bouche des observateurs neutres, et les autres matches ne permettent pas à la compétition de décoller, sportivement. Trop de calculs, trop de cynisme, trop de violence, trop de bourreaux impunis. Et Pelé qui se blesse. Il est en forme, pourtant. Il a livré un match fantastique avec Santos, à Benfica, en Coupe intercontinentale. Dans le premier match de la compétition, face au Mexique (2-0), il offre le premier but à Zagallo et inscrit le second après avoir dribblé quatre adversaires.

Mais sa blessure musculaire à une cuisse, dès le second match du Brésil, contre la Tchécoslovaquie (0-0), fait basculer la Coupe du monde vers un suspense décalé : à quel moment de la compétition Pelé va-t-il revenir ? Il ne va pas revenir, s'entraînera en vain la veille de la finale, qu'il passera à couver des yeux son remplaçant miraculeux, Amarildo.

GARRINCHA FAIT LA DIFFÉRENCE

Au fil de la compétition, le Brésil garde la même ligne : étirer jusqu'à une deuxième victoire le crépuscule de ses trentenaires et ne pas tout donner d'entrée. Comme en Suède, quatre ans plus tôt, les Brésiliens montent progressivement en puissance dans la compétition. Il vaut mieux : en demi-finale, ils sont sérieusement contestés par l'équipe et l'environnement du Chili (4-2). Ce jour-là, Garrincha fait à la fois la différence et l'actualité, en inscrivant deux buts en première période et en se faisant expulser avec le Chilien Landa en seconde période, alors que des projectiles lui ont ouvert le crâne.Il aurait dû être privé de finale. Il ne l'est pas. Pour prix des circonstances exceptionnelles de son exclusion et d'un passé disciplinaire virginal.

Pour le Brésil, la dernière marche n'est pas la plus difficile. La Tchécoslovaquie de Masopust ouvre bien la marque, mais elle n'en peut plus. Elle est arrivée là grâce à son gardien Schroif, notamment. Et son gardien la lâche à l'heure du sacre. Amarildo est l'homme de la finale dont Pelé est spectateur (3-1), et Gilmar, une ceinture jaune de champion du monde barrant son immuable maillot noir, est porté en triomphe par des épaules aussi âgées que lui. Le lendemain du triomphe, un lundi, le président de la République Joao Goulart, après avoir célébré « la victoire de la nation », a décrété un jour férié. De toute façon, personne ne se serait levé. ■

ANDRÉ LECOQ / L'ÉQUIPE

Santiago, le 17 juin.
Coup franc de Didi, sous les yeux d'Amarildo. Le Brésil domine, inexorablement.

ANDRÉ LECOQ / L'ÉQUIPE

Santiago, le 17 juin.
Garrincha a eu beau tenter, il ne marquera pas dans cette finale. Mais il s'est montré décisif à plusieurs reprises durant cette Coupe du monde.

ANDRÉ LECOQ / L'ÉQUIPE

Santiago, le 17 juin.
Coup de sifflet final : Vava, le dernier buteur brésilien exulte. Mission accomplie pour le Brésil.

PELÉ, UN ROI À TERRE

Si longtemps après, il faut continuer de se rendre à l'évidence : si Pelé a bien été trois fois champion du monde (1958, 1962, 1970), il n'a remporté que deux finales, en 1958 et 1970. En 1962, il n'était que simple spectateur, assis au premier rang, en civil, avec un bonnet qui le protégeait du vent andin qui traversait Santiago, pour le sacre contre la Tchécoslovaquie (3-1).

La scène qui a scellé sa Coupe du monde 1962 se passe le 2 juin à Vina del Mar, à la 25e minute de... Brésil-Tchécoslovaquie (0-0), le deuxième match de poule, imprévisible répétition de la finale à venir. Pelé frappe de vingt mètres et le ballon s'écrase sur le poteau, quand soudain le joueur brésilien se tourne vers le banc, appelle le soigneur, le célèbre Americo et son crâne chauve. Americo est inquiet. Les remplacements ne sont toujours pas autorisés, et pendant quelque temps, Pelé reste sur l'aile droite sans bouger, puis sur l'aile gauche. Les dirigeants brésiliens annoncent une élongation à la cuisse gauche qui implique dix à douze jours d'arrêt. Pour Americo, le soigneur, c'est plus. Il a raison : quatorze jours plus tard, la veille de la finale, Pelé fait un essai infructueux : il trottine, mais se montre dans l'incapacité d'accélérer. La Coupe du monde se poursuivra sans lui... ■

Santiago, le 2 juin. La rencontre entre le Chili et l'Italie(2-0) tourne rapidement au combat de rue. Coups de poings, nez cassé, expulsions, match interrompu...

ANDRÉ LECOQ / L'ÉQUIPE

Pelé. Blessé, le jeune roi ne dispute pas la deuxième finale de Coupe du monde consécutive du Brésil et la suit des tribunes.

ANDRÉ LECOQ / L'ÉQUIPE

LE MATCH DE LA HONTE

La bataille entre Latins et Sud-Américains est parfois un combat douteux, en ces années qui font de la Coupe Intercontinentale un rendez-vous irrespirable. Chili-Italie (2-0) émarge au rang de ces matches oubliables et malsains. Dans *L'Équipe*, Jean-Philippe Rethacker le définira, le lendemain, comme « le match qui a reculé les limites du scandale ». L'arbitre anglais, Ken Aston, est complètement dépassé, inhibé par l'atmosphère nationaliste. Dès les premières minutes, au milieu des bousculades et des coups de poing, le Chilien Sanchez casse le nez de Maschio, puis agresse David sans que M. Aston ne bronche. L'arbitre anglais, en revanche, expulse Ferrini (7e) qui refuse de sortir ! Le match sera interrompu cinq minutes. Ferrini sort escorté par la police. L'Italie finira même à neuf après l'expulsion de David qui avait fini par se venger de Sanchez (42e). De cet incident naîtront les cartons jaunes et rouges... ■

YACHINE, L'IDOLE DÉÇOIT

Lev Ivanovitch Yachine suscite un mythe qui dépasse la qualité de son jeu. L'ère n'est pas au marketing, surtout pas en URSS, mais le gardien soviétique a su frapper les imaginations par la rareté de ses apparitions, en pleine guerre froide, et par sa tenue : maillot noir, short noir, chaussettes noires, gants noirs, une genouillère blanche du côté droit. Surnommé « l'araignée noire », tant il donnait l'impression d'avoir plusieurs mains, il a trente-trois ans au Chili. Champion d'Europe 1960 avec l'URSS, il est devancé par la rumeur de son déclin. Et, en effet, au Chili, l'idole s'effondre. Déjà, lors du premier tour, fait rarissime, il encaisse quatre buts lors du match nul (4-4) de son équipe face à la Colombie. Mais surtout, le grand Yachine est coupable sur les deux buts encaissés par l'URSS, en quart de finale, à Arica, face au Chili (1-2).L'ancien ouvrier, à l'âge de quatorze ans, qui fut longtemps gardien de foot et de hockey sur glace en même temps, s'en relèvera. Il balayera l'humiliation un an plus tard en recevant le Ballon d'Or *France Football* en 1963, puis en étant encore élu meilleur gardien de la Coupe du monde 1966. Aujourd'hui, le trophée du meilleur gardien dans une phase finale de Coupe du monde porte son nom. ■

L'ÉQUIPE

Arica, le 10 juin. Face au Chili, l'immense gardien soviétique Lev Yachine encaisse deux buts évitables qui éliminent son équipe. Sa réputation va en souffrir.

DI STEFANO, PUSKAS, LE CRÉPUSCULE DES IDOLES

À trente-cinq ans, Ferenc Puskas,« le major galopant », a épaissi et galope moins vite. À trente-six ans, Alfredo Di Stefano espère, lui, disputer sa première Coupe du monde. L'édition de 1962 réunit ces deux étonnants destins sous le maillot de l'Espagne, en une époque où les naturalisations étaient faciles et multiples. Les deux stars du Real Madrid avaient vécu plusieurs vies avant, ailleurs. Puskas, 84 buts en 85 sélections avec la Hongrie, finaliste en 1954, est au Chili avec l'Espagne pour un dernier bal : trois de ses quatre sélections espagnoles auront eu pour cadre cette Coupe du monde, résumée à un premier tour à cause d'un but tardif d'Amarildo lors de Brésil-Espagne (2-1).

Pour Di Stefano, l'un des cinq plus grands joueurs de l'histoire de ce jeu, le crépuscule sera plus douloureux : blessé, il ne jouera pas une minute au Chili, où il avait fait venir toute sa famille. Né à Buenos Aires, ancien gaucho, petit-fils d'un Béarnais, il aura été international argentin (6 sélections), colombien (4 sélections) et espagnol (31 sélections, 23 buts). Mais, comme quelques autres grands noms du jeu, de George Best à George Weah, il n'aura jamais disputé une Coupe du monde. ■

ALBERT PREMIER SE FAIT UN NOM

ANDRÉ LECOQ / L'ÉQUIPE

Il a la grâce des héritiers. Six ans après la dislocation de la grande équipe de Hongrie, en 1956, Florian Albert est un trait d'union. Il a vingt-et-un ans, mais presque un passé, déjà, quelque chose comme une légende. Retenu en sélection pour la première fois en 1958, à l'âge de dix-sept ans, il présentait alors pour tout passeport deux matches avec Ferencvaros. Il avait certes déjà inscrit six buts aux Jeux Olympiques de Rome avec la Hongrie, médaillée de bronze. Mais il franchit un nouveau cap au Chili. Il marque une fois lors de la victoire hongroise face à l'Angleterre (2-1), puis réussit un triplé devant la Bulgarie (6-1). La Hongrie quitte la compétition en quarts de finale, dominée par la Tchécoslovaquie (0-1), mais Albert s'est fait un nom. Fiancé avec l'actrice hongroise Eve Balint, idole du peuple et du régime, il est le deuxième meilleur buteur de la Coupe du monde 1962 avec quatre buts, derrière le Yougoslave Drazan Jerkovic (5 buts). Il sera sacré Ballon d'Or par *France Football* en 1967. ■

Racangua, le 3 juin. Lors de Bulgarie-Hongrie (6-1), Florian Albert réussit un triplé qui débute à la première minute du match (1re, 6e, 58e).

L'APPEL DE GARRINCHA

Quand Garrincha est expulsé en demi-finale face au Chili (4-2), pour une brutalité sur le Chilien Rojas, son rêve d'une deuxième finale d'affilée s'écroule : le petit ailier brésilien doit être automatiquement suspendu pour un match. Le lendemain, d'ailleurs, la sanction tombe. Pour le Brésil, c'est une catastrophe : Garrincha a fait la différence à lui tout seul, en demi-finale, en fin de match. Mais le Brésil a des ressources, et des amis, sans doute, à la commission de discipline : Garrincha va finalement être gracié. Un télégramme expédié du Brésil par le président du tribunal de justice des sports assurait qu'il n'avait pas été suspendu depuis 1953 ! Garrincha joue donc la finale et, comme le Brésil, conserve son titre de champion du monde. ■

L'ÉQUIPE

LE PRINTEMPS DES TCHÈQUES

C'est la première équipe européenne à disputer une finale de Coupe du monde sur un autre continent : la Tchécoslovaquie, comme tant d'autres avant elle et après elle, sort d'un premier tour médiocre, s'inclinant notamment face au Mexique (0-2) pour traverser le tableau jusqu'à la finale en sortant ses rivaux du bloc de l'Est, la Hongrie (1-0) puis la Yougoslavie (3-1). Même si la marche est trop haute en finale face au Brésil (1-3), les Tchèques se font remarquer. Jozef Masopust sera récompensé par le Ballon d'Or en fin d'année et Schroif sera élu meilleur gardien du tournoi. Pour tout cela, les Tchèques méritaient bien un tour d'honneur, à Santiago, au soir de la finale, dix mètres derrière les Brésiliens, une distance respectueuse qui disait un fossé. ■

Santiago, le 17 juin. Même battus par le Brésil, les coéquipiers de Joseph Masopust ont écrit l'Histoire : la Tchécoslovaquie est la première équipe européenne à disputer une finale de Coupe du monde sur un autre continent.

L'ANNÉE AMARILDO

Ce n'est pas un héros improbable. Juste un héros imprévu. Amarildo Tavares da Silveira est un jeune attaquant de vingt-et-un ans niché dans l'ombre de Pelé et des champions du monde de 1958 quand débute la Coupe du monde au Chili. Il est escorté par la réputation de son talent, de ses intermittences et de son indiscipline. Il passe pour une tête brûlée depuis qu'il a été renvoyé de Flamengo. Pendant une causerie de son entraîneur, il faisait l'indifférent, une cigarette au bord des lèvres. Son entraîneur lui demanda de l'éteindre, il en reprit une large bouffée et exhala la fumée avec provocation.

C'est sous les couleurs de Botafogo qu'il a conquis sa place pour le Chili. Dès le deuxième match de la Coupe du monde, Pelé se blesse face à la Tchécoslovaquie (0-0). Voilà Amarildo. Il inscrit le doublé contre l'Espagne (2-1) qui qualifie le Brésil pour les quarts de finale, puis suit le mouvement retrouvé de l'attaque brésilienne jusqu'à la finale.

La veille de la finale, Pelé vient le voir dans sa chambre. Pelé est un drôle d'aîné : il a le même âge qu'Amarildo. Mais il sait tout, déjà, ce qui attend son coéquipier et lui glisse : « C'est Dieu qui t'a donné ma place. Il faut que tu en sois digne. »

Le lendemain, le destin d'Amarildo bascule. Il inscrit le premier but en trouvant un mince espace entre le gardien tchèque, Schroif, et son poteau, et donne le deuxième à Zito. Son nom va faire le tour du monde, et avant de partir jouer pendant neuf saisons en Italie, de 1963 à 1972, Amarildo, dès la fin de la finale, court recevoir l'hommage dû à sa Coupe du monde : c'est Pelé lui-même, en civil, chandail clair de tennisman anglais et pantalon de flanelle, qui vient le féliciter et le prendre dans ses bras. C'était l'année Amarildo.

Amarildo Tavares da Silveira. À vingt-et-un ans, il passait pour une tête brûlée. Il a pourtant parfaitement pallié l'absence de Pelé sur le terrain lors de la finale.

ANDRÉ LECOQ / L'ÉQUIPE

ANGLETERRE

66

Allemagne (RFA)
Angleterre
Argentine
Brésil
Bulgarie
Chili
Corée du Nord
Espagne
France
Hongrie
Italie
Mexique
Portugal
Suisse
URSS
Uruguay

Finale : le 30 juillet, à Londres.
ANGLETERRE 4-2 a.p. (1-1 ; 2-2) Allemagne (RFA).

SG AND BARRATS / EMPICS SPORT

L'ANGLETERRE EN SON ROYAUME

C'EST SUR SA TERRE QUE LE PAYS QUI A DONNÉ LE FOOTBALL AU MONDE S'EMPARE ENFIN DU PLUS PRESTIGIEUX DES TROPHÉES, NON SANS SE DÉPARTIR D'UNE CERTAINE ARROGANCE.

C'est comme si, aux yeux des Anglais, cette Coupe du monde n'existait pas avant de se poser en Angleterre. Et comme si aucune preuve de son existence n'avait pu être apportée avant que Bobby Moore ne la soulève, un dimanche après-midi de juillet, un jour où un match de football avait fini par battre le record d'audience des obsèques de Winston Churchill, en 1965. L'Angleterre a toujours entouré de ses réticences cette épreuve un peu trop moderne, un peu trop triviale à ses yeux. Elle a mal vécu la gifle de 1950, sa défaite face aux États-Unis des pieds inconnus d'un joueur d'origine haïtienne, Gaetjens (0-1), et démontré au bout du compte combien le fair-play était d'abord l'attitude des gagnants.

Mais, puisqu'il faut bien vivre avec son temps, l'Angleterre s'est résolue, enfin, à organiser la Coupe du monde, l'extension la plus populaire et la plus médiatique de son invention du siècle précédent. Dans son organisation comme dans son avancée vers la gloire, tout n'est pas neutre. Le président anglais de la FIFA, Stanley Rous, n'est évidemment pas neutre du

Londres, le 30 juillet. Bobby Moore, le plus jeune capitaine anglais de l'histoire, reçoit à vingt-deux ans la Coupe du monde des mains de la reine sous les yeux de Geoff Hurst, triple buteur de la finale.

tout. Le patron anglais des arbitres, M. Aston, ne l'est pas non plus. À partir des quarts de finale, les deux hommes choisissent, seuls, les arbitres de la Coupe du monde.

Mais, sur le terrain, il ne se passe rien de scandaleux. Quand l'arbitre suisse M. Dienst devient célèbre en se trompant sur au moins trois buts de la finale, il désavantage le foot mais ne favorise personne. La seule entourloupe notoire doit beaucoup à l'hypocrisie et au laxisme de l'époque : accusé d'avoir volontairement blessé le Français Jacky Simon pendant Angleterre-France (2-0), le défenseur anglais Nobby Stiles est blanchi par la commission de discipline. Via son sélectionneur, Alf Ramsey, il lui a suffi de répondre qu'il ne l'avait pas fait exprès. Stiles ne faisait pas seulement peur parce qu'il enlevait ses fausses dents pour jouer ; plus tard, il avouerait qu'une large partie de la violence qui lui était reprochée était due à sa myopie.

SIR ALF SORT DE SES GONDS

Comme tous les sélectionneurs sous pression du pays organisateur, Alf Ramsey et sa formidable arrogance sont un peu seuls au monde, au début de la compétition. Les puristes du jeu britannique l'accusent de jouer sans ailiers et sans Jimmy Greaves. Ramsey s'en moque. Après un premier tour sans relief, le sélectionneur anglais sort de ses gonds après la victoire épique face à l'Argentine (1-0), en quart de finale, traitant les joueurs argentins d'animaux. Il n'a pas encore été annobli ; six mois plus tard, il lui aurait fallu surveiller son langage.

En demi-finale, le doublé de Bobby Charlton fait la différence face au

PA ARCHIVE / PRESS ASSOCIATION IMAGES

Londres, le 30 juillet. L'attaquant Lothar Emmerich a beau tenter sa chance devant George Cohen et Martin Peters (de gauche à droite), l'Allemagne, après avoir ouvert le score et avoir été rattrapée, butera jusqu'à la 89e minute sur le mur anglais.

Londres, le 30 juillet. 13e minute de jeu : Helmut Haller ouvre le score dans un stade de Wembley aussi pétrifié que le défenseur anglais Ray Wilson.

Portugal (2-1), et l'Angleterre empanachée est prête pour la finale. Les Anglais sont en rouge, les Allemands sont en blanc et, après examen du rapport de forces des deux équipes, le sélectionneur Helmut Schoen émet un diagnostic qui sera une terrible erreur : pour neutraliser Bobby Charlton, le meilleur joueur anglais, il le place sous le marquage de Franz Beckenbauer, son jeune milieu de terrain élégant, son métronome. Par cette décision, en fait, Schoen neutralise Beckenbauer.

C'est une finale qui combat les apparences. Jusque-là, six fois sur huit, l'équipe qui ouvre la marque en finale de la Coupe du monde l'emporte. Cette fois, Haller profite d'une erreur de Wilson (13e), mais Alan Ball plane sur la finale, Hurst (18e) et Peters (78e) donnent l'avantage aux Anglais. À la 89e minute, les commentateurs de la BBC annoncent l'Angleterre « à quatre-vingt-dix secondes de la Coupe du monde ». Il y aura une demi-heure de plus : à la 90e minute, Weber égalise d'un but litigieux. L'Angleterre avait match gagné, mais elle bascule dans l'incertitude.

Alf Ramsey, en ces instants, est un meneur d'hommes. Il réunit ses joueurs sur la pelouse, avant la prolongation, et les harangue : « Vous l'avez gagnée une fois ! Maintenant, vous allez y retourner et la gagner encore. » Geoff Hurst, au moins, a entendu le message, inscrit deux buts supplémentaires qui font trois, devant 400 millions de téléspectateurs.

PAS DE MAIN MOITE POUR LA REINE

Les cérémonies de la victoire commencent sur le pré. Bobby Moore, le capitaine de West Ham, va monter à la tribune recevoir le trophée des mains de la reine, mais comment saluer Sa Majesté d'une main aussi

PA ARCHIVE / PRESS ASSOCIATION IMAGES

moite après un combat exténuant? L'Anglais sait se tenir : en montant à la tribune, il essuie furtivement sa main droite sur le drap pourpre de la loge royale.

Pendant ce temps-là, Alf Ramsey reste seul sur le banc. Il ne veut pas monter à la tribune, ne veut pas être porté en triomphe. Au bord de la pelouse, l'orchestre joue *When the Saints*. Plus tard, dans la nuit, au balcon du *Royal Garden Hotel*, les nouveaux champions du monde jetteront à la foule enamourée l'œillet rouge qu'ils portent à la boutonnière. Cet été-là, l'Angleterre a vraiment aimé la Coupe du monde. ■

Londres, le 30 juillet. Si plusieurs buts de la finale ont été contestés, l'égalisation par Geoff Hurst (18e) et le but du 2-1 en faveur de l'Angleterre inscrit par Martin Peters (78e) ne suscitent aucun doute.

L'ÉQUIPE

PA ARCHIVE / PRESS ASSOCIATION IMAGES

PA ARCHIVE / PRESS ASSOCIATION IMAGES

FEP / PANORAMIC

Londres, le 30 juillet. C'est au terme d'une prolongation haletante que les Anglais peuvent enfin brandir la Coupe du monde qu'ils ont boudée (et réciproquement) pendant près de trente-huit ans.

Liverpool, le 19 juillet.
Déjà touché lors du premier match du Brésil contre la Bulgarie, Pelé est définitivement mis hors jeu par le Portugais Morais. Aucun arbitre n'a vraiment protégé les joueurs durant cette Coupe du monde.

LES CASSEURS

Les années soixante figurent parmi les plus violentes, les plus cyniques et les plus impunies du football international. Au pays du fair-play, la Coupe du monde 1966 n'échappe pas au malaise. Aucun arbitre n'est là pour protéger les joueurs. Agressé par le Bulgare Jetchev après avoir marqué le premier but de la victoire du Brésil (2-0), Pelé est achevé, quelques jours plus tard, par le Portugais Morais. Nobby Stiles, le terrible défenseur anglais édenté, blesse sérieusement le Français Jacky Simon.

Et un incident survenu pendant Angleterre-Argentine (1-0), en quart de finale, scandalise le monde, lorsque le capitaine argentin Antonio Rattin, un poète célèbre, refuse de sortir du terrain après avoir été expulsé pour avoir tiré l'arbitre par la manche. L'interruption du jeu va durer 6'40''. Rattin reste au bord du terrain, ameute ses coéquipiers, demande à ses dirigeants de descendre de la tribune. Plus tard, il affirmera qu'il avait demandé un temps mort pour expliquer sa version à l'arbitre et qu'il avait besoin d'un interprète pour ça. « En Argentine, on fait toujours comme ça... », osa-t-il. Bien sûr. ■

« ANIMAUX ! »

C'est l'une des insultes les plus célèbres de l'histoire de la Coupe du monde. Après le houleux Angleterre-Argentine (1-0), les joueurs des deux équipes se calment et commencent à échanger leurs maillots. Alf Ramsey, le sélectionneur anglais, bondit alors sur le terrain pour les en empêcher. Dans la foulée, il lâche : « C'est incroyable de voir à quel point le talent argentin est gaspillé. On jouera notre meilleur football contre une équipe qui viendra pour jouer au foot, pas pour se comporter comme des animaux ! » ■

QUERELLES FRANÇAISES

C'est la seule équipe à avoir trois entraîneurs (Lucien Jasseron, Marcel Domergue, Henri Guérin) et à avoir utilisé trois tactiques différentes en trois matches. Il y a une morale : la France n'en a gagné aucun (match nul 1-1 face au Mexique ; défaite 1-2 devant l'Uruguay), malgré un bon sursaut contre l'Angleterre (0-2), à Londres. Le président de la FFF, Antoine Chiarisoli, résume ainsi cette gabegie, dont il est également responsable : « Ils voulaient être trois entraîneurs, les meilleurs, paraît-il. Ils ont été trois. Ils n'ont pas voulu rencontrer de grande équipe en préparation, ils n'en ont pas rencontré. Ils ont voulu aller à Peebles, ils sont allés à Peebles. Ils ont dit qu'ils n'avaient pas besoin de l'aide des dirigeants, et nous leur avons fait confiance. »

L'ÉQUIPE

Londres, le 11 juillet. Même souriants devant le reporter Thierry Roland, les sélectionneurs français Henri Guérin et Lucien Jasseron auront du mal à justifier les errements tactiques de l'équipe de France.

L'ÉQUIPE

Liverpool, le 15 juillet. La Hongrie de Janos Farkas (ci-dessus) et de Florian Albert domine largement le Brésil (3-1) au cours d'un match d'un niveau tel que le stade d'Anfield n'en avait jamais connu.

CHEF-D'ŒUVRE À ANFIELD

Liverpool n'est pas encore une destination européenne connue. Ses supporters, qui viennent d'effectuer leur premier déplacement de Coupe d'Europe en avion, se sont cotisés à l'atterrissage pour le pourboire du pilote, comme ils le font avec les chauffeurs de car lors des déplacements nationaux. Mais le stade d'Anfield est le théâtre d'un match immense, avec la victoire de la Hongrie sur le Brésil (3-1), le 15 juillet. Farkas, le seul vrai gitan de l'équipe, a inscrit le deuxième but, mais Florian Albert a plané sur une soirée que Garrincha a traversé comme une ombre. À la fin du match, le Hongrois est bloqué par les photographes. Quand il rentre, seul, au vestiaire, une standing-ovation l'accompagne.

PA ARCHIVE / PA PHOTOS

au premier tour, grâce à un but de Pak Do-ik et qu'ils menaient 3-0 face au Portugal en quart de finale, les Coréens ont continué à jouer, quand toute autre sélection se serait organisée pour tenir. Les Coréens ont perdu (3-5), laissant une trace sans précédent, une trace pleine de mystère. Barrière politique, barrière de la langue : aucune parole de joueur ne figure dans les journaux de l'époque, et les propos du sélectionneur, Myung Rye-huyn, passaient à travers deux ou trois filtres pour sortir en anglais dans une version douteuse. On lui a attribué cette déclaration : « Les Italiens gagnent beaucoup trop d'argent pour le football qu'ils jouent. » L'a-t-il vraiment dit ? Pendant ce temps, la presse anglaise affirmait que les joueurs nord-coréens mendiaient des livres anglaises dans les rues de Middlesbrough.

Middlesborough, le 19 juillet. L'Italie, deux fois championne du monde, battue par la Corée du Nord (1-0) qui participe pour la première fois à une phase finale : c'est l'événement de cette Coupe du monde 1966.

LE MIRACLE CORÉEN

Corée du Nord-Italie (1-0), arbitré par le Français M. Schwinte, est l'une des deux réponses possibles à la question suivante : quelle a été la plus grosse surprise de l'histoire des phases finales de la Coupe du monde ? Mais, plus que les États-Unis victorieux de l'Angleterre (1-0) en 1950, les Nord-Coréens ont profondément troublé la Coupe du monde 1966 par leur vivacité et leur jeu constamment offensif. C'est leur totale inexpérience et l'absence de culture tactique qui les a freinés. Alors qu'ils avaient battu l'Italie de Facchetti (1-0)

EUSEBIO, « LA PERLE DU PORTUGAL »

Il a failli être un simple membre d'équipage emporté par le naufrage. Silva Eusebio Ferreira, surnommé « la perle du Mozambique », la terre où il a vu le jour, aurait pu se noyer avec toute l'équipe du Portugal, menée 0-3 après 24 minutes du jeu contre la Corée du Nord, le 23 juillet à Liverpool, en quarts de finale. Il avait inscrit trois buts au premier tour, dont un doublé contre le Brésil (3-1), mais l'attaquant du Benfica n'aurait pas laissé une telle empreinte s'il en était resté là.

NEUF BUTS DONT QUATRE PENALTIES

À Liverpool, il prend le destin du Portugal au bout de ses pieds et renverse les Coréens en inscrivant quatre buts entre la 27e et la 59e minute ! Il y a deux penalties dans le lot, mais le Portugal s'impose (5-3), se dirigeant vers la troisième place. En demi-finale contre l'Angleterre (1-2) comme dans la petite finale face à l'URSS (2-1), Eusebio inscrira encore un penalty. Le meilleur buteur de la Coupe du monde 1966 a inscrit neuf buts, dont quatre penalties. À vingt-quatre ans, il est en course pour les honneurs : déjà Ballon d'Or *France Football* 1965, il sera seulement devancé à la fin de cette année 1966 par Bobby Charlton.

L'ÉQUIPE

Silva Eusebio Ferreira. En quart de finale face à la Corée du Nord, l'attaquant Portugais réussit un exploit historique en marquant quatre buts qui qualifient son équipe (5-3 score final, Augusto ajoutant un dernier but à la 78e) pourtant menée 0-3 dès la 22e minute.

Londres, le 30 juillet. À la suite d'une faute imaginaire de Jackie Charlton, l'Allemagne obtient ce coup franc sur lequel Karl-Heinz Schnellinger fait clairement main avant que la balle ne revienne à Wolfgang Weber qui la propulsera dans le but anglais (89e).

LES BUTS DE LA DISCORDE

Six buts dans la finale de la Coupe du monde entre l'Angleterre et l'Allemagne (4-2, a.p.) et seulement trois valables ? C'est la thèse qui prévaut, si longtemps après. L'Allemagne a commencé par égaliser à la 90e minute (2-2) par Weber, sur un coup franc imaginaire dévié de la main par Schnellinger. Dans la prolongation, le tir de Hurst, sur le troisième but, a heurté la barre et rebondit sur la ligne avant de ressortir. Sur la ligne ou juste derrière ? Des experts en balistique et en traitement d'images n'ont pas tranché, plus de quarante ans après. L'arbitre suisse Gottfried Dienst, quarante-sept ans, accorde le but, puis va consulter son juge de touche, le Soviétique M. Bakhranov, qui confirme sa décision et remonte le terrain. M. Dienst se défendra : « J'étais loin du but, à vingt mètres environ. Je doutais. Heureusement, mon juge de touche m'a montré avec les deux mains que le ballon a rebondi vingt centimètres derrière la ligne. » Cela, au moins, était faux.

Et à la 120e minute, lorsque Hurst inscrit le quatrième but, trois jeunes supporters sont sur le terrain, sur l'aile opposée. Avec un humour tout britannique, la presse anglaise interrogera : « Étaient-ils hors-jeu ? »

PA ARCHIVE / PA PHOTOS

« THEY THINK IT'S OVER »

À la fin de la prolongation de la finale Angleterre-Allemagne (4-2, a.p.), le commentateur de la BBC, Kenneth Wolstenholme, décrit la dernière occasion de Hurst, qui s'apprête à marquer, quand il remarque soudain des adolescents sur le terrain : « Some people are on the pitch ! They think it's all over ! » (Des gens sont sur le terrain ! Ils pensent que c'est terminé !) Puis Hurst marque, et le commentateur enchaîne, sans ciller, ou presque : « It is now, it's four ! ». (Ça y est, maintenant, ça fait quatre !) Le suave et tranquille enchaînement de « They think it's all over, it is now » rendra plus célèbre encore cet ancien pilote de la RAF, qui commenta toutes les finales de Cup de 1949 à 1971. Sa phrase deviendra le titre d'un show (« They think it's all over ») et on la retrouvera dans plusieurs disques, notamment la chanson « World in motion » de New Order.

Londres, le 30 juillet. Lorsque Geoff Hurst inscrit à la 120e minute le dernier but du match, plusieurs personnes sont sur la pelouse persuadées que le match est déjà terminé. La phrase du commentateur radio « They think it's over » marque alors tous les esprits.

HURST, RENDEZ-VOUS AVEC LA GLOIRE

C'est un ancien professionnel de cricket, le buteur de West Ham, et le meilleur ami de Bobby Moore. Geoff Hurst, vingt-quatre ans, ne semble pas spécialement taillé pour la gloire quand arrive la finale de la Coupe du monde 1966. C'est sa huitième sélection, seulement, lui qui est international depuis le 23 février. Mais l'enfant d'Ashton-under-Lyne, près de Manchester, fils d'un ancien joueur professionnel d'Oldham, a rendez-vous avec la gloire. Profitant de la blessure de Jimmy Greaves, l'attaquant de Tottenham, il inscrit trois buts en finale contre l'Allemagne. Aucun autre ne l'a jamais fait.

L'ÉQUIPE

Geoff Hurst. À vingt-quatre ans, l'attaquant de West Ham ne compte que huit sélections lorsque débute la Coupe du monde.

CHARLTON BROTHERS

Il y a celui qui a un grand cou et celui qui perd ses cheveux. Les frères Charlton sont faciles à reconnaître. Jackie, le défenseur, est surnommé « la girafe ». Il est célèbre pour son jeu de tête, pas pour ses pieds. Bobby, l'attaquant, le créateur, n'a pas de surnom. Ils ont grandi à Ashington, à côté de Newcastle, fils d'un mineur et de Cissy Milburn, elle-même fille d'un ancien gardien de but de Leeds.

BOBBY, LE RESCAPÉ

Bobby, arrivé à Manchester à l'âge de quinze ans, en 1952, est un prodige et un rescapé, sorti indemne de la catastrophe aérienne de Munich, en 1958, qui emporta la majeure partie de l'équipe de Manchester United.

Le sacre de l'Angleterre est le leur. En demi-finale, Bobby a inscrit les deux buts de l'Angleterre contre le Portugal (2-1) et Jackie a fait la main qui a permis à Eusebio de marquer sur penalty. Au soir du sacre, deux joueurs anglais sont restés étendus sur la pelouse de Wembley, la tête dans les étoiles. C'étaient les frères Charlton.

Au fait, comment s'appelaient les deux autres frères Charlton que personne ne connaît ? Gordon et Tom. ■

Jackie et Bobby Charlton.
Un défenseur au jeu de tête impressionnant et un attaquant créateur (au premier plan). Les deux font la paire et l'affaire de la sélection anglaise.

L'ÉQUIPE

MEXIQUE 70

Allemagne (RFA)
Angleterre
Belgique
Brésil
Bulgarie
Israël
Italie
Maroc
Mexique
Pérou
Roumanie
Salvador
Suède
Tchécoslovaquie
URSS
Uruguay

Finale : le 21 juin, à Mexico.
BRÉSIL 4-1 (1-1) Italie

L'ÉQUIPE

TRI CAMPEÃO!

AU MEXIQUE, LE BRÉSIL CHANGE LA FACE DE LA COUPE DU MONDE, AU SENS PROPRE : LE TROPHÉE LUI EST ATTRIBUÉ POUR TOUJOURS APRÈS SA TROISIÈME VICTOIRE SUR LA SCÈNE MONDIALE.

Au Mexique, le monde a appris deux mots de portugais pour une triple couronne. Tri Campeao : trois fois champion. C'est le slogan de la Coupe du monde, le cri de ralliement du Brésil, sacré en 1958 et 1962, et qui rêve de ramener définitivement au pays le trophée sculpté par l'artiste français, Abel Lafleur. Le Brésil va vraiment changer la face de la Coupe du monde, au sens propre : puisque le trophée lui sera attribué pour toujours au titre de sa triple victoire, comme le prévoit le règlement, il faudra en imaginer un autre.

C'est la Coupe du monde du bonheur dans un pays plein de joie et c'est la Coupe du monde de Pelé. La légende est en marche, le prodige brésilien est escorté des réserves qui accompagnent les longs règnes finissant. La critique internationale le juge moins irrésistible, un peu poseur, exagérateur de fautes, alors qu'il vient de passer à côté de deux Coupes du monde sur des blessures qui devaient en partie à la rugosité des défenseurs.

Pelé attend cela depuis douze ans et le Brésil avec lui. C'est un Brésil inquiet, parce qu'il n'est pas plus avantagé que

Mexico, le 21 juin 1970. C'est un roi nu, qui entre dans l'histoire ce jour-là. Les supporters qui ont envahi le terrain ont arraché son maillot et son short au grand Pelé.

les autres par la chaleur, l'altitude et les matches programmés au milieu de la journée pour les télés européennes. Parce que, surtout, il n'a pas un gardien au niveau du reste de l'équipe : Felix a tout pour être heureux, mais ses mains sont peu sûres, son placement incertain, et s'il est titularisé par Mario Zagallo, c'est au bénéfice de l'âge. C'est mieux que le tirage au sort, au moins.

Zagallo a su faire de cette sélection une véritable équipe et une ode au football d'attaque. À droite, Jairzinho et ses dribbles de feu, son but décisif au premier tour contre l'Angleterre (1-0). À gauche, le moustachu Rivelino, sa frappe lourde et ses centres enroulés. Dans l'axe, la science du jeu de Tostao, en pointe, et de Gerson, pour faire le lien au milieu. Et tout autour, Pelé, qui inscrit trois buts au premier tour, n'a pas vraiment à s'employer en quart de finale face au Pérou (4-2) entraîné par le champion du monde brésilien Didi (1962), et qui frôle le but de génie, pour quelques centimètres, en demi-finale face à l'Uruguay (3-1), après un grand pont sur Mazurkiewicz suivi d'un tir à peine trop croisé. La finale, donc, est ce qu'il attend depuis douze ans. Il a disputé la première comme dans un rêve.

PELÉ DEVIENT LE PLUS GRAND JOUEUR DE TOUS LES TEMPS

À vingt-neuf ans, il n'est plus dans une bulle. Il est en première ligne, la place du roi. Il est celui qui doit montrer le chemin. Pour cela, il est prêt à grimper dans les nuages. Il saute plus haut que tout le monde sur un centre de Rivelino, dès la 18e minute, rabat le ballon dans les filets d'Albertosi. Il dira de ce but qui le rapproche irrésis-

ACTION IMAGES / FLASH PRESS

Mexico, le 21 juin. Pelé dansant seul au milieu d'une marée d'Italiens dépassés, c'est le reflet de cette finale. Malgré l'égalisation de Roberto Boninsegna (37e), l'Italie ne peut que gagner du temps.

tiblement du titre de plus grand joueur de tous les temps : « Il fallait à tout prix ouvrir la marque pour décontracter les gars. C'est tellement chargé d'électricité, une finale de Coupe du monde... »

L'Italie a laissé ses forces, quatre jours plus tôt, dans sa demi-finale de légende face à la RFA (4-3 a.p.). Elle égalise par Boninsegna (37e), mais elle est tellement dominée qu'elle semble étirer le match plus que sa propre espérance. Elle gagne du temps, en somme, mais le temps joue contre elle. En cinq minutes, Gerson (66e) et Jairzinho (71e) éteignent le suspense, et le quatrième but de Carlos Alberto (87e), qui récompense le capitaine brésilien, est une raison de plus de célébrer le génie de Pelé, qui a senti la montée de son arrière droit sans le voir, et qui l'a décalé d'une merveille de passe décisive. Pelé est alors un roi nu avec trois couronnes.

LA SAMBA DANS LES VESTIAIRES

Le triple champion du monde est vraiment nu, ou presque : les supporters qui ont envahi le terrain, arrachant son maillot, son short, ses chaussettes, lui ont laissé son slip. Une demi-heure après la fin du match, un mince cordon permet à Carlos Alberto d'aller recevoir, seul, la Coupe du monde. Pelé n'est même pas sur cette photo. Il sera sur quelques autres, juché sur les épaules de ses supporters, la Coupe du monde en mains, pendant que les confettis tombent des toits du stade Aztèque.

Dans le vestiaire envahi, un peu plus tard, pendant que la samba rythme le

Mexico, le 21 juin.
Pour le capitaine italien Giacinto Facchetti, la finale de la Coupe du monde est un calvaire. Pelé, son principal tortionnaire ne lui laisse aucun répit.

Mexico, le 21 juin.
À la 18e minute, Pelé s'élève bien plus haut que Tarcisio Burgnich, lors de cette finale Brésil-Italie. Enrico Albertosi encaisse le premier des quatre buts brésiliens (4-1).

Mexico, le 21 juin
Non seulement, Pelé inscrit le premier but, mais il offre le dernier à son capitaine Carlos Alberto (embrassé ci-contre par Brito et Clodoaldo).

bonheur brésilien entre les murs, le milieu de terrain Clodoaldo, un ouvrier élégant au milieu des artistes, s'approche du roi Pelé pour lui glisser à l'oreille un aveu comme une promesse : « Tu sais, les confettis mexicains, je vais les voir tomber toute ma vie. » Pour la troisième fois, Pelé touche la Coupe du monde. Tri Campeão. Deux mots de portugais ont fait le bonheur d'un peuple, cet été-là. ■

Mexico, le 21 juin.
Le stade Aztèque assiste à un triomphe : celui de Pelé.

UN TROPHÉE S'EN VA

C'est une Victoire ailée, en or fin, rehaussée de pierres précieuses, ciselée par le sculpteur français Abel Lafleur pour la Coupe du monde 1930. La Coupe du monde est un trophée, en 1970, qui attend de connaître la destination de son exil : attribuée définitivement à la première équipe qui l'aura soulevée trois fois, elle oscille entre le Brésil et l'Italie, à la veille de la finale. Ce sera le Brésil. Place au nouveau trophée. ■

Mexico, le 21 juin. Le trophée que brandit le capitaine Carlos Alberto va rester définitivement propriété brésilienne. Il va falloir créer une autre coupe...

L'ÉQUIPE

EN MONDIOVISION

Si la Coupe du monde 1958 en Suède avait été la première retransmise en mondiovision, c'est en 1970 que le football télévisé entre dans les mœurs et dans tous les salons du monde. C'est, surtout, la première Coupe du monde retransmise en couleur, même si l'immense majorité des téléspectateurs est seulement équipée du noir et blanc. En France, l'ORTF diffuse 20 des 32 matches. Dans le monde, la comptabilisation nouvelle de l'audience donne une mesure du phénomène en marche : 600 millions de téléspectateurs, dont 30 millions d'Italiens, assistent en direct à la finale, qui est diffusée dans 52 pays. ■

DIDI, C'EST LE PÉROU

L'exotisme vient des montagnes, cet été-là. Le Pérou séduit par son football technique et offensif. Dans une Amérique du Sud séparée entre l'influence brésilienne et l'influence très « *futbol de muerte* » de l'Uruguay, le Pérou n'a pas eu de mal à choisir son camp : son entraîneur est Didi, l'ancien champion du monde brésilien, toujours caché derrière sa fine moustache et tiré à quatre épingles. Il n'a pas vraiment de défense, il a un gardien médiocre en la personne de Rubinos, mais il a Teofilo Cubillas, vingt-deux ans, un sacré buteur. Didi, c'était inévitable, a fini par jouer contre le Brésil (2-4), en quart de finale. Mais, poussés par l'amour du beau jeu, ni lui ni son équipe n'avaient des airs de bourreau. ■

BANKS OF ENGLAND

Les gardiens anglais sont une légende, en ces années-là. Manches retroussées, chaussettes blanches et tics culturels, comme cette manie de faire deux marques sur la ligne des six mètres, en face des poteaux, pour savoir toujours où ils sont quand ils sortent de leur but. Gordon Banks est le plus grand d'entre eux. Le 7 juin 1970, à Guadalajara, il a peu dormi quand s'avance Brésil-Angleterre : les Cariocas ont dansé la samba toute la nuit sous les fenêtres anglaises. À la 11e minute, Jairzinho déborde et centre pour Pelé qui va marquer de la tête. « Je l'ai entendu crier "Gol" ! ", assurera Alan Mullery, le milieu de terrain anglais. Le ballon a rebondi. Banks va le chercher loin derrière lui, presque au sol, et fait remonter le ballon au-dessus de sa transversale. Bobby Moore dira que, cet été-là, même à l'entraînement, personne n'arrivait à marquer face à Gordon Banks. Et Pelé écrira lui-même la légende de cet exploit : « J'avais marqué le but. Banks l'a effacé. »

ACTION IMAGES / FLASH PRESS

ACTION IMAGES / FLASH PRESS

Guadalajara, le 7 juin. D'un angle à l'autre de sa cage, Gordon Banks justifie la réputation d'excellence qui colle alors aux gants des gardiens anglais.

IMAGO / PANORAMIC

Leon, le 14 juin. Après la prolongation, l'Allemagne de Franz Beckenbauer élimine l'Angleterre en quart de finale (3-2, a.p.), alors que Bobby Charlton, était sorti, pour se reposer en prévision de la demi-finale.

LE PÉCHÉ D'ORGUEIL DE SIR ALF

Quatre ans après le sacre de 1966, l'Angleterre est éliminée par l'Allemagne dans la touffeur de Leon (2-3), en quart de finale, après prolongation. Les Allemands ont pris leur revanche, mais les Anglais menaient 2-0 quand Alf Ramsey, le sélectionneur, a pris la décision de sortir Bobby Charlton, trente ans, 106 sélections, son meilleur joueur, pour le reposer en vue de la demi-finale.

Mais l'Angleterre ne verra pas les demi-finales et Charlton ne portera plus jamais le maillot aux trois lions. Déjà privée de Banks (qui sera remplacé à une heure du match par le pauvre Peter Bonetti) pour une sévère *turista*, également appelée « la revanche de Montezuma », l'Angleterre ne s'en remet pas. Ramsey essayera d'argumenter : « Il était fatigué. Il restait vingt minutes. » Mais un jour de 1998, à Paris, Bobby Charlton, nous avouera : « Tout ce que je peux dire, c'est que je me sentais bien. Sir Alf a peut-être eu tort. »

DR
1

DR
2

DR
3

DR
4

Guadalajara, le 17 juin. En demi-finale, face à l'Uruguay (3-1) Pelé manque l'exploit absolu. Mais les images sont restées dans toutes les têtes.

LES DEUX BUTS QUE PELÉ N'A PAS MARQUÉS

Les joueurs ordinaires sont célèbres pour les buts qu'ils ont marqués. Pelé est hors norme, glorifié pour deux buts qu'il n'a pas marqués, deux inspirations géniales pendant cette Coupe du monde 1970. Contre la Tchécoslovaquie, le 3 juin à Guadalajara, il remarque la tendance d'Ivo Viktor, le gardien adverse, à s'avancer un peu trop loin de son but. Alors, il récupère le ballon au milieu de terrain et frappe de cinquante mètres. Viktor panique, revient en courant, et voit le ballon frôler le cadre.

Face à l'Uruguay (3-1), en demi-finale, deux semaines plus tard, le geste est plus génial encore. Servi par Jairzinho en profondeur (1), il pourrait contrôler le ballon avant de défier Mazurkiewicz, le gardien uruguayen accouru à sa rencontre. Mais il ne touche pas le ballon, le laisse passer sur la droite du gardien et passe à gauche (2), échappe à Mazurkiewicz, qui essaie vainement de le retenir, récupère le ballon (3). Un défenseur, Ancheta, revient à fond : pour le prendre à contre-pied, Pelé croise son tir (4). Ancheta est parti embrasser le premier poteau, Pelé a visé le second, et le ballon va mourir juste à côté du but. Il y a des buts moins célèbres.

L'ÉQUIPE

Luigi Riva. L'attaquant italien inscrit deux buts en quart de finale contre le Mexique (4-1) et un autre en prolongation de la demi-finale contre l'Allemagne (4-3, ap.)

RIVA, LA RAGE AU CŒUR

Luigi Riva, dit « Gigi », comme dans les chansons d'amour, est un poète à sa manière. Les attaquants ont du style ? Il a le sien. À vingt-cinq ans, l'Italien est au sommet de sa carrière au Mexique. Il serait l'idole d'un pays sans l'ombre de l'élégant Gianni Rivera, le Milanais, qui l'a devancé au classement du Ballon d'Or *France Football* 1969. Au Mexique, Rivera est remplaçant et, si Rivera est plus un créateur, quand Riva est d'abord un finisseur, la polémique atteint le Sarde, champion d'Italie au printemps 1970 avec Cagliari. Mais c'est Riva qui laissera une trace dans l'histoire de la Coupe du monde, comme dans celle de l'équipe d'Italie (35 buts en 42 sélections).

GERD MÜLLER, PROFESSION BUTEUR

Il y a deux modèles courants d'avant-centre dans ces années 1970. Les grands, coudes écartés, bons de la tête, qui surgissent sur les longs ballons. Les petits, rablés, teigneux, qui font de la surface leur jardin et marquent des buts de trois mètres en jouant du pointu. Ils sont toujours là où est le ballon, sans que l'on sache s'ils l'attirent ou s'ils le suivent. Gerd Müller, l'avant-centre de la RFA, sait toujours où est le ballon.

Il n'était peut-être pas là le jour de la distribution de l'élégance, mais il a tout pris le jour de l'efficacité.

Les chaussettes baissées, paraissant toujours avoir été coiffé par son oreiller, le centre de gravité très bas, il promène sur la Coupe du monde 1970 des airs de prédateur. Avant-centre du Bayern Munich, une équipe révélée par sa victoire en Coupe des Coupes 1967, Gerd Müller partage sa chambre au Mexique avec Uwe Seeler, le divin chauve de Hambourg, qui dispute sa quatrième Coupe du monde et lui offre son expérience.

Et Müller est le buteur de l'épreuve mexicaine : 10 buts, personne n'a fait mieux, ni ne fera mieux, depuis Just Fontaine et ses 13 buts suédois, en 1958. Autant prévenir la concurrence, cela impose des temps de passage vertigineux dans la compétition : au Mexique, Müller a inscrit sept des huit buts marqués par l'Allemagne au premier tour ! Le but de la victoire contre l'Angleterre (3-2) en quart de finale, un doublé dans la demi-finale du siècle face à l'Italie (3-4 a.p.) : et de dix. ■

Gerd Müller.
Pas toujours élégant, le buteur du Bayern Munich et de l'équipe nationale de RFA est un monstre d'efficacité : le but de la victoire contre l'Angleterre (3-2) en quart de finale, dix en tout au cours de l'épreuve.

MONSIEUR ZAGALLO

C'était un beau joueur, champion du monde. C'est un entraîneur qui ressemble à un éternel recours. Juste avant la phase finale au Mexique, il devient le sélectionneur du Brésil sous la pression du gouvernement et de la presse. Personne ne peut résister, au Brésil, à ce double pouvoir. Et Zagallo, un mois plus tard, devient le premier homme à avoir remporté la Coupe du monde à la fois comme joueur et comme entraîneur. Il donne vie à un 4-2-4 comme un rêve, invente la logique moderne des couples arrières-ailiers dans les couloirs et dit ainsi à Jairzinho, avant la finale contre l'Italie (4-1) : « Fachetti va te suivre partout. Alors, tu ne vas pas chercher à déborder, tu vas repiquer au centre et c'est Carlos Alberto qui débordera sur le côté droit. » C'est toute l'histoire du quatrième but, magnifique, inscrit par Carlos Alberto en finale. ■

UNE PROLONGATION MYTHIQUE

L'ÉQUIPE

Il est minuit à l'heure de l'Europe et la nuit n'en finit pas. De l'autre côté de l'Atlantique, dans la lumière crue du stade Aztèque de Mexico, rempli aux trois-quarts, la légende est en marche. Pendant quatre-vingt-neuf minutes, la demi-finale Allemagne-Italie est un match ordinaire, voire ennuyeux. Mais à la 90e minute, Schnellinger répond au but de Boninsegna et déclenche la prolongation la plus mythique de l'histoire du jeu.

Cette prolongation est une image, d'abord. Celle de Franz Beckenbauer, le bras en écharpe. Touché à l'épaule, le défenseur allemand reste sur le terrain, porté par l'orgueil, le courage et la nécessité. Le bras replié sur la poitrine, entouré d'une bande destinée à contenir les mouvements et la douleur, il semble promener la même élégance, la même grâce. La légende sera toujours plus belle que la réalité d'une défense allemande devenue subitement perméable.

« LES PLUS BELLES MINUTES DE MA VIE »

Cette prolongation est un bouleversement des sens. C'est Gerd Müller qui donne l'espoir à l'Allemagne (2-1, 95e). C'est le vieux grognard Burgnich qui égalise immédiatement (2-2, 98e). C'est Gigi Riva, l'enfant de Cagliari, qui semble porter l'estocade dans une attitude d'empereur romain (3-2, 104e), juste avant la fin de la première mi-temps de la prolongation. Un soubresaut de Müller (3-3, 110e) et le coup de grâce de Gianni Rivera (4-3, 111e), longtemps maintenu sur le banc par Ferrucio Valcareggi, envoient l'Italie en finale. Valvareggi décrira « les plus belles minutes de (sa) vie. »

En France, à l'aube, le standard de l'ORTF est pris d'assaut. À la demande des téléspectateurs, le match sera rediffusé l'après-midi même.

L'ÉQUIPE

Franz Beckenbauer. Touché à l'épaule, le défenseur allemand reste sur le terrain pour une demi-finale d'anthologie face à l'Italie (4-3, a.p.).

ALAIN DE MARTIGNAC / L'ÉQUIPE

1974
1994

D'UN MONDE À L'AUTRE

Dans un football qui se mondialise, l'Europe tient bon. L'Amérique du Sud, lentement, voit son influence diminuer alors qu'émerge une nouvelle force venue d'Afrique. Malgré tout, la période élève au rang d'icône un génial trublion argentin : Diego Maradona.

Diego Maradona. Battu au deuxième tour par le Brésil de Zico en 1982, champion du monde en 1986, finaliste en larmes en 1990 et exclu de l'édition 1994 pour dopage, l'Argentin incarne plus que tout autre cette période d'ombre et de lumière qui abrite la Coupe du monde de ces années-là.

FEP / PANORAMIC

1

IUMAGO / WEREK

2

REUTERS PHOTOGRAPHER / REUTERS

3

1. Munich, le 7 juillet 1974. Le duel au sommet du début des années 1970 entre l'Allemand Franz Beckenbauer et le Néerlandais Johan Cruyff trouve son point d'orgue au Stade Olympique, en finale de la Coupe du monde.

2. Munich, le 7 juillet 1974. L'affrontement tourne finalement à l'avantage des Allemands qui conquièrent, chez eux, leur deuxième couronne mondiale.

3. Buenos Aires, le 25 juin 1978. Le chef de la junte militaire au pouvoir en Argentine, le général Jorge Videla, a fait de l'organisation de la Coupe du monde un élément de sa propagande. La victoire des Ciel et Blanc en finale (3-1) devant les Pays-Bas le comble ; avec la ferveur populaire engendrée par la victoire, la dictature et les tortures sont oubliées pour quelques temps.

Les convaincus du « C'était mieux avant » n'ont jamais compté autant de partisans qu'en 1994. Six éditions de Coupe du monde ont confirmé le formatage du football. L'arrêt Bosman n'a pas encore révolutionné la vie des clubs. Le pli est pris. Et le Brésil se présente comme le déroutant symbole de ce cheminement. La Seleçao qui enlève le quatrième titre de son histoire en 1994 n'a rien à voir avec celle qui a été sacrée pour la troisième fois en 1970. Pas simplement parce que Romario n'est pas Pelé. Mais également parce que le 4-4-2 de 1994 ne possède pas la touche d'exotisme de son illustre aîné. Il est calculateur, pondéré, froid. L'essentiel de l'équipe type évolue dans des clubs européens. Elle est le reflet de son temps, d'une mondialisation qui élime les aspérités. Franz Beckenbauer, grande figure de la période, dira un jour : « Si l'on ne veut retenir que la beauté d'une Coupe du monde, je dois dire que l'édition Mexique 1970 fut d'un remarquable niveau. À l'époque, il n'y avait pas autant de fanatisme, les organisateurs n'étaient pas obnubilés par la sécurité, on pouvait faire et laisser faire ce qu'on voulait. Un seul policier armé surveillait tout. Une situation impensable aujourd'hui ! En un mot, tout était plus innocent. (…) Le pays s'amusait et le football dansait. »

C'est précisément en arrêtant de danser que le Brésil a reconquis le monde. De 1970 à 1994, il a balancé, d'une édition à l'autre, entre un désir de plus grande rigueur et son profond souci esthétique. Il fut trop restrictif pour exister en 1974, 1978 et 1990, séduisant mais trop romantique pour s'imposer en 1982 et 1986. Et, enfin, terriblement équilibré en 1994.

En vingt ans, le football est passé d'un monde à l'autre, presque à rebours de la liberté qui a abattu les murs qui glaçaient l'ordre mondial dans les années 1970. En 1974, le Vieux Monde paraît encore figé. L'Europe est divisée derrière le rideau de fer. À l'est, le bloc communiste agrégé à l'URSS ; à l'ouest, l'Europe « libre », arrimée plus ou moins étroitement aux États-Unis. La division touche au plus profond d'elle-même l'Allemagne. C'est la République fédérale qui organise l'épreuve en 1974. Le tirage au sort lui oppose au premier tour la RDA, l'autre Allemagne, celle des miradors et des sinistres vopos : frères contres frères, sous les yeux du monde. Un terrible symbole de la glaciation de l'époque, dans une ambiance alourdie par la tuerie de Munich lors des Jeux Olympiques, deux ans plus tôt (onze athlètes israéliens tués).

Le monde est divisé, le football aussi. Amérique du Sud contre Europe, telle est la bipolarité du ballon rond en 1974. L'histoire de la Coupe du monde, jusqu'en 1994, c'est la lente remise en cause de cet ordre-là. En vingt ans, l'épreuve bascule dans le gigantisme. Ses revenus n'ont pas encore explosé, mais ils progressent sensiblement. Elle enregistre surtout l'émergence d'une nouvelle force, venue d'Afrique.

Entre le Zaïre laborieux de 1974 et le Nigeria déroutant de 1994, chaque édition a scandé la progression du continent noir. Avec la Tunisie, premier pays africain à gagner un match en phase finale (1978), l'Algérie, tombeuse de la RFA (1982), le Maroc, premier qualifié pour le second tour (1986), et enfin le Cameroun, éliminé par l'Angleterre aux portes de la demi-finale (1990), l'Afrique s'est imposée comme le troisième continent du football.

REUTERS PHOTOGRAPHER / REUTERS

4

L'ÉQUIPE

5

L'ÉQUIPE

6

4. Buenos Aires, le 25 juin 1978. Le capitaine argentin Daniel Passarella brandit une coupe largement remise en question.

5. Séville, le 8 juillet 1982. Demi-finale France - RFA : après avoir été agressé par le gardien allemand Harald Schumacher, le défenseur français Patrick Battiston, doit quitter le terrain sur une civière.

6. Séville, le 8 juillet 1982. Michel Platini avoue avoir vécu toutes les émotions au cours de la demi-finale entre la France et l'Allemagne.

En 1994, le Nigeria est appréhendé comme un possible épouvantail avant le début de l'épreuve. Au départ de la World Cup dans un pays qui appelle le football soccer, on ne se demande plus si une équipe africaine peut gagner la Coupe du monde, mais quand. Le Nigeria est éliminé en huitième de finale, en prolongation, par l'Italie, futur finaliste.
L'Afrique est la principale mutation géopolitique d'une période que deux pays dominent : l'Allemagne et l'Argentine, portées par Beckenbauer et Maradona.
L'Allemagne, ou plutôt la République fédérale d'Allemagne, manifeste une régularité confondante : elle gagne l'épreuve deux fois (1974, 1990), atteint deux autres finales (1982, 1986). Elle justifie alors pleinement le proverbe de l'Anglais Gary Lineker énonçant que le football est un sport qui se joue à onze et qu'à la fin c'est l'Allemagne qui gagne. La RFA répond presque toujours présent en raison de sa culture sportive incomparable, mais aussi parce qu'elle possède Beckenbauer. « Kaiser Franz » est le capitaine de l'équipe championne du monde en 1974. Il est en fait bien plus que ça. Il se comporte en véritable adjoint du sélectionneur, suggère les mises à l'écart de certains joueurs, se montre irréprochable sur le terrain. C'est lui qui mène la RFA à son deuxième titre mondial en tant que joueur, puis au troisième en tant que sélectionneur. Une performance seulement partagée par le Brésilien Zagallo. Beckenbauer ne sait pas manquer une phase finale : comme joueur puis sélectionneur, il en a disputé cinq. Quatre fois il a atteint la finale. Une fois seulement il s'est arrêté en demi-finale, celle de 1970, qu'il a achevée le bras en écharpe, en soulevant l'admiration mondiale. Kaiser Franz est un héros, un mythe.
Mais il demeure un homme. Et, après coup, on le remercierait presque de ne pas avoir complètement réussi son coup en 1986. Cette année-là, avec une équipe moyenne, la RFA atteint la finale et le plan concocté pour restreindre l'influence de Diego Maradona ne fonctionne pas jusqu'au bout. Beckenbauer laisse l'autre icône de la période, Diego Maradona, accéder au Très Haut. À part les titres et le fait de taper dans le ballon du pied gauche, Diego et Franz n'ont pas grand-chose en commun. Aux cinq Coupes du monde invariablement réussies par Beckenbauer, le « Pibe de Oro » (le gamin en or) oppose cinq phases finales parfaitement contrastées. Il n'a pas été convoqué pour l'édition 1978, à domicile, où l'Argentine gagne sans lui. Il en nourrit une frustration qui explose en 1982 : il est exclu contre le Brésil, point final d'une Coupe du monde ratée. En 1986, il se montre exceptionnel et mène l'Argentine à son deuxième sacre mondial, qui est d'abord le sien. Jamais, depuis Pelé en 1970, une individualité n'avait autant dominé un tournoi. Le Napolitain obtient un triomphe personnel qui aura des suites plus douloureuses. En 1990, il finit la finale en larmes, conspué par le public romain pour avoir bouté l'Italie hors de « sa » Coupe du monde. En 1994, enfin, il est chassé en pleine World Cup, coupable d'un contrôlé positif à l'éphédrine. Beckenbauer et Maradona, ou deux trajectoires totalement dissemblables. L'un maîtrise tout, l'autre agit à l'instinct. L'un est impressionnant, l'autre est génial. Les deux ont la chance de faire coïncider une Coupe du monde avec leur firmament personnel. Cette opportunité, Michel Platini, par exemple, ne l'a jamais eue. En 1982, celui qui s'apprête à découvrir la

L'ÉQUIPE

7

ANDRÉ LECOQ / L'ÉQUIPE

8

ROBERT LEGROS / L'ÉQUIPE

9

7. Séville, le 8 juillet 1982. Pour Gérard Janvion et Jean Tigana, c'est le désespoir après l'élimination aux tirs au but de l'équipe de France. Menant 3-1 en prolongation, ils entrevoyaient déjà la finale.

8. Mexico, le 22 juin 1986. Diego Maradona vient de marquer de la main sous l'oeil médusé des défenseurs anglais au cours d'un quart de finale à haute tension entre l'Argentine et l'Angleterre. Dans quelques instants, il inscrira le but du siècle.

9. Milan, le 8 juin 1990. Sensation lors du premier match de la Coupe du monde. Le Cameroun bat l'Argentine (1-0) au premier tour sur un but de François Omam-Biyik.

Juventus Turin échoue en demi-finales contre la RFA, comme en 1986, lorsqu'il est trop diminué pour donner au monde une juste image de son talent. D'autres que lui n'ont pas obtenu la récompense suprême : Cruyff, finaliste en 1974, « forfait » en 1978. Ou Baggio, qui manque son tir au but en finale en 1994.

La Coupe du monde ne récompense pas toujours le meilleur joueur du monde, et pas forcément la meilleure équipe. C'est juste la vérité d'un moment, et les Brésiliens en savent quelque chose. Ils demeurent nostalgiques de leurs cuvées 1982 et 1986, qui ont échoué respectivement au deuxième tour en quarts de finale. Ils vénèrent Zico, la star de ces deux équipes qui n'ont jamais atteint le sommet absolu. Ils se demandent toujours si la Seleçao de Romario, sacrée en 1994, valait bien celle de Socrates. Frustrés par une évolution épicière de l'élite mondiale. Car, si, de 1974 à 1994, la moyenne de buts marqués n'évolue pas (2,7 par match), le déclin est très net en 1986 (2,5) et surtout 1990 (2,2).

Le Mondiale italien marque le bout d'une certaine évolution. Le niveau devient de plus en plus homogène, la tactique aussi. La zone devient la règle, la défense en ligne aussi.

L'enjeu ne tue pas toujours le jeu, mais il ne le favorise pas. La Coupe du monde en Allemagne est la première diffusée en couleurs. Celle de 1986 irradie pour la première fois sur les cinq continents. La moindre action est disséquée en mondiovision. La Coupe du monde grandit. De 1974 à 1994, le nombre de participants à la phase finale passe de 16 à 24. D'un côté, les matches sont parfois programmés sous des chaleurs intenables en raison d'impératifs télévisuels ; de l'autre, l'équité sportive progresse. En 1994 il n'est ainsi plus possible, comme l'Argentine, en 1978, de disputer tous ses matches en connaissant déjà les résultats des concurrents. La simultanéité des rencontres décisives et surtout la réintroduction des huitièmes de finale empêchent les arrangements tels que celui passé entre l'Autriche et le RFA en 1982. L'élimination directe plus tôt dans l'épreuve donne un autre rythme aux phases finales. Les consignes strictes données aux arbitres finissent aussi pas juguler l'antijeu. Les règles elles-mêmes favorisent le spectacle. L'interdiction pour les gardiens de prendre à la main une passe en retrait d'un coéquipier, notamment. Cette évolution est mise en place avant la Coupe du monde 1994. Elle augmente le temps de jeu effectif dans chaque partie, renforce les exigences techniques dans le secteur défensif. Et 1994 marque, comme une forme de régénérescence (2,7 buts par match). Le grand chamboulement qui fait vibrer le monde à cette époque fait aussi grandir le football. En 1994, pour une fois, l'Allemagne se rate, éliminée par une Bulgarie qui, comme la Roumanie, bouscule l'ordre établi.

La Coupe du monde avait touché le fond en Italie. Elle reprend espoir en 1994. C'est la fin du toujours moins de buts, toujours moins de spectacle.

Le football a trouvé une forme d'équilibre. La défense en zone s'est généralisée, le libero tel que Beckenbauer l'incarnait a pratiquement disparu. Chez les meilleurs, on défend presque toujours à quatre, en ligne, et le plus haut possible, selon un schéma magnifié par l'AC Milan. En l'espace de vingt ans, les Coupes du monde ont perdu leur dimension de laboratoire. On n'y découvre

ANDRÉ LECOQ / L'ÉQUIPE

10

ALAIN DE MARTIGNAC / L'ÉQUIPE

11

ALAIN DE MARTIGNAC / L'ÉQUIPE

12

plus de nouveaux joueurs, encore moins d'évolutions tactiques majeures. En 1994, la Ligue des champions a déjà deux ans. Le monde s'habitue à regarder, une semaine sur deux à la télévision, les meilleurs joueurs du monde. Les innovations de tel ou tel technicien sont disséquées en quelques semaines, sur VHS.

Le rapport de forces, lui, demeure : en 1974, six Européens figurent parmi les huit équipes qualifiées pour le deuxième tour. La proportion n'évolue pas de manière significative d'une édition sur l'autre. Le Vieux Continent est systématiquement majoritaire quand arrivent les matches qui comptent vraiment. Il représente 75 % du plateau réuni au deuxième tour en 1974, 83 % en 1982, atteint son étiage en 1978 (62 %), comme en 1986, 1990 et 1994 (en huitièmes de finale).

Dans un football qui se mondialise, l'Europe tient bon. C'est l'Amérique du Sud qui, lentement, voit son influence diminuer. Alors qu'elle compte encore cinq sélections en huitièmes de finale lors de l'édition mexicaine, son quota se réduit à quatre, quatre ans plus tard, et enfin à deux en 1994 !

La World Cup au pays du soccer est parfaitement révélatrice du déclin sud-américain. Si le Brésil en sort vainqueur, il est aussi la seule sélection non européenne sur huit présentes en quarts de finale. D'ailleurs, le Brésil lui-même sort d'une longue période de léthargie. Alors que, depuis l'après-guerre, seules deux finales (1978 et 2006) n'ont pas impliqué l'Allemagne (la RFA, avant 1994) ou le Brésil, le pays qui a engendré Pelé n'était plus parvenu en finale depuis 1970. Pis, on ne l'avait jamais aperçu au-delà des quarts de finale ou des deuxièmes tours de 1982 à 1990 !

C'est bien l'Amérique du Sud qui a subi l'émergence des nouvelles forces du ballon. En 1994, l'Arabie saoudite et le Nigeria figurent parmi les huitième-de-finalistes. La principale victime de ce dernier ? Rien moins que l'Argentine, ébranlée, il est vrai, par le scandale Maradona. Car la période 1974-1994 ne favorise pas seulement la mise au jour de nouveaux territoires, elle ne s'achève pas uniquement sur le retour au premier plan du Brésil. Le contrôle antidopage positif à l'éphédrine subi par l'idole argentine vient rappeler au monde que le football n'est pas exonéré des tourments de son époque.

Alors, le foot, c'était mieux avant ? Avant, c'était plus exotique, moins formaté. Mais en 1994, quand la World Cup organisée dans la patrie de la liberté s'éteint sur le triomphe de Dunga et Romario, le football a aussi évolué dans le bon sens. Il a abattu quelques frontières : en 1982, Dino Zoff est le champion du monde le plus âgé de l'histoire (40 ans et 133 jours), l'année ou l'épreuve abrite son élément le plus jeune (Norman Whiteside, 17 ans et 42 jours). Et, en 1994, Roger Milla devient le plus vieux buteur jamais enregistré, à quarante-deux ans et trente-neuf jours. Surtout, lorsque Bill Clinton, crinière blanche au vent, remet le trophée à Dunga, il semble évident que jamais, plus jamais, un général gominé aux mains tachées de sang (le général argentin Videla) ne remettra le trophée le plus convoité de la planète. Alors, c'était vraiment mieux, avant ? R. D.

10. Naples, le 23 juin 1990. Presque retraité avant la compétition, le Camerounais Roger Milla, double buteur ici lors de la victoire de son pays face à la Colombie (2-1) en huitième de finale, est la star du tournoi.

11. Detroit, le 18 juin 1994. Pour leur premier match à domicile, les États-Unis (ici le défenseur Alexis Lalas) tiennent la Suisse en échec (1-1). Leur organisation de la Coupe du monde est déjà un succès.

12. Chicago, le 17 juin 1994. Cérémonie d'ouverture de la Coupe du monde américaine avant le match Allemagne-Bolivie (1-0). Le président Bill Clinton est là. Aux États-Unis, le soccer prend une autre dimension.

RFA

Allemagne (RDA)
Allemagne (RFA)
Argentine
Australie
Brésil
Bulgarie
Chili
Écosse
Haïti
Italie
Pays-Bas
Pologne
Suède
Uruguay
Yougoslavie
Zaïre

Finale : le 7 juillet, à Munich.
ALLEMAGNE (RFA) 2-1 (2-1)
Pays-Bas

74

L'ÉQUIPE

LE SACRE DU KAISER

LA VICTOIRE DE L'ALLEMAGNE EST AUSSI CELLE DE FRANZ BECKENBAUER, LE VRAI PATRON DE L'ÉQUIPE…

En 1974, la sélection allemande a choisi d'affronter l'immensité de sa tâche selon son mode d'expression favori : c'est un visage teinté d'arrogance qu'elle offre au monde. Elle s'auto-caricature pour se donner de la force. Car deux ans après les Jeux Olympiques de Munich, souillés à jamais par le massacre de onze athlètes israéliens pris en otage en plein village olympique, la République fédérale d'Allemagne doit une revanche à la communauté sportive. On attend d'elle une organisation impeccable, mais elle en veut encore plus : gagner. Avant la cérémonie d'ouverture, au Stade Olympique de Munich, la mission paraît particulièrement ardue. Contre elle semblent se liguer les ennemis venus de l'extérieur, notamment les Pays-Bas de Johann Cruyff, mais aussi ceux de l'intérieur : les frères venus de RDA, qui leur sont opposés au premier tour, et les divisions domestiques qui empoisonnent le climat. Au sein de la sélection prétendument dirigée par Helmut Schoen, c'est en fait le Bayern Munich qui commande. Et en premier lieu Franz Beckenbauer. Révélé lors de la Coupe du monde 1966, sanctifié lors de l'édition 1970, le libero bavarois guigne la consécration planétaire. Il vient déjà de gagner la Coupe des champions avec son club. Mais l'emprise du « Kaiser » et, plus généralement, la

Munich, le 7 juillet. L'Allemagne se devait non seulement d'organiser parfaitement la Coupe du monde 1974 mais également de la gagner. C'est chose faite, à l'énergie, devant les virtuoses néerlandais au terme d'une finale incertaine et intense (2-1).

mainmise du « clan des Bavarois » divisent le pays organisateur. Avant le premier match face au Chili (1-0), un sondage publié par *Kicker* l'a rappelé : parmi les vingt-deux de Schoen, Gerd Müller est le préféré des Allemands, Beckenbauer ne pointe qu'à la onzième place. Lors de son deuxième match, Müller et lui sont sifflés par le public de Hambourg, malgré le succès contre l'Australie (3-0).

La sélection allemande est dépeinte comme un aréopage de nababs, où la réalité du pouvoir appartient au capitaine et non au patron supposé, le sélectionneur. D'ailleurs, lorsque Helmut Schoen ne se présente pas comme prévu à une conférence de presse, les journalistes allemands expliquent à leurs collègues internationaux : « S'il n'est pas venu, c'est seulement parce que Beckenbauer ne lui avait pas encore donné la composition de l'équipe. »

L'EST TERRASSE L'OUEST

Quelques jours plus tard, au Volksparkstadion de Hambourg, une émotion profonde étreint les soixante mille deux cents spectateurs, dont mille cinq cents venus de l'Est. C'est la première fois, depuis que l'Allemagne a été divisée, que RFA et RDA s'affrontent sur un terrain de football. Il est 19 heures, ce 22 juin 1974, lorsque l'hymne est-allemand laisse place au *Deutschland über Alles*, chanté par le public comme une prière. Même les tireurs d'élite, postés sur le toit du stade, ont déposé les armes pour vivre l'instant… Mais l'équipe qui quitte la pelouse sous les applaudissements ce soir là, c'est celle de l'autre Allemagne, vainqueur 1-0 sur un contre magistral de Sparwasser, qui a surgi à la 77e minute entre Vogts et Beckenbauer. L'Est a terrassé l'Ouest, c'est le premier coup de tonnerre de la compétition.

L'ÉQUIPE

Hambourg, le 22 juin. Coup de tonnerre sur la Coupe du monde. C'est bien l'Allemagne qui l'emporte. Seulement, ce n'est pas Gerd Müller (à gauche) qui marque mais bien Jürgen Sparwasser, un Allemand... de l'Est ! RDA, 1 - RFA, 0.

FEP / PANORAMIC

Munich, le 7 juillet. Le duel tant attendu entre les deux monstres du football européen tourne finalement à l'avantage de Franz Beckenbauer. Après une première percée décisive, Johan Cruyff sera progressivement mis sous l'éteignoir par la défense allemande.

Munich, le 7 juillet. La faute commise sur Cruyff offre un penalty aux Néerlandais dès la première minute de la finale. Johan Neeskens le transforme (ci-dessous).

IMAGO / KICKER / METELMANN

Au moins, la RFA est maintenant tout entière derrière les siens. Les mesquineries du début de la compétition sont finies. Beckenbauer prend les rênes. Il convainc son entraîneur d'écarter temporairement Höness et guide son équipe vers une victoire superbe (2-0) contre les Yougoslaves dès le premier match du second tour. « Il était temps que Franz tape du poing sur la table », témoigne Gerd Müller.

CRUYFF MUSELÉ PAR VOGTS

La RFA, de surcroît, est servie par les circonstances : grâce à sa deuxième place au premier tour, elle évite les Pays-Bas, l'Argentine et le Brésil, regroupés dans un monstrueux groupe A au tour suivant. Dès le deuxième match de cette deuxième phase, gagné 4-2 contre la Suède, elle est en position de force pour faire le voyage jusqu'à Munich, où aura lieu la finale.

Le dernier obstacle est la montagne redoutée depuis le départ : les Pays-Bas de Johann Cruyff, qui ont survolé le deuxième tour. Cruyff, qui a signé à Barcelone un an plus tôt, mène une sélection batave qui porte la marque de l'Ajax Amsterdam, triple vainqueur de la Coupe des champions (1971, 1972, 1973). La légèreté, la vitesse, la virtuosité sont néerlandaises.

Les coéquipiers de Beckenbauer n'ont pas encore touché le ballon qu'ils ont déjà encaissé un but. Cruyff, d'une accélération étincelante, a déposé Berti Vogts. Il est stoppé irrégulièrement par Höness à l'entrée de la surface : penalty, 1-0. Les Pays-Bas sont supérieurs et leur grand tort à cet instant est de le croire un peu trop. Ceux qui ont traversé l'épreuve en affichant une insolente décontraction laissent les Allemands revenir dans le match, et au score sur un penalty transformé par Paul Breitner. La RFA reprend l'avantage avant même la mi-temps par l'inévitable Gerd Müller. C'est fini pour les Pays-Bas. Cruyff, passée sa percée initiale, ne se dépêtrera plus du marquage rugueux de Berti Vogts. Le génial numéro 14 des Orange est vaincu par l'Allemagne de l'immense Beckenbauer, fils d'un modeste employé des Postes munichoises, ancien attaquant de soutien reconverti en libero. Beckenbauer manquait de résistance physique. Ses capacités pulmonaires limitées l'ont fait reculer à un poste où il avait la latitude de souffler de temps en temps. De là, il s'est construit un incomparable palmarès qu'il garnira en tant que sélectionneur d'un deuxième sacre mondial, en 1990. Sept mois après la chute du mur de Berlin, à la tête d'une Allemagne enfin réconciliée avec elle-même. ■

IMAGO / WEREK

Munich, le 7 juillet. C'est également sur penalty que Paul Breitner (au centre) égalise à la 25e minute avant que l'inévitable Gerd Müller (à gauche) ne donne finalement la victoire aux Allemands juste avant la mi-temps.

IMAGO / WEREK

UN NOUVEAU TROPHÉE

Si le Brésil ne brille pas vraiment lors de cette Coupe du monde 1974, on n'a jamais autant cherché à lui faire honneur que cette année-là. La première journée appartient totalement aux champions du monde en titre, qui défilent avec le trophée Jules-Rimet lors de la cérémonie d'ouverture : « La victoire aux ailes d'or », créée par l'orfèvre français Abel Lafleur, avait été définitivement acquise par les *Auriverde* quatre ans plus tôt au Mexique, où ils avaient gagné leur troisième Coupe du monde. Même l'Allemagne de l'Ouest, organisatrice de l'épreuve, s'efface devant les héros : en 1974, et pour la première fois dans l'histoire de l'épreuve, le pays hôte ne joue pas le premier match. C'est le Brésil, opposé à la Yougoslavie (0-0), qui hérite de ce privilège.

UNE COUPE ESTIMÉE À 20 000 DOLLARS

Pendant la cérémonie d'ouverture est présenté le nouveau trophée, ciselé par l'artiste italien Silvio Gazzaniga, sobrement appelé « Coupe du monde de la FIFA ». Il mesure 36 centimètres de haut, pèse exactement 4,970 kilos d'or 18 carats et ne quittera jamais le giron de la FIFA, quoi qu'il advienne. « Dans un langage fluide et spontané, l'œuvre exprime la force et la pureté de l'esprit sportif de compétition », assurent les organisateurs.

Sitôt la cérémonie terminée, l'œuvre, estimée à 20 000 dollars de l'époque, est rapatriée dans les locaux de la Dresdner Bank, à Munich, jusqu'à la finale. ■

WITTERS SPORT / PRESSE PHOTO

Francfort, le 13 juin. C'est au Brésil qu'échoit l'honneur d'ouvrir la compétition. Pelé et les Brésiliens trois fois champions du monde ont conservé « la victoire aux ailes d'or » mais peuvent présenter au monde le nouveau trophée.

Munich, le 6 juillet. La tribune de presse du Stade Olympique avant le match Pologne-Brésil (1-0) comptant pour la troisième place. Même retransmise en couleur, la défaite des triples champions du monde passera très mal au pays.

IMAGO / WEREK

ET VOICI LA TÉLÉ EN COULEUR !

Cette Coupe du monde est marquée par la vulgarisation de la télévision en couleur, pour laquelle il faut adapter l'éclairage des stades. Mais ce sont surtout les téléviseurs qui souffrent. Après l'élimination de l'Italie, au premier tour, de nombreux postes sont brisés par les supporters transalpins. Des scènes similaires ont lieu au Brésil, après la défaite en match décisif du deuxième tour contre les Pays-Bas. Du côté de Rio, la rancœur se focalise sur le sélectionneur. Dans plusieurs quartiers de la ville sont organisées des funérailles de Mario Zagallo, dont le domicile, où résident alors son épouse et ses quatre enfants, est placé sous protection policière ! Zagallo, à son retour au pays, assume : « Nous avons fait de notre mieux. Avec un peu de chance, nous pouvions aller en finale. »
Pour Leonidas, l'ancienne vedette du Brésil, les médiocres performances de la Seleção ont pourtant une explication évidente : les joueurs ont la grosse tête. « Dès qu'ils ont revêtu une fois le maillot de l'équipe nationale, ils se croient arrivés. Ils sont tout juste abordables. Et comme on les traite comme des princes, avec un luxe de précautions incroyable, cela n'arrange pas les choses. » ■

Munich, le 15 juin. Lors du match Italie-Haïti (3-1), le Haïtien Emmanuel Sanon met fin aux 1 143 minutes d'invincibilité en équipe nationale du mythique gardien de la Juventus de Turin et de la *Nazionale*, Dino Zoff.

SANON, LE TOMBEUR DE ZOFF

IMAGO / WEREK

Ce ne fut pas une révélation, mais un éclair. Emmanuel Sanon, vingt-trois ans, avant-centre d'Haïti, n'a pas fait le déplacement en Allemagne pour rien : c'est lui qui, après avoir dribblé l'immense Dino Zoff, le gardien italien, en phase de poules, met fin à l'invincibilité du portier de la Juventus Turin en équipe nationale, laquelle durait alors depuis 1 143 minutes ! Ce but n'est pas seulement anecdotique. Il réveille quelques instants le cauchemar de la Corée du Nord, qui avait battu l'Italie lors de la Coupe du monde 1966. Ce qui restera le pire traumatisme de l'histoire du football transalpin jusqu'à son élimination face à la... Corée du Sud, en huitièmes de finale de la Coupe du monde 2002. Pour Haïti, la suite est moins savoureuse, avec notamment la suspension pour dopage de Jean-Joseph, un de ses meilleurs attaquants, pour le deuxième match contre la Pologne, perdu 7-0. Il a été contrôlé positif après le match contre l'Italie. Son explication : il a pris, à l'insu de tous, un médicament, prescrit par son médecin à Haïti. Ses coéquipiers, au moins, ne repartent pas les mains vides. Au lendemain de leur élimination, le président du comité d'organisation offre à chaque joueur un appareil photo. ■

L'ÉQUIPE

Francfort, le 3 juillet. Des trombes d'eau se sont abattues sur le Waldstadion. Il aurait sans doute fallu reporter la rencontre Allemagne - Pologne (1-0) mais, déjà, les impératifs sportifs et économiques priment sur la qualité du spectacle.

QUE D'EAU !

La Coupe du monde 1974 est marquée, perturbée même, par des conditions climatiques exceptionnelles. La pluie s'invite régulièrement sur les stades, comme lors du deuxième tour, lorsqu'un terrible orage s'abat sur Gelsenkirchen lors de la deuxième mi-temps de Pays-Bas - Argentine (4-0). Les trombes d'eau surgissent aussi pendant Pays-Bas - RDA (2-0), ou RFA-Suède (4-2). C'est pire encore pour le match décisif du deuxième tour entre l'Allemagne de l'Ouest et la Pologne. Il pleut si fort sur le Waldstadion de Francfort, une heure avant le coup d'envoi, que le terrain est rapidement parsemé de flaques d'eau. Il faut même allumer les projecteurs en plein après-midi ! Le passage de deux rouleaux n'ayant qu'un effet marginal, les pompiers locaux sont réquisitionnés pour assécher tant bien que mal l'aire de jeu en la drainant grâce à d'immenses pompes. Le résultat demeure peu satisfaisant, et la partie démarre avec une demi-heure de retard. Malgré le soleil subitement réapparu au coup d'envoi, les conditions de jeu sont déplorables. Des gerbes d'eau jaillissent à chaque pas des acteurs, la moindre passe est freinée, les dribbles sont rendus impossibles. La raison aurait commandé de reporter la rencontre. Mais en 1974, déjà, les impératifs de calendrier, à la fois sportifs et économiques, l'emportent. Le match va à son terme, et l'Allemagne l'emporte par un but de Gerd Müller. ■

L'ÉQUIPE

L'ÉQUIPE

Grzegorz Lato. Meilleur buteur de la compétition, le Polonais (à droite) inscrit sept buts en Allemagne dont un ici face à la Yougoslavie (2-1). Il sera international à 104 reprises et marquera 45 buts en équipe de Pologne.

LATO, LA POLOGNE QUI FLAMBE

Grzegorz Lato finit meilleur buteur de cette édition avec 7 buts. C'est l'ailier droit et le joyau de l'armada offensive, complétée par Kazimierz Deyna, Andrzej Szarmach et Robert Gadocha. En tout, ils inscrivent 14 des 16 buts de la Pologne, qui termine la compétition avec l'attaque la plus prolifique. Incroyable pour une sélection privée de son meilleur attaquant en titre, Wlodzimierz Lubanski, blessé. Lato, serrurier dans le civil, demeure à jamais associé aux plus belles heures de la sélection polonaise, puisqu'elles lui ont permis d'atteindre la troisième place de la Coupe du monde en 1974 mais aussi en 1982. Lato, dont le palmarès impressionne : deux fois champion national avec le Stal Mielec (1973 et 1976), il a aussi remporté avec la Pologne la médaille d'or aux JO de 1972 avant de glaner l'argent en 1976. Entre 1971 et 1984, il a été 104 fois international, pour un total de 45 buts. C'est le deuxième meilleur buteur de sa sélection, derrière Lubanski. En 1974, Gerd Müller devient lui le meilleur buteur de l'histoire de la Coupe du monde, avec 14 buts en deux éditions, 1970 et 1974, dépassant Just Fontaine (13 en 1958). Le record de l'Allemand sera battu en 2006 par le Brésilien Ronaldo (15 buts, mais en trois éditions, 1998, 2002 et 2006).

L'ÉQUIPE

LA DOULOUREUSE PREMIÈRE DU ZAÏRE

Parmi les participants inédits, outre l'Allemagne de l'Est, l'Australie ou Haïti, il faut noter la présence du Zaïre, premier pays d'Afrique subsaharienne à participer à une phase finale de Coupe du monde, et plutôt convaincant contre l'Écosse, pour son premier match, perdu 2-0. Mais, face à la Yougoslavie, les champions d'Afrique s'écroulent. Ils sont étrillés (9-0) à Gelsenkirchen, où Mwepu assène même un coup de pied sur le fessier de l'arbitre. Lequel réplique en adressant un carton rouge à N'Diaye, pourtant complètement innocent ! Les Zaïrois seront plus prudents pour leur ultime match, perdu face au champion du monde en titre, le Brésil (3-0). En tout, ils ont tout de même encaissé 14 buts sans en marquer un seul ! Leur football généreux et vivant a ravi le public, mais c'est tout. ■

Dortmund, le 14 juin. Battus seulement 2-0 lors de leur première rencontre de Coupe du monde face à l'Écosse, les Zaïrois (ici Mambwene Mana) vont mesurer ensuite l'écart de niveau qui sépare encore les représentants de l'Afrique des meilleures nations mondiales : 14 buts encaissés en trois matches.

Berlin, le 14 juin. À la 67e minute du match RFA – Chili (1-0), le Chilien Carlos Caszely devient le premier joueur sanctionné d'un carton rouge lors d'une phase finale.

CASZELY GOÛTE LE ROUGE

Le vendredi 14 juin 1974, l'arbitre turc Dogan Babacan entre dans l'histoire en étant le premier à infliger un carton rouge lors d'une Coupe du monde. Sa « victime » est l'attaquant chilien Carlos Caszely, sanctionné à la 67e minute du match opposant sa sélection à celle de la RFA à Berlin (1-0 pour les Allemands). L'apparition des cartons (jaune pour un avertissement, rouge pour une exclusion) datait de la Coupe du monde 1970 (auparavant, on signifiait oralement aux joueurs avertissement ou exclusion). Dès le match d'ouverture, Mexique-URSS, le 31 mai 1970, le Soviétique Lovchev reçut le premier carton jaune de la Coupe du monde. Mais il fallut attendre l'édition allemande pour voir le premier rouge. Autre première : l'Écosse quitte la compétition dès le premier tour sans avoir perdu un match (trois nuls). Cela n'était jamais arrivé jusque-là. ■

IMAGO / WEREK

CRUYFF, LES ADIEUX DU SOLISTE

La Coupe du monde 1974 a failli être celle de Johan Cruyff, idole néerlandaise au moins aussi influente que Beckenbauer au sein de la sélection allemande. Mais au comportement nettement plus décontracté, à l'image des Bataves durant toute la compétition. Contrairement aux Allemands, ils ont ainsi eu droit à la visite de leurs épouses à leur hôtel. Le reste du temps, l'idole du FC Barcelone meuble son temps libre en jouant au tennis sur les courts de l'hôtel des Néerlandais et en grillant quelques cigarettes. À cette époque, le futur entraîneur du Barça fume un paquet par jour et n'hésite pas à s'en griller une dans le vestiaire après les matches.

UN SOLISTE INDÉPENDANT

Johan Cruyff est aussi un soliste. Lors de la finale, il est le seul des vingt-deux acteurs à ne pas être « équipé » par Adidas, ce qui explique sa tenue particulière : pendant toute la compétition, le maillot du capitaine batave n'est orné que de deux bandes, et non trois comme ses coéquipiers. Mais il joue, à Munich, lors de la finale perdue par son équipe (2-1) son dernier match en Coupe du monde, à vingt-sept ans. Dès la fin de la compétition, il annonce qu'il refuse d'être à nouveau séparé de sa famille pendant deux mois. D'autres éléments, politiques et très personnels, viendront ensuite le conforter dans ce choix. ■

Johan Cruyff. À vingt-sept ans, le capitaine de la sélection néerlandaise traverse la compétition de façon très décontractée (ici avec son épouse Danny).

L'ÉQUIPE

ARGENTINE

78

Allemagne (RFA)
Argentine
Autriche
Brésil
Écosse
Espagne
France
Hongrie
Iran
Italie
Mexique
Pays-Bas
Pérou
Pologne
Suède
Tunisie

Finale : le 25 juin, à Buenos Aires.
ARGENTINE 3-1 a.p. (1-0 ; 1-1)
Pays-Bas

L'ÉQUIPE

L'AIR VICIÉ DE LA PAMPA

LA DICTATURE ARGENTINE REMPORTE SA COUPE DU MONDE DANS UN CLIMAT DE PROTESTATIONS INTERNATIONALES.

Le 10 juin 1978 au matin à Mar del Plata, Fernand Sastre, président de la Fédération française, et Jean Sadoul, président de la Ligue nationale, rendent public le résultat de leurs démarches auprès des autorités argentines pour obtenir des nouvelles des disparus et détenus français en Argentine. En fait, rien de très neuf pour les 22 noms en question. Mais tout de même : avec l'aide de l'ambassade de France et du consulat, une démarche officielle a mis sur le tapis le grand problème de cette Coupe du monde. « Ce qu'ils ont fait est très bien, mais j'espère que l'on ne s'arrêtera pas en si bon chemin et que l'on ira plus loin », réagit Dominique Rocheteau. L'attaquant et les dirigeants français ne sont pas les seuls à s'émouvoir. Les délégations italiennes et suédoises les ont imités. Partout dans le monde, des voix se sont élevées contre l'organisation de la Coupe du monde sur un territoire tenu par une junte militaire sanguinaire. Les Pays-Bas et la France mènent la contestation, qui prend un aspect plus officiel avec la création du COBA (Comité d'organisation de boycott contre l'Argentine). Le mouvement d'appel au boycott, lancé par l'intellectuel Marek Halter dans *le Monde* du 19 octobre 1977, est soutenu par de nombreuses personnalités françaises, telles Sartre, Aragon ou Jean-François Revel. Il jette un voile sur la

Mario Kempes.
Deux buts en finale pour l'attaquant argentin, dont le deuxième en prolongation. Les camps de concentration, les tortures et les injustices sociales sont oubliées le temps d'un bond vers les étoiles.

compétition : « Pas de football entre les camps de concentration », proclament les opposants. Le parallèle avec les Jeux Olympiques de Berlin en 1936, tenus sous la botte nazie, est vite établi.

À quelques centaines de mètres des stades où s'affrontent les meilleurs joueurs du monde, des milliers d'opposants subissent la torture des hommes de mains du général Videla, commandant en chef de la junte au pouvoir depuis le 24 mars 1976 et le coup d'État qui a renversé le gouvernement d'Isabel Peron.

C'est un mois paradoxal pour les Argentins, meurtris par le rythme des disparitions collectives mais supporters invétérés de la bande à Kempes. Estela de Carlotto, la présidente de l'association des Grands-Mères de la place de Mai, expliquera ainsi que, pendant qu'elle pleurait dans la cuisine, avec son mari, la disparition de sa fille, ses beaux-frères et d'autres membres de sa famille jubilaient, dans le salon, aux buts de l'Argentine.

PENALTY DE COMPLAISANCE

Le général Videla veut à tout prix un succès de la sélection albiceleste pour faire oublier la torture, les injustices sociales et une inflation galopante (100 %). Luis César Menotti, son sélectionneur, a obtenu des conditions privilégiées pour préparer ce rendez-vous, a testé plus de cent vingt joueurs en un peu plus de trois ans, au fils de quarante-deux rencontres amicales ! Il a eu du temps pour préparer sa formation, presque exclusivement formée d'éléments du Championnat d'Argentine. Après quelques hésitations, il ne retiendra finalement pas le prodige Diego Maradona, jugé trop jeune.

L'idée que rien ne sera entrepris pour entraver la marche argentine grandit dès le premier tour, quand un penalty de complaisance est sifflé en faveur du pays hôte contre la France pour une main imaginaire de Marius Trésor. M. Dubach, l'arbitre suisse, confessera quelques jours plus tard à un journaliste de l'*Agence France-Presse* : « J'étais très loin de l'action et je n'ai pas bien vu. Il m'a semblé d'abord que Trésor avait commis une faute sur Luque. En revanche, j'ai aperçu Trésor boxant le ballon de la main. C'est cette faute que je voulais sanctionner. Mais je croyais aussi que la balle était sortie. C'est pour cela que je me suis concerté avec mon juge de touche… » Il oubliera un peu plus tard d'accorder un penalty pour une faute flagrante sur Didier Six et sera radié par la Fédération helvétique quelques semaines plus tard… L'Argentine continue, et plus rien ne l'arrêtera.

TRAÎTRE A LA NATION

Le sacre argentin ne tombe pourtant pas comme une évidence. Au premier tour, la défaite contre l'Italie oblige les coéquipiers de Passarella à quitter Buenos Aires et le stade Monumental pour Rosario et un groupe compliqué. L'Argentine, qui espérait rester dans la capitale, perd un petit avantage. Mais la compétition reste formatée pour elle. Contrairement à ses opposants, elle dispute toutes ses rencontres du deuxième tour dans le même stade. Et elle joue toujours après les autres. Après la victoire sur la Pologne (2-1) et un nul contre le Brésil (0-0), sa situation demeure compliquée. Elle doit s'imposer contre le Pérou par quatre buts d'écart pour parvenir en finale. Mais l'Argentine joue à la maison, et la presse est aux ordres. Ramon Quiroga, le gardien péruvien, argentin de naissance, y est dépeint comme un traître à la nation. Dans une ambiance survoltée, le Pérou explose (0-6). Le Brésil, victime de ce verdict, crie au scandale, soupçonne Quiroga d'avoir été particulièrement conciliant avec ses adversaires. Quelques jours après les faits, Quiroga devra se fendre d'une lettre ouverte dans le quotidien argentin *Clarin* pour éteindre la polémique. Mais l'essentiel est ailleurs : l'Argentine atteint la finale.

Pour son retour au stade Monumental, elle est accueillie par une pluie de « papelitos » et une équipe néerlandaise qui dispute sa deuxième finale d'affilée. Les Bataves doivent patienter deux minutes sur le terrain avant que leurs adversaires apparaissent, ils doivent aussi supporter les jérémiades argentines pour le bandage de René Van de Kerkhof : les Sud-Américains réclament que le plâtre soit retiré, car ils l'estiment dangereux. L'ambiance est oppressante, le match au couteau, et Luis César Menotti grille 70 cigarettes ! Pour la troisième fois de l'histoire de la Coupe du monde, une finale s'étire jusqu'en prolongation, durant laquelle Kempes libère tout un peuple, et surtout un homme portant uniforme et casquette : Jorge Videla, qui aurait écrasé une larme au coup de sifflet final, remet à Daniel Passarella la première coupe du monde de l'histoire du football argentin. La meilleure équipe a gagné, l'Argentine a conquis le titre qu'elle guignait depuis 1930 et sa défaite en finale contre l'Uruguay. Mais le malaise, jusqu'au bout, a accompagné sa marche victorieuse. ■

Buenos Aires, le 25 juin. Americo Gallego qui domine Johnny Rep (à terre) sous les yeux de son capitaine Daniel Passarela. L'Argentine ne peut pas perdre ce match au couteau.

IMAGO / SVEN SIMON

IMAGO / WEREK

Rosario, le 21 juin. Le dernier match du groupe 2 Argentine-Pérou (6-0) est controversé. Pour atteindre la finale le pays organisateur doit s'imposer par quatre buts d'écart. Ramon Quiroga, le gardien péruvien d'origine argentine, sera longtemps soupçonné de trahison pour avoir encaissé six buts (dont deux ci-contre de Kempes).

IMAGO / FRINKE

IMAGO / SVEN SIMON

Buenos Aires, le 25 juin. Le défenseur argentin Mario Olguin au duel avec Johnny Rep.

IMAGO / SVEN SIMON

Buenos Aires, le 25 juin. Rob Resenbrink ne trompe pas le gardien argentin Ubaldo Fillol.

LE BOYCOTT DE CRUYFF

Cordoba, le 7 juin. Pour son deuxième match de phase finale de Coupe du monde, l'Iran inscrit enfin un but, face à l'Écosse (1-1). Iraj Danaifar (nº 2) entre dans l'histoire.

Dès la fin de la Coupe du monde 1974, perdue en finale, Johann Cruyff avait prévenu : il n'avait aucune envie d'être séparé à nouveau pendant deux mois de sa famille à l'occasion de l'édition 1978. « Je n'aurai que trente et un ans, mais pour préparer et jouer le tournoi, il faudra dix semaines. C'est trop, et même les footballeurs d'élite ont le droit de désirer vivre comme les autres hommes. » Il tient parole et ne se rend pas en Argentine. À l'époque, diverses explications circulent. On évoque son refus de cautionner le régime de la junte militaire, un conflit avec sa Fédération pour des histoires de primes ou encore le veto de son épouse. En fait, Cruyff livrera son explication trente ans plus tard : fin 1977, il avait été victime, à Barcelone, d'une tentative d'enlèvement au cours de laquelle il avait été menacé avec un revolver pendant que sa femme était ligotée et que ses trois enfants dormaient dans une pièce attenante. Il avait finalement échappé à ses agresseurs mais avait été profondément marqué : « Mes enfants allaient à l'école accompagnés par la police, des policiers dormaient chez nous, j'allais aux matches avec un garde du corps. Tout cela vous fait prendre conscience de beaucoup de choses. » Avec Cruyff, les Pays-Bas auraient-ils gagné la Coupe du monde argentine ? La question taraude encore les Bataves. ■

IMAGO / SVEN SIMON

IRAN ET TUNISIE, LES NÉOPHYTES

C'est la principale absente de cette édition, avec la Yougoslavie et l'URSS : l'Angleterre ne s'est pas qualifiée pour la Coupe du monde 1978, après avoir déjà manqué l'édition 1974. À l'inverse, l'Iran et la Tunisie découvrent l'épreuve. Cette dernière ne fera pas le voyage pour rien : pour la première fois dans l'histoire, une équipe africaine gagne un match en phase finale de Coupe du monde. En s'imposant contre le Mexique (3-1) à Rosario, le 2 juin 1978, la Tunisie annonce la montée en puissance du continent, qui s'est imposé depuis comme la troisième force du football planétaire derrière l'Europe et l'Amérique du Sud. Mais son coup d'éclat n'aura pas de suite. La Tunisie finit à la troisième place du groupe B et ne se qualifie pas pour la deuxième phase. ■

HIDALGO ÉCHAPPE À UN ENLÈVEMENT

Michel Hidalgo. Décidément, le contexte de cette Coupe du monde est étouffant.

L'ÉQUIPE

Le 23 mai, à quelques heures du départ pour l'Amérique du Sud, Michel Hidalgo est victime d'une tentative d'enlèvement sur la route, près de Saint-Savin, son domicile de Gironde. Il échappe à trois agresseurs. Le méfait intervient en pleine campagne des intellectuels français contre la tenue de la Coupe du monde en Argentine. L'affaire prend donc des relents de complot politique. Mais le sélectionneur de l'équipe de France tiendra à apaiser les esprits sans faire trop de publicité sur l'incident. ■

Mar del Plata, le 2 juin. Les chaussures d'Henri Michel, lors de ce France-Italie (1-2) du premier tour, ne resplendissent pas de leurs habituelles bandes blanches.

L'ÉQUIPE

L'AFFAIRE DES CHAUSSURES

Quelques minutes après l'entrée de l'équipe de France dans la Coupe du monde 1978, la première disputée par la France depuis 1966, éclate l'affaire des chaussures. C'est le docteur Vrillac, le médecin chef des Bleus, qui révèle l'information sur l'antenne d'*Europe 1*. Les vingt-deux doivent recevoir pour leur participation à l'épreuve une prime de 5 000 francs de la part d'Adidas, une prime revue à la hausse en cas de qualification pour le deuxième tour. Mais, trois jours avant le premier match, France-Italie, une partie de l'équipe tente de renégocier à nouveau avec François Remetter, l'ancien gardien de but, représentant d'Adidas. Face au refus de la marque allemande d'augmenter son obole, les joueurs passèrent un coup de pinceau noir sur les trois bandes de leurs chaussures.

L'affaire crée un petit scandale en France. Elle choque aussi Michel Hidalgo, qui n'a pas été prévenu par ses joueurs. « Leur démarche était plus une affaire de principe qu'une affaire de gros sous, expliquera le sélectionneur français. Le moment était mal choisi, mais on ne peut pas en vouloir à des gens qui défendent leurs intérêts. Il n'est pas question que je les blâme ou que je les accuse. » ■

LES PRODUITS PEU MIRACULEUX DES ÉCOSSAIS

Willie Johnston. Remplaçant lors de deux matches sur trois, l'attaquant écossais est suspendu pour dopage.

IMAGO / COLOR SPORT

L'Écosse fait un passage remarqué en Argentine. D'entrée, la teneur des bagages de la sélection de McLeod intrigue : outre quatre paires de chaussures par match, ils ont acheminé en Amérique du Sud 38 caisses de whisky, et suivi un régime plutôt spécial durant la compétition, avec boisson presque à volonté et couchers tardifs. Justification du sélectionneur : « Si on interdit à un Écossais de faire quelque chose, il le fait avec plus d'enthousiasme encore. Si on ne le lui défend pas, on a une chance qu'il ne fasse pas d'excès. »

Pourtant, un Écossais est suspendu pour dopage : on a trouvé des traces de Fencamfamine dans les urines de Willie Johnston. Apparemment, le produit est souvent utilisé par les joueurs britanniques pour combattre les effets (somnolence) de certains traitements contre la grippe ou le rhume. « J'étais enrhumé, j'ai simplement pris deux cachets », explique le banni. Réaction d'un journaliste écossais proche du joueur : « Lui, dopé ? Il ne prend que du whisky, en boisson, en cachets, en dentifrice et en vaporisation ! » Au final, l'Ecosse termine troisième de son groupe avec une victoire (3-2 pour l'honneur face aux Pays-bas), un nul (1-1) devant l'Iran et une défaite face au Pérou (1-3) ■

L'ÉQUIPE

Mar del Plata, le 10 juin. Jean Petit dans de peu habituelles rayures vertes face à la Hongrie (3-1).

LE MAILLOT RAYÉ DES BLEUS

Le 10 juin 1978, à Mar del Plata, la France doit affronter la Hongrie, dans un match sans enjeu. Les deux équipes se sont inclinées lors des deux précédentes rencontres du premier tour, elles sont déjà éliminées de la Coupe du monde argentine. Mais un impair administratif va marquer à jamais cet ultime rendez-vous : pendant l'échauffement Henri Michel, qui comme la plupart des titulaires, est mis au repos, s'approche du Hongrois Torocsik, intrigué par le col blanc qui dépasse de son survêtement : « Maillot white ? » « Yes, white ! », répond le Hongrois. Le contretemps est très gênant pour l'équipe de France. Car c'est bien elle qui se trouve en faute. Henri Patrelle, chef de la délégation et intendant des Bleus, n'a pas porté attention à une note officielle datant du 30 mars, enjoignant les Français à se présenter en bleu, et non en blanc comme initialement prévu. Le problème paraît d'autant plus insoluble que les Bleus ont laissé à l'Hindu Club, leur lieu de retraite, leur deuxième jeu de maillots.

À quelques minutes du coup d'envoi, il faut envoyer une voiture de police traverser Mar del Plata toutes sirènes hurlantes pour récupérer au siège du Kimberly FC, le club local, un jeu de maillots. Le modeste club de pêcheurs accède soudainement à la notoriété internationale, car c'est vêtue d'une tunique rayée de vert et de blanc que l'équipe de France pénètre sur la pelouse, avec trois quarts d'heure de retard sur l'horaire prévu. Elle gagne (3-1) dans une tenue normalement taillée pour des juniors. Mais elle a provoqué, par négligence, la plus belle confusion de l'épreuve. ■

ALONSO, NUMÉRO 1

L'Argentine innove en 1978. Contrairement à l'usage, ce n'est en effet pas son gardien, Fillol, qui porte le numéro 1, mais Norberto Alonso, un milieu de terrain offensif. Explication : les numéros ont été attribués par ordre alphabétique. La pratique sera reconduite lors de la Coupe du monde 1982, où Osvaldo Ardiles portera le numéro 1. ■

VOGTS AIME L'ORDRE ARGENTIN

Alors que la plupart des joueurs manifestent une certaine gêne par rapport à la situation politique en Argentine, l'Allemand Berti Vogts se singularise. Celui qui évolue alors au Borussia Mönchengladbach avoue son inclination pour les régimes forts et n'hésite pas à regretter publiquement « que tant de choses désagréables aient pu être dites sur ce beau pays ». Mieux : il a décidé de passer son voyage de noces, quelques mois plus tard, en Argentine. ■

Berti Vogts. Le défenseur allemand s'était rendu célèbre à l'échelle mondiale lors de la précédente édition de la Coupe du monde en muselant Cruyff en finale.

IMAGO / SVEN SIMON

LE MEXIQUE SOUS ESCORTE

Éliminés dès le premier tour, les Mexicains connaissent un retour mouvementé au pays. De nombreux supporters les attendent à l'aéroport. Du coup, leur appareil a été parqué loin de l'aérogare, et tous les joueurs ont droit à une escorte de dix policiers pour regagner leurs domiciles sans subir plus que les insultes de leurs fans déçus. ■

L'ÉQUIPE

Bernard Lacombe. Le premier match des Bleus, le 2 juin à Mar del Plata contre l'Italie, ne pouvait mieux commencer.

LACOMBE JOUE LA MONTRE

Contre l'Italie, la France a démarré très fort : elle marque après seulement 37 secondes. Max Bossis récupère le ballon, transmet à Didier Six qui déborde sur la gauche, passe le défenseur italien Claudio Gentile et centre pour la tête de Bernard Lacombe qui prend le meilleur sur Mauro Bellugi et trompe Dino Zoff, le célèbre gardien de la sélection italienne.

Ce but n'empêchera pas les Bleus de s'incliner après un match très disputé, compromettant nettement leurs chances d'atteindre le second tour de l'épreuve. Il permet, toutefois, maigre lot de consolation, à l'attaquant français de rapporter d'Argentine une montre en or.

Depuis 2002, le record du but le plus rapide appartient au Turc Hakan Sükür. ■

LA CHUTE DE MAIER

Sepp Maier, le gardien de la RFA, a eu le temps de se croire invulnérable : il ne concède pas de but en équipe nationale pendant 7 heures et 55 minutes. Il chute pourtant sur une lourde frappe de Arie Haan, lors du deuxième match du second tour face aux Pays-Bas (2-2). Le Néerlandais marquera un autre but en Argentine : une frappe de 40 mètres face à Zoff et l'Italie ! Son coéquipier Robert Resenbrink inscrit, lui, le 1 000e but de la Coupe du monde lors de la défaite des Pays-Bas face à l'Écosse (2-3). ■

L'ÉQUIPE

Mario Kempes.
L'attaquant argentin qui n'avait pas marqué au premier tour s'est alors rasé la moustache. Il va ensuite inscrire six buts.

LE SECRET DE KEMPES

« Mon pays a la chance de produire de très grands footballeurs, je ne suis que l'un de ces joueurs qui ont écrit quelques lignes de l'histoire du football argentin », dira Mario Kempes au moment de prendre sa retraite. Grande vedette de la sélection en 1978 (il a signé à Valence pour une somme record à l'époque), il ne marque pas au premier tour. « Je lui ai conseillé de se raser la moustache, un peu pour plaisanter, mais apparemment cela a marché », expliquera après coup le sélectionneur Cesar Luis Menotti. Intenable à partir de la deuxième phase de poules, celui qui est surnommé « le matador » enchaîne les buts, devenant le meilleur réalisateur de l'épreuve (six buts). Une vraie libération pour un joueur qui fut le dernier à porter le numéro 10 avant un certain Diego Maradona, gaucher comme lui mais au caractère très différent.

Contrairement au génie Diego, Mario Kempes a toujours été un monstre de fair-play. Il n'a jamais reçu le moindre carton jaune ou rouge au cours d'une carrière qu'il n'a pourtant achevée qu'à quarante et un ans ! Pendant la Coupe du monde, Kempes a aussi un secret : il enduit ses cuisses d'une huile fortement odorante, entre la boisson fermentée ou le plat en décomposition, témoignent les défenseurs adverses. ■

ESPAGNE

82

Algérie
Allemagne (RFA)
Angleterre
Argentine
Autriche
Belgique
Brésil
Cameroun
Chili
Écosse
Espagne
France
Honduras
Hongrie
Irlande du Nord
Italie
Koweït
Nouvelle-Zélande
Pérou
Pologne
Salvador
Tchécoslovaquie
URSS
Yougoslavie

Finale : le 11 juillet, à Madrid.
ITALIE 3-1 (0-0) Allemagne (RFA)

L'ÉQUIPE

PERDRE À SÉVILLE

L'INCROYABLE DRAMATURGIE DE LA DEMI-FINALE ALLEMAGNE-FRANCE (3-3, A.P. ; 5 TAB À 4) ÉCRASE UN MUNDIAL ESPAGNOL QUI EN OUBLIERAIT PRESQUE LA TROISIÈME COURONNE DE L'ITALIE.

Une défaite magnifique, inoubliable. Le 9 juillet 1982, *L'Équipe* choisit de titrer « Fabuleux » pour résumer l'intensité des débats. Gérard Ernault, lui, démarre ainsi la chronique de l'élimination de l'équipe de France en demi-finale de la Coupe du monde face à la République fédérale d'Allemagne (3-3, 5-4 aux t.a.b.) : « C'est dur, très dur, beaucoup plus dur encore qu'on ne saurait le dire. »

Au terme d'une partie formidable, la bande à Platini s'est inclinée aux tirs au but. Une conclusion profondément injuste si l'on est français, discutable si l'on est neutre, chanceuse si l'on est allemand. Cette demi-finale disputée à Séville est l'instant de bravoure de cette Coupe du monde. Avec ses rebondissements, ses folies, et surtout une vraie opposition. D'un côté la France, qui n'a plus dépassé un premier tour de Coupe du monde depuis 1958, qui a très mal commencé l'épreuve (défaite contre l'Angleterre, 3-1), mais qui a fini par imposer son jeu offensif. Depuis l'élimination du pétillant Brésil au deuxième tour par l'Italie, la sélection de Michel Hidalgo incarne une forme de romantisme, avec son milieu composé de trois meneurs de jeu (Giresse, Genghini, Platini). En face l'Allemagne, qui est

Séville, le 8 juillet.
Max Bossis manque son tir au but devant l'agressif et outrancier gardien allemand Harald Schumacher. Horst Hrubesch n'aura plus qu'à réussir le sien pour envoyer l'Allemagne, au terme d'une ultime loterie, vers une finale à laquelle elle ne méritait pas d'accéder.

venue avec seulement dix-neuf joueurs en Espagne et y a surtout montré sa face insupportable.

Au coup d'envoi, les millions de téléspectateurs ont encore dans un coin de leur tête l'infâme spectacle auquel Allemands de l'Ouest et Autrichiens se sont livrés au premier tour. Pour se qualifier au second tour, les Allemands doivent gagner. Les Autrichiens, eux, ne peuvent pas perdre par plus d'un but d'écart. Après le but inscrit rapidement pas Horst Hrubesch sur une passe de Pierre Littbarski, la rencontre tourne à la mascarade : les deux équipes arrêtent de jouer, se passant le ballon sans jamais tenter quoi que ce soit sous les yeux médusés du public de Gijon. C'est le match de la honte par excellence. L'association des entraîneurs allemands enverra même une lettre d'excuses à la Fédération algérienne dont les joueurs sont les premières victimes de cette mascarade...

DEUX DENTS CASSÉES POUR BATTISTON

En interne aussi, la sélection de Jupp Derwall est parcourue de tensions. Un conflit oppose notamment le technicien à l'attaquant de Hambourg, qui l'a couvert de noms d'oiseaux. Mais l'union nationale prévaut. Avant le match, Derwall et Hrubesch matérialisent leur réconciliation en discutant ensemble sur la pelouse du stade Sanchez-Pizjuan. La France sait donc à quoi s'attendre. Les Allemands ont clairement laissé entendre qu'ils placeraient les débats sous l'angle physique, qu'ils étaient décidés à bousculer, au sens propre, des Français supposés friables dans le combat. Pendant un bon moment, il faut nuancer la caricature : la vigueur du rythme allemand suffit d'abord à malmener la sélection dirigée par Michel Hidalgo.

IMAGO / PANORAMIC

Séville, le 8 juillet.
57e minute. Patrick Battiston, lancé par Platini se retrouve face à Harald Schumacher. Sous les yeux de Manfred Kalz (no 20), le gardien allemand ne joue pas le ballon et assène un coup de hanche qui assomme le défenseur français.

PHOTO PICTURE ALLIANCE / FLASH PRESS

Littbarski ouvre rapidement le score et la France n'émerge qu'au bout d'une vingtaine de minutes. Après l'égalisation, sur un penalty de Platini, la rencontre devient haletante. Elle est seulement alourdie par l'extrême agressivité de Harald Schumacher, qui a déjà secoué deux Français avant de se jeter, coude et hanche en avant, sur le visage du pauvre Patrick Battiston, qui venait de reprendre une longue ouverture de Platini. Le défenseur messin gît, inerte, sur la pelouse. L'espace de quelques secondes, le médecin des Bleus ne trouve pas son pouls. Il craint l'irréparable. Pendant que les joueurs s'enquièrent de la santé de Battiston, le gardien de Cologne jongle avec le ballon... À la sortie du vestiaire, il déclarera : « Si vraiment ça peut lui faire plaisir, je lui paierai les frais de dentiste. » Battiston passe la nuit en observation à l'hôpital. Il a deux dents cassées, la mâchoire enfoncée.

Séville, le 8 juillet.
Durant la prolongation (93e) de cette demi-finale, Marius Trésor d'une volée rageuse sous la barre donne l'avantage aux Français (2-1).

L'ÉQUIPE

Séville, le 8 juillet.
Tandis que Battiston gît sur la pelouse du stade Ramon Sanchez Pizjuan, Michel Platini prend peur tandis que Didier Six cherche le pouls du blessé.

L'ÉQUIPE

L'ÉQUIPE

Séville, le 8 juillet. Sous la violence du choc, Patrick Battiston perd connaissance. Il ne reprendra vraiment ses esprits qu'à la fin du match.

PHOTO ONZE MONDIAL / FLASH PRESS

L'ÉQUIPE

Schumacher peut narguer le monde entier. Car l'arbitre néerlandais, Charles Corver, ne l'a pas sanctionné de l'expulsion qui s'imposait. Non, le match ne reprend même pas par un coup franc en faveur de Platini mais par un six mètres ! Le plus extraordinaire dans l'affaire, c'est que les Français, chez lesquels Christian Lopez a relayé Battiston, reprennent la rencontre encore plus fort. Ils manquent de l'emporter juste avant la fin du temps réglementaire, sur une frappe d'Amoros qui s'écrase sur la barre transversale. Ils enflamment la prolongation, mènent même 3-1 grâce à une volée de Trésor et une reprise de Giresse. La France pense tenir la première finale de son histoire. Mais elle est rattrapée par son manque de maîtrise… et par M. Corver, qui oublie de siffler deux fautes à la suite en faveur des Tricolores et laisse l'action se dérouler jusqu'au deuxième but allemand.

Séville, le 8 juillet. Uli Stielike aux prises avec le capitaine français Michel Platini. Un duel incertain jusqu'au bout.

L'ironie de l'histoire ? C'est la France qui a souhaité que M. Corver arbitre cette rencontre. La commission d'arbitrage de la FIFA avait, dans un premier temps, songé au Portugais Garrido. Mais le représentant français, M. Machin, fit remarquer qu'il avait déjà officié lors de France-Angleterre (1-3). C'est lui qui proposa Charles Corver…

PLATINI : « LE MEILLEUR MATCH DE MA CARRIÈRE »

Ensuite, les partenaires de Paul Breitner égaliseront, se remettront d'un tir au but manqué par Stielike et attendront les ratés de Didier Six puis de

Max Bossis. La première séance de tirs au but de l'histoire de la Coupe du monde se termine par la frappe victorieuse de Hrubesch, qui saute comme un cabri vers ses partenaires, comme il le fera un an plus tard, après la finale de Coupe des champions gagnée avec Hambourg contre la Juventus Turin. Après coup, l'attaquant expliquera : « Une heure avant le match, quand j'ai ouvert la porte de mon armoire, dans le vestiaire, j'ai vu une photo de Jésus collée dessus. Je me suis alors arrêté en plein mouvement et j'ai dit tout bas à mes coéquipiers : "Les gars, je crois qu'il ne peut rien nous arriver de fâcheux ce soir." » Les Allemands, surnommés par les journalistes d'outre-Rhin « Die Duselbruder », soit « Les Frères de la veine », sont en finale, où ils s'inclineront face à l'Italie de Paolo Rossi (3-1). Plus tard, Michel Platini avouera : « J'ai vécu ce soir-là un condensé des émotions que peut connaître un homme dans sa vie. Je crois que c'est le meilleur match de ma carrière, celui qui restera gravé dans ma mémoire. Sur le plan du jeu, des émotions, du déroulement de la rencontre, l'agression de Schumacher, le penalty qui n'est pas sifflé… Jamais de ma vie je n'avais ressenti d'émotions aussi différentes et aussi fortes. » ■

L'ÉQUIPE

L'ÉQUIPE

Séville, le 8 juillet. Impuissant sur le but égalisateur (3-3, 106e) de Klaus Fischer (no 8) sur un superbe retourné, Michel Platini sait que la première finale de Coupe du monde vient soudain de s'éloigner pour l'équipe de France.

L'ÉQUIPE

Séville, le 8 juillet. Alain Giresse, buteur ci-dessus à la 100e pour donner l'avantage (3-1) à la France, puis battu, est passé du bonheur aux larmes.

FRANCO EST LOIN

Pour l'Espagne, cette Coupe du monde est l'occasion de rappeler au monde que la page de la dictature du général Franco est bel et bien tournée. Un an après la tentative de putsch menée par le colonel Tejero aux Cortes, le Parlement espagnol, la cérémonie d'ouverture, dans un Camp Nou qui n'a pas fait le plein, est un hymne à la paix, une réponse à la guerre des Malouines qui oppose alors l'Angleterre à l'Argentine (la fin des hostilités est officiellement déclarée le 20 juin par l'Angleterre). La Coupe du monde 1982 est le premier événement sportif à être diffusé sur les cinq continents, soit 140 pays et 1 milliard de téléspectateurs. ■

L'ÉQUIPE

Barcelone, le 13 juin. L'Argentine de Diego Maradona est battue par la Belgique (0-1) au Camp Nou lors du match d'ouverture, mais alors que la guerre des Malouines va prendre fin, cette Coupe du monde veut délibérément tourner le dos aux dictatures et à la guerre.

L'ÉMERGENCE DE L'AFRIQUE

L'édition espagnole confirme les progrès du continent africain, avec les bonnes prestations du Cameroun, deuxième représentant de l'Afrique noire qualifié pour une Coupe du monde (après le Zaïre, en 1974), qui quitte l'épreuve alors qu'il n'a pas perdu le moindre match au premier tour (trois résultats nuls).

Mais il y a surtout l'Algérie, qui crée la première surprise du tournoi en battant, dès son entrée dans la compétition, la RFA (2-1), championne d'Europe en titre et invaincue sur le Vieux Continent depuis quatre ans ! Des buts signés Madjer et Belloumi. Et une rencontre qui révèle aux yeux du monde le talent d'Assad, Fergani, Dahleb…

L'Algérie doit pourtant quitter le sol espagnol à la fin du premier tour, victime de l'odieux arrangement entre l'Autriche et l'Allemagne, qui s'entendront lors du troisième match du premier tour pour se qualifier aux dépens de l'équipe algérienne. « C'est un grand honneur pour nous de voir deux grandes équipes se mettre d'accord pour nous éliminer », ironisera après coup Mahieddine Khalef, le sélectionneur de l'Algérie, éliminée en dépit de deux succès en trois matches.

Un journal asturien, lui, rend compte du match en rubrique faits divers : « Vingt-six personnes de langue allemande, citoyens de la RFA et de l'Autriche, se sont rendues coupables d'un abus de confiance portant sur 12 millions de pesetas et quarante mille spectateurs. » Quant au journal viennois *Kurier*, il a proposé à ses lecteurs une page entièrement blanche, à l'exception d'un petit encadré expliquant que ses reporters avaient trop honte d'être autrichiens pour rendre compte du match. ■

Gijon, le 16 juin. L'Algérie de Rabah Madjer réussit un premier exploit en battant l'Allemagne (2-1).

L'ÉQUIPE

L'ÉQUIPE

LA FARCE KOWEÏTIENNE

Valladolid, le 21 juin. L'irruption sur le terrain du cheikh koweïtien Fahid Ahmad al Sabahn provoquera l'annulation d'un but français marqué par Giresse et d'abord jugé valable.

Au début, les Koweïtiens ont amusé tout le monde avec une demande surannée : ils voulaient faire effectuer un tour d'honneur à un dromadaire, leur mascotte, avant leur match contre la Tchécoslovaquie ! La requête a été refusée par la FIFA, qui rira beaucoup moins un peu plus tard. À dix minutes de la fin de France-Koweït (4-1 lors du premier tour), Giresse marque un but d'abord validé par M. Stupar, l'arbitre soviétique de la rencontre. Mais ce but suscite l'ire des officiels koweïtiens, au motif que leurs joueurs ont arrêté leur action en entendant un coup de sifflet venu des tribunes. Le cheikh Fahid Ahmad al-Sabahn, frère de l'émir du Koweït, descend carrément sur le terrain pour discuter avec ses joueurs, les journalistes et les arbitres. Mais pas avec Michel Hidalgo, le sélectionneur français, furieux et repoussé par la police. À l'arrivée, le cheikh obtient gain de cause. Le but est refusé, sous le poids de ses menaces : « La FIFA, elle peut aller se faire foutre, elle est pire que la mafia », clame entre autres le bouillant Koweïtien, qui finira par être puni d'un blâme et de 25 000 francs suisses d'amende pour conduite *« antisportive »*. L'arbitre soviétique, lui, sera suspendu. ■

L'ÉQUIPE

L'ÉQUIPE

Elche, le 15 juin. Face au Salvador, la Hongrie de Laszlo Kiss (à gauche) et de Tibor Nylasi gagne par le plus grand écart lors d'une phase finale : 10-1. Suspect.

LA HONGRIE S'AMUSE

Le 15 juin 1982, à Elche, la Hongrie bat le Salvador 10-1. Le score le plus large jamais enregistré au cours d'une phase finale. À une époque où la guerre froide n'était pas un fantasme, et en plein conflit des Malouines, les Argentins voient dans ce résultat un complot communiste pour les éliminer dès le premier tour. Finalement, les Argentins corrigent la Hongrie (4-1) et se qualifient. ■

JOCK STEIN EN PRISON !

Jock Stein, le mythique sélectionneur de l'équipe d'Écosse, connaît une mésaventure incroyable. Un jour, il quitte en compagnie de Tommy McNiven et Hugh Allen, ses adjoints, la luxueuse résidence où il loge avec ses joueurs, pour aller visiter Marbella. Mais il omet de prévenir les services de sécurité qui, constatant la disparition du véhicule alloué à Stein, se lancent à la recherche de la voiture qu'ils croient volée. Retrouvés, les trois délinquants présumés sont immédiatement emmenés en cellule. Pendant une bonne heure, les policiers espagnols refuseront de croire aux arguments de Stein et de ses adjoints, jusqu'à ce qu'un dirigeant écossais se porte garant du trio !

L'anecdote résume bien la rigueur outrancière des forces de l'ordre pendant tout le Mundial. Elle illustre aussi la malchance écossaise, éliminée malgré les efforts mis en œuvre pour en finir avec les mauvaises habitudes : l'alcool a été banni de l'hôtel des joueurs, soumis à un strict contrôle médical, quatre ans après l'affaire Johnston, contrôlé positif pour avoir pris sans consultation un médicament interdit. « Nous avons appuyé nous-mêmes sur le bouton de notre destruction », expliquera, après coup, Graeme Souness, le capitaine écossais. ■

Jock Stein. Le sélectionneur écossais semble préoccupé. Avec une victoire (5-2 devant la Nouvelle-Zélande), une défaite face au Brésil (1-4) et un nul contre l'URSS (2-2), son équipe sera éliminée de justesse à l'issue du premier tour.

IMAGO / COLORSPORT

LA POLOGNE BIEN ENCADRÉE

Alors que le pays est plongé depuis six mois dans l'état de siège proclamé par le général Jaruzelski, la Pologne met tout en œuvre pour réussir sa Coupe du monde. Elle a notamment détaché en Espagne pas moins de sept entraîneurs. Il y a Plechnizak, le sélectionneur, Hajdas et Czaja, ses adjoints. Mais il faut y ajouter Zientara, le vice-président de la fédération, chargé de la formation et qui possède son diplôme d'entraîneur. Et aussi Kotska, chargé des gardiens, Zmuda, l'entraîneur du Widzew Lodz, champion en titre, et enfin Obrebski, qui s'occupe habituellement des Espoirs !

ASILE POLITIQUE

Peut-être que l'importance de ce staff visait aussi à surveiller la troupe. Car, pendant l'épreuve, vingt-cinq supporters de la Pologne venus en bus en Espagne en ont profité pour demander l'asile politique ! En 1982, la guerre froide n'a jamais été aussi glaciale, et la Coupe du monde peut en témoigner. Ainsi, la rencontre du premier tour entre l'URSS et la Pologne rassemble trente mille personnes et surtout une banderole, *« Solidarité »*, qui apparaît dans les tribunes dès le coup d'envoi. Elle fait évidemment référence au syndicat clandestin, fondé par Lech Walesa et ses amis sur les chantiers navals de Gdansk, presque deux ans plus tôt. Finalement, la banderole sera enlevée au bout d'une heure de jeu à la demande du… président de la fédération d'URSS. À l'arrivée, la Pologne égale sa performance de 1974 en atteignant la troisième place. ■

IMAGO / SVEN SIMON

Barcelone, le 4 juillet. Au deuxième tour, la turbulente Pologne affronte l'ogre soviétique. Match nul (0-0) entre le grand frère et le pays soumis à l'état de siège proclamé par le général Jaruzelski sous une banderole au nom du syndicat créé par l'opposant Lech Walesa. Au final, c'est la Pologne qui atteint les demi-finales.

O'NEILL S'EN PREND AU PUBLIC

Un incident très sérieux perturbe un entraînement irlandais : lors d'un petit match, un spectateur espagnol refuse de rendre le ballon, sorti du terrain. Martin O'Neill tente de le récupérer en agrippant le perturbateur. La vigueur de ses gestes choque le public, qui pénètre alors sur l'aire de jeu. Deux spectateurs s'en prennent même carrément à O'Neill. Les autres Irlandais, eux, sont poursuivis. Du coup, malgré l'intervention de la police, l'entraînement doit être interrompu. Pour autant, les Irlandais vont se qualifier pour le deuxième tour en battant au passage l'Espagne, la nation organisatrice. ■

IMAGO / FRINKE

Martin O'Neill. Sanguin, le défenseur nord-irlandais, provoque l'intervention de la police pendant un entraînement.

L'ÉQUIPE

DES ALLEMANDS TROP BAVARDS

Parcourue de tensions internes, la RFA est à elle seule un réservoir à polémiques pour les journalistes. Même une fois la compétition terminée. Ainsi Karl-Heinz Rummenigge, son attaquant vedette, réplique vivement à Uli Stielike, le défenseur, qui avait déclaré : « Il (Rummenigge) était blessé, il n'aurait pas dû jouer la finale. » « Tout le monde était bien content quand je jouais contre le Chili avec la même blessure, et en marquant trois buts, a répondu l'attaquant. Et bien content aussi quand je rentre en prolongation contre la France pour relancer la machine. » C'est le point final des petites phrases qui ont émaillé le passage de la RFA au Mundial. « Si nous ne battons pas l'Algérie, nous retournons chez nous par le premier train », avait ainsi prophétisé Jupp Derwall, tandis que Paul Breitner assurait : « Le huitième but contre l'Algérie, je le marquerai moi-même et je le dédierai à ma femme. » ■

Madrid, le 11 juillet. L'Allemagne s'éteindra lentement en finale face à l'Italie (3-1).

L'ÉQUIPE

ROSSI, UN MIRACLE À L'ITALIENNE

Paolo Rossi.
L'attaquant italien doit à la foi que son entraîneur Enzo Bearzot a placée en lui, de remporter la Coupe du monde.

Si la malice des hommes ne s'en était pas mêlée, l'histoire de Paolo Rossi serait celle d'un miraculé. Car l'avant-centre italien n'aurait pas dû participer à la Coupe du monde 1982. À l'origine, il était suspendu pour son implication dans une affaire de paris clandestins, le scandale du *Totonero* : un marchand de fruits en gros l'avait accusé d'avoir touché de l'argent en compagnie de trois partenaires de Pérouse pour fausser un match contre Avellino en décembre 1979. Rossi nie, mais il est condamné par la fédération italienne à trois ans de suspension, sanction qui est ensuite amputée d'une année pour s'achever le 29 avril 1982, un mois et demi avant le coup d'envoi du Mundial.

Quand il débarque en Espagne, il n'a disputé que trois matches officiels avec la Juventus Turin, son nouveau club, et une rencontre de préparation avec l'équipe nationale. Avec seul un but pour viatique. Enzo Bearzot lui accorde malgré tout sa confiance.

VIOLEMMENT CRITIQUÉ

Rossi est titulaire d'entrée, il manque son premier tour (zéro but, zéro occasion) et subit les virulentes critiques de la presse transalpine, furieuse de la mise en route pénible des Italiens (trois nuls qui lui permettent tout de même de se qualifier). Rossi se traîne mais Bearzot s'entête. « Soyez aussi patients que moi. Pour les matches décisifs, Paolo aura retrouvé tous ses moyens. » Il a raison. Rossi, via un triplé, abat le Brésil au deuxième tour, il éteint grâce à un doublé la Pologne en demi-finale, puis ouvre le score face à l'Allemagne en finale. Incroyable ! En trois matches, Paolo Rossi est passé de la honte à la gloire. « Je me suis senti protégé, et cela a été un élément déterminant », explique Rossi. Il est le meilleur buteur de la Coupe du monde 1982, il vient de gagner un pari insensé et offre à l'Italie sa troisième couronne planétaire, ce qui lui vaudra, à la fin de l'année, d'être sacré Ballon d'Or par France Football ! « Moi, je n'ai jamais douté », fanfaronne Enzo Bearzot, l'homme qui a cru en Rossi. ■

MEXIQUE

86

Algérie
Allemagne (RFA)
Angleterre
Argentine
Belgique
Brésil
Bulgarie
Canada
Corée du Sud
Danemark
Écosse
Espagne
France
Hongrie
Irak
Irlande du Nord
Italie
Maroc
Mexique
Paraguay
Pologne
Portugal
URSS
Uruguay

Finale : le 29 juin, à Mexico.
ARGENTINE 3-2 (1-0)
Allemagne (RFA)

LECOQ / L'ÉQUIPE

DIEGO, L'ŒUVRE DE DIEU, LA MAIN DU DIABLE

EN QUART DE FINALE FACE À L'ANGLETERRE, MARADONA OFFRE LA SYNTHÈSE DE SON PERSONNAGE CONTROVERSÉ. IL INSCRIT UN BUT DE LA MAIN, PUIS MARQUE L'UN DES PLUS BEAUX BUTS DU SIÈCLE.

C'est un triomphe annoncé. Dès son entrée dans l'épreuve, contre la Corée du Sud, le prodige argentin est scruté. *L'Équipe* revoit le match au magnétoscope et fait les comptes : Maradona a délivré trois passes décisives, touché 218 ballons et participé à 73 actions. Il démarre fort et ne ralentira pas. Cette compétition est la sienne. Lors du huitième de finale, contre l'Uruguay, il ne marque toujours pas mais touche la barre. Le récital est programmé pour la rencontre suivante, le quart de finale contre l'Angleterre. L'Argentine est déjà le dernier représentant sud-américain dans l'épreuve, car l'Allemagne et la France ont éjecté le Mexique et le Brésil quelques heures plus tôt. Mais la sélection de Carlos Bilardo peut compter sur Diego de Naples, le plus grand joueur du monde, qui réussit ce jour-là, au stade Aztèque de Mexico, un match mémorable, condensé de son incomparable talent et de sa rouerie. Maradona ouvre le score en reprenant du poing, juste avant Shilton, une remise de

Mexico, le 22 juin. « Le ballon m'a frappé, ce n'est pas moi qui l'ai fait exprès. J'ai même pensé que c'était Shilton qui l'avait boxé vers son propre but. » « Ce but a été marqué en partie avec la main de Dieu, en partie avec la tête de Maradona. » C'est ainsi que l'insupportable génie argentin justifie la façon dont il ouvre le score face à l'Angleterre en quart de finale (2-1).

Valdano déviée par un défenseur anglais. L'arbitre tunisien, M. Bennaceur, valide le but. « Il a été marqué en partie par la main de Dieu, en partie avec la tête de Maradona », justifiera le génie argentin, qui s'était déjà rendu coupable d'un forfait similaire en Championnat d'Italie, le 12 mai 1985 face à l'Udinese. À un journal argentin, il affirmera même un peu plus tard : « Le ballon m'a frappé, ce n'est pas moi qui l'ai fait exprès. J'ai même pensé que c'était Shilton qui l'avait boxé vers son propre but. »
Maradona est ainsi. Génial et insupportable. Il peut exposer ses deux faces dans le même match, d'une action sur l'autre.

UNE COURSE DE 55 MÈTRES

Trois minutes après la fameuse main, Il enclenche une merveilleuse cavalcade, LA cavalcade : une première roulette élimine Beardsley et Reid dans le camp argentin. Puis Maradona s'élance côté droit, efface Butcher puis Fenwick grâce à deux crochets intérieurs et, au bout d'une course de 55 mètres, esquive la sortie de Shilton. Un but extraordinaire, chef-d'œuvre de la Coupe du monde, souvent qualifié de « but du siècle ».

Maradona expliquera plus tard qu'il avait réalisé une action identique en match amical contre l'Angleterre en 1981, mais qu'il n'avait pas dribblé le gardien et avait frappé à côté. Son frère lui aurait alors téléphoné pour lui dire qu'il aurait dû effacer aussi le dernier rempart. Un conseil que Maradona n'avait pas oublié. À lui seul, il porte la *Seleccion*. Avec lui, deux joueurs sortent du lot : le Madrilène Jorge Valdano et surtout le Nantais Jorge Burruchaga, parfait complément de la star au milieu. Sinon, l'Argentine est une escouade d'éléments moyens.
C'est en cela que la Coupe du monde

BERTROUX LEGROS PICHON / L'ÉQUIPE

Mexico, le 22 juin.
Après une course de 55 mètres au cours de laquelle Diego Maradona esquive cinq joueurs anglais, le numéro 10 argentin inscrit le deuxième but de cet incroyable quart de finale.

1986 appartient à Diego Maradona comme aucune autre édition. Plus fort encore que Pelé au même endroit seize ans plus tôt. Le roi brésilien, lui, était bien entouré, quand il était venu chercher à Mexico son troisième sacre mondial. Pas Maradona, qui tenait en tant qu'Argentin à battre l'Angleterre dans une sorte de revanche de la guerre des Malouines : « C'était une finale pour nous, reconnaît-il. Bien plus que gagner un match, il s'agissait de sortir les Anglais. Jamais je n'oublierai cette partie. » Ensuite, il élimine la Belgique en demi-finale. Deux buts splendides relèguent Pfaff, Gerets et Scifo en petite finale contre la France. Car Diego ne sera pas sacré face à Platini, son concurrent préféré en Championnat d'Italie. La France a été battue par l'Allemagne, qui dispute sa deuxième finale mondiale d'affilée et connaît l'ampleur du problème : « Les Argentins sont forts, très forts, résume Franz Beckenbauer, son sélectionneur. Et puis, ils ont Maradona. C'est un sorcier, celui-là. Je me contenterais bien de payer ma place en tribune pour le voir jouer. »

Avant la Coupe du monde, Bilardo a nommé Maradona capitaine au détriment de Passarella, qui avait brandi la coupe du monde 1978. « Ma meilleure idée, en préparant la Coupe du monde, c'est peut-être d'avoir donné le brassard de capitaine à Diego, expliquera Bilardo. Sans doute est-ce la clé de notre succès au Mexique. Et pourtant quand je l'ai fait, c'est-à-dire quand j'ai retiré le capitanat à Passarella, on voulait me tuer… »

En finale, Matthäus s'accroche aux crampons du numéro 10 argentin, qui lui échappera une fois, pour lancer Burruchaga vers Harald Schumacher et marquer le troisième but, celui du sacre (3-2).

Maradona est au sommet de son art. Le voyage au Mexique, il l'a préparé comme jamais. Il n'avait pas été convoqué par Menotti en 1978. Il a raté le Mundial 82, quitté sur une expulsion face au Brésil, au deuxième tour. Au Mexique, Maradona se sent fort comme jamais. Il est déjà roi de Naples. Le monde s'offre à lui. « Diego et moi avons scellé un pacte d'acier, dira plus tard Carlos Bilardo. Il fallait le convaincre de se sacrifier pendant un mois, de devenir le patron responsable et adulte qu'il n'a pas toujours été. Diego avait tout à y gagner. »

UN SUCCÈS QUI A VALEUR DE SYMBOLE

L'Argentine est championne du monde pour la deuxième fois de son histoire. Le succès a évidemment sa part de symbole. Six mois avant le coup d'envoi de la Coupe du monde, le tribunal civil qui jugeait les neuf chefs militaires qui ont dirigé l'Argentine de 1976 à 1982 avait prononcé cinq condamnations. Dont celle, à perpétuité, du général Videla, celui qui régnait en 1978 et avait remis le trophée à Passarella. Raul Alfonsin, premier président démocratiquement élu depuis le renversement des généraux, est comblé : son pays, meurtri par la guerre des Malouines, avance vers la réconciliation nationale, et le meilleur joueur du monde est argentin. ■

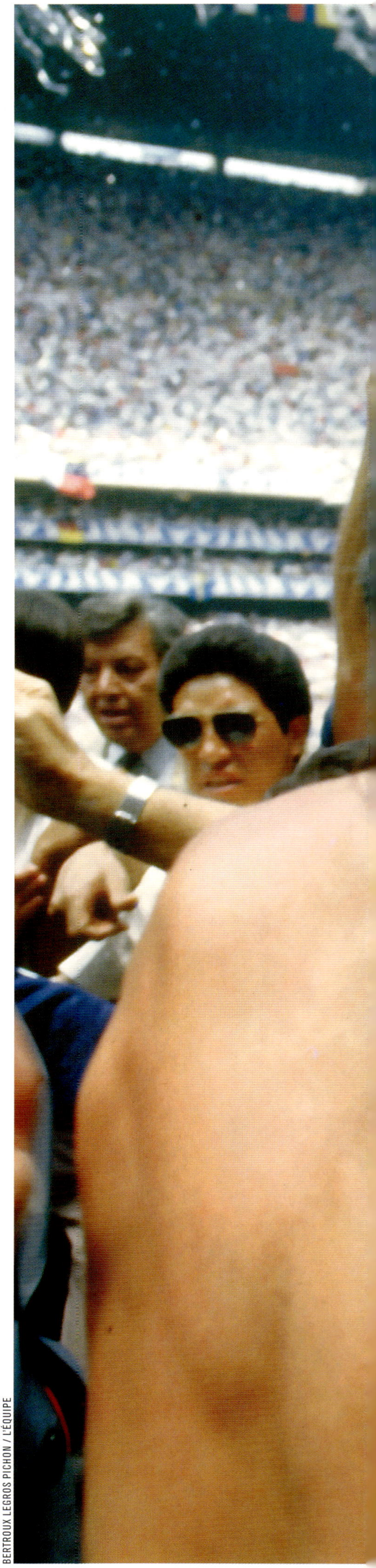

BERTROUX LEGROS PICHON / L'ÉQUIPE

Mexico, le 29 juin.
En finale, face à l'Allemagne, la course en tête de l'Argentine est sans cesse contrariée.
À la 80e minute, la RFA est revenue à 2-2 après avoir été menée 0-2.
Il faut que Maradona lance Burruchaga (83e) qui inscrit le troisième but pour que l'Argentine touche enfin à son second sacre mondial, libérant l'hyper sensibilité de Maradona.

LA COLOMBIE A DÛ RENONCER

En 1974, c'est la Colombie qui a été désignée par la FIFA pour organiser la Coupe du monde 1986. Mais, huit ans plus tard, tout est encore au point mort en Colombie et, par la voix de son chef d'État, Belisario Betancur, elle annonce officiellement qu'elle renonce le 25 octobre 1982 : « La règle d'or selon laquelle le Mundial devait servir à la Colombie et non pas la Colombie à la multinationale du football n'avait pas été respectée. » Le Brésil est fortement pressenti pour pallier la défection colombienne. Mais le président de la fédération brésilienne, Giulite Coutinho, est un adversaire juré de Joao Havelange, son compatriote, patron de la FIFA, et il est réélu à la tête de la CBF en janvier 1983. Du coup, Havelange et la FIFA tranchent : le 20 mai 1983, à Stockholm, le Mexique est désigné, aux dépens du Brésil, du Canada et des États-Unis. Le Mexique devient le premier pays à organiser deux fois l'épreuve malgré le terrible tremblement de terre (8,1 sur l'échelle de Richter) qui, le 19 septembre 1985, tue plus de 20 000 personnes. ■

BERTROUX LEGROS PICHON / L'ÉQUIPE

Mexico, le 31 mai. La Colombie (représentée ici lors de la cérémonie d'ouverture) avait été choisie dès 1974 pour organiser l'édition 1986.

« LE PLUS GRAND DÉSASTRE DU SPORT TÉLÉVISÉ »

L'ouverture de la Coupe du monde, le 31 mai au stade Aztèque de Mexico, a créé un début de panique en tribunes médias, où les journalistes et diffuseurs se rendent vite compte que rien ne marche, ou presque. Les téléspectateurs européens, par exemple, ne reçoivent pas en même temps le son et l'image. Un gigantesque raté qui justifiera un courrier officiel, envoyé par l'organisme qui gère l'Eurovision, au secrétaire général de la FIFA, Joseph Blatter. Il y évoque « le plus grand désastre de l'histoire du sport télévisé ». Commentaire d'un des dirigeants d'ITV, la grande chaîne anglaise : « C'est le chaos absolu. Les circuits mexicains de télévision ressemblent à des spaghettis en folie ! » Mais, pour ce premier match, la tribune médias n'est pas la seule touchée. Une panne d'électricité prive les spectateurs de tableau d'affichage et d'hymnes nationaux : ce sont les quatre-vingt-dix mille spectateurs mexicains qui doivent chanter leur hymne ! ■

IMAGO / COLORSPORT

Mexico, le 31 mai. Lors de la cérémonie d'ouverture, aucune retransmission télévisée ne fonctionne correctement. « C'est un chaos absolu, les circuits mexicains ressemblent à des spaghettis en folie », commente un dirigeant d'une chaîne anglaise.

Mexico, le 17 juin.
Joël Bats lors de France-Italie (2-0) en huitième de finale.

LE POIDS DE L'ALTITUDE

L'ÉQUIPE

Dès leurs premiers entraînements sur place, les différentes équipes mesurent la difficulté de jouer à plus de 2 000 mètres d'altitude. Tiaxcala, le repaire français est situé à 2 400 mètres. Joël Bats, le gardien bleu, témoigne de la situation : « Il est vraiment dur d'évaluer les trajectoires, car la balle part très loin, comme si elle était emportée. Les joueurs de champ sont très gênés dans leurs passes longues. Ils trouvent difficilement la bonne distance, en plus les nouveaux ballons, plus légers que les anciens, ne facilitent pas notre adaptation. »

La chaleur et les soucis gastriques n'améliorent pas la situation : entre leur arrivée sur le sol mexicain, à la mi-mai, et le début de l'épreuve, les Soviétiques ont ainsi perdu, en moyenne, 3,5 kilos ! Pour ajouter à la difficulté, en raison du décalage horaire, les matches sont souvent programmés au moment le plus chaud de la journée pour être diffusés en soirée en Europe, à une heure de plus grande écoute. ■

LE MAROC AU SECOND TOUR

Guadalajara, le 11 juin.
Le Maroc d'Abdelmajid Dolmy crée la sensation en battant le Portugal (3-1), après deux nuls (0-0) contre la Pologne et l'Angleterre, et devient la première équipe africaine à franchir le premier tour.

ROBERT LEGROS / L'ÉQUIPE

En battant le Portugal, le Maroc devient la première équipe africaine à franchir le premier tour de la Coupe du monde. Dans l'équipe figurent Aziz Bouderbala, Merry Krimau et Badou Zaki, le gardien et capitaine. Le Maroc a droit à un concert de louanges. Rivelino, l'artiste moustachu du Brésil, déclare : « C'est le Maroc qui a un jeu brésilien. » José Torres, le sélectionneur portugais, affirme : « Le Maroc est la révélation de cette Coupe du monde. Il joue un football très bien construit dans toutes les zones et il causera d'autres surprises. » José Faria, le sélectionneur du Maroc, reste mesuré : « Terminer premier de ce groupe constitue un encouragement pour le football du tiers-monde. J'estime que notre mission est accomplie. » ■

PICHON BOUTROUX / L'ÉQUIPE

SOCRATES MET DE L'HUILE SUR LE FEU

Socrates est connu pour ses opinions politiques tranchées en faveur de la gauche, ses prises de position tonitruantes. Après le premier match de son équipe, contre l'Espagne, le capitaine brésilien fait très fort. Au cours de la rencontre, il a marqué un but en dépit d'une flagrante position de hors-jeu alors que, dix minutes plus tôt, un but de Michel valable (le ballon avait frappé la barre avant de rebondir derrière la ligne) n'avait pas été accordé. La presse crie au scandale ? Socrates explique : « Pour des raisons politiques et commerciales évidentes, tout le monde sait que, dans l'intérêt général, il faut que le parcours du Brésil et celui du Mexique se prolongent le plus longtemps possible. Autant dire qu'en cas de décision délicate le Brésil et le Mexique ne seront jamais désavantagés. » Une semaine plus tard, le vice-président de la fédération brésilienne demande aux Brésiliens de s'abstenir de la moindre déclaration politique : « Nous sommes ici avec une mission, disputer la Coupe du monde. Pour cela, il faut exclure les allusions politiques qui pourraient porter préjudice à l'image du Brésil et nuire à nos excellentes relations avec le Mexique. » ■

Socrates. L'attaquant brésilien ici face au Français Jean Tigana lors du quart de finale qui verra la France se qualifier (1-1 a.p. 4 t.a.b. à 3). Il manquera peu après son tir au but.

LE CARTON ROUGE LE PLUS RAPIDE DE L'HISTOIRE

Lors d'Uruguay-Écosse (1er tour), l'arbitre français Joël Quiniou sort le carton rouge le plus rapide de l'histoire en expulsant, après cinquante-trois secondes, l'Uruguayen Batista, coupable d'une agression sur Gordon Strachan. Il sera traité de « meurtrier » par Omar Barros, le sélectionneur sud-américain, connu pour la légèreté de ses saillies. Sa conception du football, c'est : « Ni un jeu de poupées, ni un jeu de pédés ! » La diligence de Joël Quiniou ne préserve pas l'Écosse d'une nouvelle élimination prématurée : arrivés les derniers sur le sol mexicain, les Écossais en partent aussi les premiers. En tout et pour tout, ils n'ont passé que treize jours au Mexique. Vexés, ils refusent d'être accompagnés à leur avion par les officiels et boycottent toute déclaration !

LE PREMIER ANGLAIS EXPULSÉ

Au rayon discipline, Ray Wilkins, le plus capé des Anglais convoqués par Bobby Robson, est le premier expulsé anglais de l'histoire de la Coupe du monde (face au Maroc). C'est aussi le premier Anglais exclu d'un match international depuis...1977 (Trevor Cherry). Autre renvoyé prématuré, Ulrich Stein, le deuxième gardien de la RFA, coupable d'avoir traité Franz Beckenbauer, son sélectionneur, de « gâte-sauce et d'idiot », et son équipe de « troupe de lavettes ». Il a été exclu de la sélection allemande avant les quarts de finale. ■

IMAGO / COLORSPORT

Nezahualcoyotl, le 13 juin.
L'arbitre français Joël Quiniou n'hésite pas une seconde pour expulser l'Uruguayen José Alberto Batista dès la première minute du match Uruguay - Écosse (0-0).

IMAGO / SVEN SIMON

Toluca, le 4 juin.
Quatre mille membres des forces de l'ordre sont mobilisés lors de la rencontre du premier tour entre le Paraguay et l'Irak.

UN POLICIER POUR TROIS SPECTATEURS !

La sécurité est une préoccupation majeure pour les organisateurs. Ainsi, le moindre déplacement de l'équipe de France est-il encadré par sept voitures (trois devant le bus, quatre derrière) plus deux limousines pleines d'hommes en armes pour les longs trajets. S'y ajoutent des Jeep militaires et une ambulance. Lorsque Gérard Banide et Henri Émile, adjoints d'Henri Michel, le sélectionneur des Bleus, effectuent leur footing, ils sont suivis à distance par un policier à moto !
Le sommet est atteint pour la rencontre Paraguay-Irak, lors du premier tour, à Toluca. En tout, quatre mille membres des forces de l'ordre sont mobilisés pour ce match, soit un policier pour trois spectateurs puisque douze mille personnes assistent à la rencontre. ■

L'EAU, UNE HISTOIRE BELGE

Comme plusieurs équipes, la Belgique a fait venir au Mexique une importante réserve d'eau en provenance d'Europe. Mais elle n'a pu récupérer les 5 000 litres commandés que plusieurs jours après son arrivée. Car c'est une importante brasserie, sponsor de l'équipe nationale, qui était chargée de l'expédition. Elle y avait joint quelques cartons de bière à l'intention des dirigeants. Or l'importation de boissons alcoolisées est interdite au Mexique sans une licence adéquate. Il a donc fallu l'intervention de l'ambassade de Belgique à Mexico pour que les boissons soient dédouanées ! Consommer une eau saine est une nécessité fondamentale pour éviter les diarrhées, qui ont touché presque toutes les sélections. Alors, pour en finir avec la *turista* qui décime ses rangs depuis le début de la compétition, le staff danois, lui, prend une décision radicale : il interdit à tous ses joueurs de se baigner dans la piscine de leur hôtel, soupçonnée d'être à l'origine de tous leurs maux d'estomac. ■

LE TABOU TCHERNOBYL

La catastrophe provoquée par l'explosion d'un réacteur de la centrale nucléaire de Tchernobyl, le 26 avril 1986, est un sujet à ne pas aborder. Quand Vassili Rats (Dynamo Kiev) est questionné pour savoir si ses parents n'ont pas été irradiés, il répond seulement : « Mes parents n'habitent pas à Kiev ! » L'interprète officiel auprès de la sélection soviétique fait mieux encore. Lorsqu'un journaliste espagnol pose une question sur le sujet en conférence de presse, il ne prend pas la peine de traduire et répond directement, en espagnol, pour convenir que Tchernobyl est bien une catastrophe nationale, et pour préciser que les joueurs du Dynamo Kiev, qui constituent l'essentiel de la sélection d'URSS (douze sur vingt-deux) n'ont pu être victime de contamination en raison de leur participation à la finale de la Coupe des Coupes, à Lyon. ■

IMAGO / NORBERT SCHMIDT

Mexico, le 22 juin. Les « révélations » du quotidien du dimanche le *Sunday Times* avant le quart de finale Argentine-Angleterre (2-0) ne contribuent pas à apaiser les nerfs des supporters des deux pays.

SCANDALE À L'ANGLAISE

Quelques heures avant le quart de finale entre l'Argentine et l'Angleterre, la guerre des nerfs a débuté via le *Sunday Times*, qui accuse l'Argentine d'avoir gagné l'édition 1978 grâce à des dessous-de-table et à des joueurs dopés. Selon l'hebdomadaire anglais, c'est l'amiral argentin Carlos Lacoste, alors vice-président de la FIFA, qui aurait réglé les modalités avec trois officiels péruviens de haut rang (pour accéder à la finale 1978, l'Argentine avait besoin d'une victoire par quatre buts d'écart au minimum contre le Pérou, et elle s'était imposée 6-0). ■

PICHON BOUTROUX / L'ÉQUIPE

Guadalajara, le 21 juin.
Le milieu de terrain français, Luis Fernandez trompe le gardien brésilien Carlos lors de la séance des tirs au but. C'est fait, la France accède aux demi-finales après un match somptueux.

FRANCE-BRÉSIL, LE CHEF-D'ŒUVRE

Pelé lui-même n'a aucun mal à le reconnaître, dans les minutes qui suivent ce fameux 21 juin 1986 : « C'est sans doute un des meilleurs matches de l'histoire de la Coupe du monde auquel nous venons d'assister. » Ce jour-là, dans la touffeur du stade Jalisco, à Guadalajara, la France bat le Brésil au bout d'un affrontement formidable, après une séance de tirs au but aussi brûlante que le reste de l'assaut. « La France et le Brésil nous ont fait cadeau d'une rencontre de cinémathèque », affirme le Corriere dello Sport.

À Guadalaraja, véritable enclave brésilienne en plein Mexique, l'équipe de France parvient à s'imposer en quart de finale contre les coéquipiers de Socrates et Zico, qui réussissent pourtant ce soir-là une performance exceptionnelle. Après avoir éliminé l'Italie, championne du monde en titre, la France vient de sortir l'épouvantail sud-américain. « Le drame, le véritable drame, maintenant, serait que la France ne gagne pas cette Coupe du monde », explique Gérard Ejnès le lendemain dans *L'Équipe*.

REGRETS ÉTERNELS

La France, épuisée par le combat livré contre le Brésil, s'écroule pourtant en demi-finale face, encore une fois, à l'Allemagne (0-2), laissant là des regrets éternels, car cette élimination marque la fin de la génération Platini. Le triple Ballon d'Or France Football conclura : « Si on avait joué la Coupe du monde tous les ans entre 1982 et 1986, la France en aurait remporté deux ou trois. En 1986, nous sommes la meilleure équipe du monde. Mais l'équipe a deux soucis : Alain Giresse est convalescent et je suis blessé à la cheville. J'avais tellement mal que j'ai été obligé de couper le talon de mes chaussures. J'étais sous anti-inflammatoires pendant deux mois pour ne pas boiter. Sinon, le reste de l'équipe était au top. C'est l'année où nous aurions dû gagner. » ■

ITALIE

- Allemagne (RFA)
- Angleterre
- Argentine
- Autriche
- Belgique
- Brésil
- Cameroun
- Colombie
- Corée du Sud
- Costa Rica
- Egypte
- Eire
- Émirats Arabes Unis
- États-Unis
- Écosse
- Espagne
- Italie
- Pays-Bas
- Roumanie
- Suède
- Tchécoslovaquie
- URSS
- Uruguay
- Yougoslavie

Finale : le 8 juillet, à Rome.
ALLEMAGNE (RFA) 1-0 (0-0)
Argentine

90

ALAIN LANDRIN / L'ÉQUIPE

L'ÉPOPÉE CAMEROUNAISE

AU COURS DE LA PLUS TRISTE COUPE DU MONDE DE L'HISTOIRE ET REMPORTÉE PAR LA RFA, L'ÉTONNANT PARCOURS DU CAMEROUN RESTE L'UN DES SEULS MOTIFS DE SATISFACTION.

Le Mondiale 1990 est une promesse non tenue. L'Italie règne pourtant sur le monde, puisque son football de club vient de truster les trois Coupes européennes. Mais, à l'image de ces stades achevés à quelques heures du coup d'envoi de la compétition, il restera un goût amer de cette Coupe du monde, la plus triste de l'histoire. Il en restera une image, celle des larmes de Maradona au Stade Olympique de Rome : le capitaine argentin a été insulté par le public romain tout au long de la finale, perdue aux tirs au but face à l'Allemagne. Le motif : il a « éliminé » l'Italie plus tôt dans la compétition. Mais, au milieu de cette triste ode au « réalisme », il y a eu le Cameroun, véritable OVNI.

Huit ans après la victoire surprise de l'Algérie sur l'Allemagne, quatre ans après la première qualification d'une équipe africaine pour le deuxième tour (le Maroc), la sélection du Soviétique Valeri Nepomniachi réussit une performance bien plus marquante : elle bouscule vraiment la hiérarchie et manque d'un rien une qualification en demi-finales.

Un exploit improbable, réussi par une bande d'anonymes de première et deuxième divisions françaises, et menée par un certain Roger Milla

Bari, le 14 juin. Sorti de sa semi-retraite, le vieux Lion Roger Milla donne le tournis aux défenseurs du Mondiale. Les Roumains (ici), les Argentins, les Colombiens et même les Anglais feront les frais de son sens du dribble et de son opportunisme.

(38 ans). L'ancien avant-centre de Montpellier a été sorti de sa semi-retraite (il joue alors à Saint-Pierre de La Réunion) sous la pression populaire. Il vient pour donner un coup de main, comme simple remplaçant. En fait, « le grand frère » va tout casser. Il n'entre qu'à la fin du match d'ouverture, gagné contre toute attente face au champion du monde en titre, l'Argentine (1-0, but d'Omam-Biyik). Mais, dès le deuxième match, le Vieux lion entame son festival : il entre et renverse le cours de la rencontre face à la Roumanie (2-1), en marquant deux fois dans le dernier quart d'heure. À chaque but, il entame une makossa (danse) autour du poteau de corner. Le Cameroun est qualifié avant même le troisième match, « balancé » contre l'URSS, qui dispute sa dernière Coupe du monde avant implosion (0-4).

CONFIANCE ET INSOUCIANCE

Quand débute la phase des matches à élimination directe, Tonton Roger, entré en deuxième période, débloque à nouveau le huitième de finale face à la Colombie, en deuxième mi-temps de la prolongation. Un premier but puis un deuxième, passé à la postérité :

ALAIN LANDRIN / L'ÉQUIPE

Milla chipe un ballon dans les pieds de Higuita, le facétieux gardien sud-américain, et marque dans une cage vide. Le Cameroun est en quart de finale, et Roger Milla devient l'attraction : « J'avais pris trois semaines de vacances au Cameroun. L'équipe nationale, elle, était en stage en Chine. Les journalistes ont évoqué la possibilité de mon retour. L'opinion publique a suivi, explique Milla. J'ai déjeuné avec Michel Kaham, un des entraîneurs de la sélection, qui fut aussi un de mes partenaires lors de la Coupe du monde 1982. Il m'a dit que si j'effectuais une demande officielle pour réintégrer le groupe, mon retour était acquis. J'ai réfléchi, puis accepté. Voilà… » Douze jours de réflexion, avant de se lancer, sans appréhension : « Je me disais qu'une absence de sept mois dans le football de haut niveau n'était pas un handicap insurmontable. »

BIENTÔT UN TROISIÈME REPRÉSENTANT DE L'AFRIQUE

Cette forme d'insouciance, ou de confiance, il la transmet à l'ensemble des « Lions indomptables », qui vont offrir au monde le match le plus palpitant du Mondiale 1990, un dimanche soir où la moiteur de l'air étouffe le stade San Paolo de Naples. La méthode ? « Notre jeu, c'est de détruire ce que l'adversaire veut construire, détaille Omam-Biyik, qui concède : Nous étions venus simplement dans l'espoir de faire des bons matches et nous sommes là, en quart de finale, c'est fabuleux ! »
À ce niveau de la compétition, le Cameroun toise l'Angleterre et manque

Milan, le 8 juin.
Les Camerounais créent la sensation. Ils battent le champion sortant, l'Argentine lors du match d'ouverture (1-0).

ROBERT LEGROS / L'ÉQUIPE

ROBERT LEGROS / L'ÉQUIPE

Milan, le 8 juin.
La victoire sur l'Argentine est acquise grâce à un but de François Omam-Biyik (67e).

ANDRÉ LECOQ / L'ÉQUIPE

de l'assommer d'entrée par François Omam-Biyik, qui bute sur Peter Shilton. Le champion d'Afrique imprime un tel rythme que son adversaire paraît asphyxié. Erreur. Sur la première action anglaise, David Platt surgit et ouvre le score. Alors, Roger Milla entre cette fois dès la pause. C'est lui qui provoque le penalty, concédé par Gascoigne. C'est lui, encore, qui lance Eugène Ekéké vers le deuxième but. En cinq minutes, le match a basculé, pense un stade ébahi, plutôt enchanté du déroulement de l'affaire. Mais Benjamin Massing est sanctionné d'un penalty pour une faute sur Gary Lineker qui se fait justice lui-même. À sept minutes près, le Cameroun est poussé à la prolongation fatale. Car la prolongation est un condensé de ce qui a précédé. Trois fois, par Makanaky, Milla et Omam-Biyik, les « Lions indomptables » manquent la chance historique de se hisser en demi-finale. Shilton repousse leurs tentatives quand Nkono, lui, accroche Lineker dans sa surface. Deuxième penalty transformé par Lineker pour l'Angleterre, et troisième but : la fête est finie pour le Cameroun et pour la Coupe du monde.

LA FIFA en profite pour annoncer qu'il y aura désormais trois représentants africains en Coupe du monde (dès l'édition 1994). Et Gary Lineker, leur bourreau, rend un magnifique hommage à ses adversaires : « Les Camerounais ont bien joué. Ils ont été forts, très forts. Je crois qu'eux aussi, quelque part, ils ont gagné. » ■

ANDRÉ LANDRAIN / L'ÉQUIPE

Naples, le 1er juillet. La belle aventure des Camerounais (ici Cyrille Makanany) se poursuit jusqu'en quart de finale où, battus in extremis par l'Angleterre, ils reçoivent l'hommage – et les maillots – de leurs adversaires avant de s'offrir un tour d'honneur plus que mérité.

ANDRÉ LANDRAIN / L'ÉQUIPE

UN MONDIALE DANS L'HISTOIRE

L'édition 1990 a lieu quelques mois après la chute du mur de Berlin. C'est la dernière disputée par l'Allemagne fédérale avant sa réunification, la dernière de l'URSS, qui se présentera sous l'étendard de la CEI (Communauté des États Indépendants) lors de l'Euro 1992. La Tchécoslovaquie, elle, n'a pas encore été divisée entre la République tchèque et la Slovaquie. Mais ses joueurs ont parfois la tête ailleurs. Un des responsables de sa fédération explique ainsi : « C'est la première fois que se déroulent dans notre pays des élections libres depuis quarante ans, et c'est bien plus sérieux que la Coupe du monde. » ■

ALAIN LANDRIN / L'ÉQUIPE

Bari, le 23 juin. La victoire de la Tchécoslovaquie face au Costa-Rica (4-1) en huitième de finale est la dernière en phase finale avant la partition du pays.

LE MEXIQUE EST PUNI

Le Mexique, organisateur de l'édition précédente, n'est pas présent en Italie : il a été exclu de toute compétition FIFA pendant deux ans, pour avoir triché en alignant des joueurs de plus de dix-neuf ans lors du tournoi préliminaire au Championnat du monde juniors. ■

COSTA RICA, LA SURPRISE DE BORA

La sensation du premier tour vient du Costa Rica qui, à la surprise générale, domine l'Écosse (1-0) et la Suède (2-1) au premier tour, seulement battu (1-0) par le Brésil. « Si nous nous qualifions pour les huitièmes de finale, je promets d'aller à Rome à pied », avait lancé, comme une provocation, Bora Milutinovic, le sélectionneur costaricain, avant le premier match. Malgré une sévère défaite en huitième de finale (4-1 devant la Tchécoslovaquie, le Costa Rica apporte, tout comme le Cameroun, de la fraîcheur dans cette Coupe du monde. C'est la première équipe à gagner après avoir été menée au score, contre la Suède, lors du... 32ᵉ match. Surtout, cet exploit écrit la légende de Bora Milutinovic, entraîneur globe-trotter et polyglotte. Le technicien serbe, ancien joueur de Monaco, n'a pourtant pris en main le Costa Rica que dix-sept jours avant le début du Mondiale, alors que ce pays avait déjà consommé quatre sélectionneurs pendant les seules éliminatoires. Comme avec le Mexique quatre ans plus tôt, il lui a fait atteindre les huitièmes. Il atteindra également ce tour avec les États-Unis en 1994 et avec le Nigeria en 1998, avant de qualifier la Chine pour sa première Coupe du monde, en 2002 ! ■

ROBERT LEGROS / L'ÉQUIPE

Gênes, le 11 juin. Face à l'Écosse, Juan Cayasso inscrit le but de la victoire (1-0). Battu ensuite par le Brésil (0-1), mais vainqueur de la Suède (2-1), le Costa Rica, atteint les huitièmes de finale.

Milan, le 15 juin. Khalid Ismaïl Mubarak (à gauche) ne reculera devant rien pour essayer de limiter la prévisible défaite de son équipe face à l'Allemagne (1-5). Ici, il ceinture Jürgen Klinsmann qui s'apprête à marquer pour la RFA. Encore mieux, à la 46e minute, il sera l'auteur du premier but des Émirats arabes unis dans une phase finale.

IMAGO / SVEN SIMON

LA ROLLS D'ISMAÏL

Les Émirats arabes unis participent à la première Coupe du monde de leur histoire en Italie. Ils n'ont d'autre ambition que de résister aux grandes nations, et de marquer. Le premier but émirien, justement, est réussi par Khalid Ismaïl Mubarak, contre la RFA. « Mon cœur a littéralement explosé quand j'ai vu le ballon au fond des filets. C'est le plus beau jour de ma vie », déclare celui qui est hissé au rang de héros national malgré la lourde défaite (5-1). Preuve de la gratitude des siens : une Rolls-Royce lui est offerte. Les Émirats perdent leurs trois matches, ils sont éliminés au premier tour, mais ils ont réussi leur Mondiale. Et leur sélectionneur a marqué les esprits. Après la première rencontre, il déclare : « Un but, quatre corners. Qui l'aurait dit ? C'est déjà un vrai miracle que d'avoir qualifié pour une Coupe du monde un pays qui ne compte que 1 500 footballeurs. » Il s'appelle Carlos Alberto Parreira et mènera quatre ans plus tard le Brésil à son quatrième sacre planétaire. ■

Jackie Charlton, sélectionneur anglais de l'Irlande. Sa décontraction durant les conférences de presse n'a d'égale que son flegme durant les entraînements.

IMAGO / SVEN SIMON

JACKIE CHARLTON, LE CHARME IRLANDAIS

Après l'élimination de l'Irlande, en quart de finale contre l'Italie, Jackie Charlton, le sélectionneur irlandais, fait court devant la presse. « Bon, les conférences de presse, tout ça, j'en ai un peu marre. Maintenant, j'ai envie d'aller à l'hôtel pour boire un verre. Et lundi, je pense que je serai à la pêche. Messieurs, thank you very much. » Sur ce, son immense carcasse d'un mètre quatre-vingt-six et prend congé de l'assistance… sous les applaudissements.

Le Mondiale a été tellement triste qu'en dépit de son plan de jeu minimaliste, la fraîcheur et la générosité de la sélection irlandaise ont séduit. L'Eire est en effet sortie du groupe F après avoir fait jeu égal avec l'Angleterre (1-1), l'Égypte (0-0) et les Pays-Bas (1-1) pour se débarrasser aux tirs au but de la Roumanie en huitième de finale (0-0, 5 t.a.b. à 4). Pour l'emblématique joueur anglais de Leeds, tous les rêves étaient désormais permis. La déception n'en fut que plus grande. ■

ANDRÉ LECOQ / L'ÉQUIPE

LES JOUEURS À L'AMENDE

En plus des consignes très strictes données aux arbitres pour protéger le jeu, la FIFA a décidé de frapper au portefeuille : 5 000 francs suisses d'amende pour un carton jaune, 10 000 pour un carton rouge. Des sommes doublées à partir des huitièmes de finale ! C'est la première fois que le système des amendes est mis en place. Le moins qu'on puisse dire, c'est que ce ne fut pas une grande réussite sur le plan du jeu. La Coupe du monde 1990 restant dans l'histoire comme l'une des plus ennuyeuses et des plus rugueuses qui aient eu lieu. ■

Rome, 8 juillet. Pedro Monzon devient le premier joueur à recevoir un carton rouge en finale de la Coupe du monde.

MÈRE TERESA ET LE COLONEL KHADAFI

Terry Butcher aurait bien pu ne pas participer au Mondiale : lors du dernier match amical disputé par les Anglais, en Tunisie (1-1), le défenseur central a d'abord adressé un coup de tête à un adversaire, puis il a jeté son maillot à terre lorsque Bobby Robson l'a remplacé à la 83e minute. Justification : « C'était la première fois en 72 sélections que je ne finissais pas un match. » Robson l'absoudra, sans doute pour justifier une maxime qu'il teste pendant l'épreuve : « Pour durer, un sélectionneur doit être à la fois Mère Teresa et le Colonel Khadafi, un saint et un dictateur. » ■

MARK LEECH / OFFSIDE

Terry Butcher. Durant le Mondiale, le défenseur central anglais donne pas mal de soucis à son sélectionneur Bobby Robson.

SCHILLACI, LE MÉTÉORE

L'Italie, qui dispute la Coupe du monde 1990 à domicile, compte évidemment la gagner. La pression sur la *Nazionale* est suffocante, et très vite elle repose sur un attaquant dont le pays ignorait pratiquement l'existence quelques mois plus tôt. Il s'appelle Salvatore Schillaci, est passé de Messine (*en Série B*) à la Juventus Turin pendant l'été 1989. Avec la Juve, il marque 15 buts en Championnat dès sa première saison, il remporte la Coupe d'Italie et la Coupe de l'UEFA. Il est donc testé en équipe nationale quelques mois avant le début de la Coupe du monde, face à la Suisse. Il est remplaçant au début de la compétition mais dès le premier match, face à l'Autriche, il entre et marque le but vainqueur. À partir du troisième match de poule, Azeglio Vicini, le sélectionneur italien, en fait un titulaire, qu'il associe à Baggio puis à Vialli, pour la demi-finale, perdue aux tirs au but contre l'Argentine (1-1 a.p., 3 t.à.b. à 4). Schillaci est le meilleur buteur de l'épreuve avec six réalisations. Le début d'une belle histoire, pense-t-on. D'autant que, pendant la phase finale son épouse met au monde son deuxième enfant, Mattia. « C'est le plus beau but du Mondiale », clame le Turinois. En fait, il a déjà vécu le meilleur avec l'Italie. En tout, il ne sera sélectionné que 16 fois (7 buts), la dernière en septembre 1991 face à la Suisse. Car sa carrière en club s'enlise : en 1992, il est transféré de la Juventus Turin à l'Inter Milan, où il souffre de la concurrence et de multiples blessures. Dès 1994, il rejoint le Jubilo Iwata et le Championnat japonais, tirant un trait sur ses rêves de gloire. ■

ALAIN LANDRIN / L'ÉQUIPE

Salvatore Schillaci. L'attaquant italien a failli connaître un destin à la Rossi. La carrière de « Toto » ne survivra guère à la Coupe du monde.

ANDRÉ LECOQ / L'ÉQUIPE

Sergio Goycochea. Remplaçant au début de la compétition, le gardien argentin connaît la gloire en demi-finale. Mais en finale il ne parviendra pas à arrêter le penalty de Brehme.

GOYCOCHEA, MONSIEUR TIRS AU BUT

Il a commence l'épreuve comme remplaçant. Normal pour un gardien rejeté par River Plate, puis victime d'une fracture de la clavicule et de l'arrêt du Championnat colombien (il a trouvé refuge chez les Millonarios de Bogota). Quand il arrive en Italie, Sergio Goycochea n'a pas disputé de match officiel depuis plus de six mois. Mais, lors du match contre l'URSS, il supplée Pumpido, blessé (fracture tibia-péroné), et ne laissera plus sa place. Mieux : l'éternel malchanceux devient le porte-bonheur de la sélection argentine. Il stoppe quatre tirs au but sur dix, en quart puis en demi-finales. Lors de ce dernier match, il fait pleurer l'Italie entière en arrêtant les frappes de Donadoni et de Serena. « C'est la plus belle journée de ma vie, je n'arrive pas à réaliser que je suis en train de jouer la Coupe du monde, que je passe à la télé », se réjouit celui qui signera à... Brest quelques semaines plus tard. Comble de la fierté, Goycochea a droit à la reconnaissance de « Dieu » en personne : « Le plus beau compliment que l'on m'ait jamais fait est venu de Maradona, après le match contre la Yougoslavie. Il a déclaré que j'étais un monstre. » ■

JEAN-CLAUDE PICHON / L'ÉQUIPE

LES LARMES DE MARADONA

Diegο Maradona. Le n°10 de Naples et de la sélection argentine ne sera pas champion du monde une seconde fois.

À cet instant-là, on croit qu'on ne verra plus jamais Maradona jouer une Coupe du monde, et son attitude est un déchirement. Le génie argentin pleure comme un gamin à qui on vient de briser le plus joli jouet. Il est là, au centre du Stade Olympique de Rome, entouré de ses coéquipiers mais seul au monde. Il ne voit même pas Batista être ceinturé par son sélectionneur, Carlos Bilardo, alors qu'il s'apprête à agresser l'arbitre mexicain, Edgardo Codesal. Quand son visage baigné de larmes apparaît sur l'écran géant, la foule éructe, l'insulte. C'est le bouquet final. Pendant toute la partie, le « roi Diego » a subi les sifflets, les insultes du public italien, qui a pris fait et cause pour ses adversaires allemands. Avec son équipe, il a en effet privé l'Italie de la finale qu'elle attendait comme un dû. Il le paie de ces vociférations. Maradona le Napolitain, si heureux du vilain tour joué aux transalpins dans son jardin du stade San-Paolo, vomit depuis deux heures cette haine à ciel ouvert.

« LA PLUS GRANDE DÉCEPTION DE MA CARRIÈRE »

Se souvient-il qu'au premier tour, il a commis une nouvelle main du diable en toute impunité ? Elle a eu lieu, cette fois, dans sa propre surface, lors de la rencontre Argentine-Russie (2-0) où Maradona stoppe un ballon sur sa ligne de but sans que l'arbitre suédois, M. Fredriksson, y trouve à redire. Lorsque les sifflets ont accompagné l'hymne argentin, avant la rencontre, on l'a vu marmonner un « Hijos de putas » (fils de putes). En plus d'être malmené par la foule, Maradona a manqué sa finale. Il est à peine remis d'une grave blessure à une cheville, ne peut pas donner le meilleur de lui-même.

Il est emporté, comme les autres, par une équipe allemande impressionnante de maîtrise, même si elle s'impose sur un penalty accordé très généreusement. Diego est profondément meurtri de n'avoir pas pu opposer son talent à la bêtise de ses pourfendeurs : « C'est la plus grande déception de ma carrière. J'aurais préféré perdre 4-0 que de cette manière. » ■

WITTERS / PRESSE SPORTS

BECKENBAUER OU L' INVINCIBLE ALLEMAGNE

Rome, le 8 juillet. Le sélectionneur allemand Franz Beckenbauer rejoint le Brésilien Mario Zagallo. Il a remporté la Coupe du monde comme joueur, puis comme sélectionneur.

Franz Beckenbauer a intégré, le 8 juillet 1990, le panthéon du football mondial. Ce jour-là, il est sacré champion du monde en tant que sélectionneur, seize ans après l'avoir été comme joueur (et capitaine) de la République fédérale d'Allemagne. Il est le seul, avec le brésilien Zagallo, à avoir réussi pareille performance. Quatre ans plus tôt, déjà, il n'était pas passé loin, lors d'une finale qui opposait les même acteurs (ce type de remake, inédit, ne s'est jamais reproduit). Mais l'Allemagne d'alors n'avait pas les mêmes armes. Et elle s'était en plus heurtée à une Argentine menée par un Maradona à son apogée. En 1990, la formation allemande porte vraiment la marque de « Kaiser Franz ». Elle a du talent, et pratiquement aucune faiblesse. La RFA, qui disputait sa dernière compétition avant la réunification, a présenté tout au long du Mondiale 90 le visage le plus complet. Elle a dominé son sujet de bout en bout, avec une maîtrise qui portait la griffe Beckenbauer. Elle rejoint au palmarès le Brésil et l'Italie (trois succès chacun). « Jamais une victoire en finale de la Coupe du monde n'avait été aussi méritée », affirmera le sélectionneur allemand une fois le trophée en main. De fait, l'Allemagne a dominé l'épreuve à un point que le déroulement de la finale traduit mal.

« La RFA méritait mieux », titre d'ailleurs *L'Équipe* le lendemain. Elle disputait à Rome sa troisième finale mondiale d'affilée, sa quatrième en cinq éditions, et jamais elle n'était apparue si grande qu'à la veille de sa réunification officielle. Au passage, elle a établi un nouveau record mondial : pour la 9e fois en 14 éditions, elle a atteint les demi-finales. Beckenbauer lui imagine un avenir radieux : « Si nous sommes champions du monde, c'est que notre équipe est déjà proche de la perfection. Avec les joueurs de la RDA, notre sélection sera encore mieux armée, plus compacte. Nous risquons de rester invaincus assez longtemps, je suis désolé pour les autres, mais nous serons invincibles. (Rire.) » ■

ÉTATS-UNIS

94

Allemagne
Arabie Saoudite
Argentine
Belgique
Bulgarie
Bolivie
Brésil
Cameroun
Colombie
Corée du Sud
Eire
Espagne
États-Unis
Grèce
Italie
Maroc
Mexique
Nigeria
Norvège
Pays-Bas
Roumanie
Russie
Suède
Suisse

Finale : le 17 juillet, à Los Angeles.
BRÉSIL 0-0 a.p., 3-2 aux t.a.b. Italie

ANDRÉ LECOQ / L'ÉQUIPE

À LA CONQUÊTE DU NOUVEAU MONDE

POUR SA PREMIÈRE APPARITION SUR UNE TERRE QUASI VIERGE EN MATIÈRE DE FOOTBALL, LA COUPE DU MONDE CONNAÎT UNE SUPERBE RÉUSSITE. SEULEMENT TERNIE PAR UNE FINALE DÉCEVANTE…

La Coupe du monde 1994 marque la fin de l'alternance entre les continents. Ou plutôt l'alternance s'élargit. Jusque-là, un pays européen organisait l'épreuve, puis un pays sud-américain, puis un pays européen, etc. En choisissant les États-Unis, la FIFA veut mondialiser un peu plus le football. Elle va même plus loin, car la première puissance économique de la planète est une terre quasi vierge pour le sport qui est n° 1 partout ailleurs ou presque. Aux États-Unis, il n'y a pas de véritable Championnat professionnel, et l'équipe nationale elle-même est à peine structurée. Il n'y a donc pas de public, des stades à construire, mais cela n'effraie pas le pays. Au contraire. Partir de rien pour mettre en scène un spectacle fantastique, c'est un peu la spécialité locale. L'édition 1994, c'est le foot chez Mickey, une épreuve aux faux airs de Disneyland. Et évidemment, ça marche ! La cérémonie d'ouverture à Chicago, tout en strass et paillettes, donne le ton.
Les États-Unis, donc, se lancent à

San Francisco, le 4 juillet. Devant 84 000 spectateurs, le jour de la fête nationale américaine, les États-Unis ne s'inclinent que 1-0 face au Brésil futur vainqueur. Le gardien de but Tony Meola, les défenseurs Thomas Dooley et Alexis Lalas (ici devant l'attaquant brésilien Marcio Santos), ainsi que leurs coéquipiers ont réussi leur pari : ils ont séduit un continent encore peu coutumier du soccer.

corps perdu dans cette mission. Ils disputent leur première phase finale, et alors ? Avec Bora Milutinovic, ils détiennent un drôle de sorcier. Un spécialiste des missions commandos qui s'est emparé du dossier états-unien en 1991. Trois ans, c'est beaucoup par rapport à ses précédentes missions. Mais fort peu compte tenu de l'ampleur du chantier. Les derniers sondages, à quelques heures du lancement, indiquent que 56 % des Américains ne comptent pas regarder le moindre match (contre 53 % cinq mois plus tôt).

Pourtant, l'improbable sélection à la bannière étoilée se qualifie pour les huitièmes de finale, grâce notamment à un nul contre la Suisse (1-1) et une victoire face à la Colombie (2-1). « Personne ne croit en nous, pas même notre pays, mais nous si, jure Alexis Lalas, défenseur et rocker à ses heures. Nous avons tous envie de réussir quelque chose de plus grand. »

BILL CLINTON SE DÉPLACE

Le défi, cette fois, le 4 juillet, jour de la fête nationale à San Francisco, c'est le Brésil, favori de la compétition, comme toujours. Tous les observateurs voient les descendants de l'Oncle Sam mangés tout cru. Mais ces derniers ne l'entendent pas du tout ainsi. « Beware of the underdogs » (méfiez-vous des outsiders), proclament les banderoles des supporters locaux les plus réalistes. Un vrai phénomène de fond est perceptible, lancé par la victoire américaine face à la Colombie (2-1) au premier tour. La chaîne ABC renonce à sa programmation prévue, le huitième concernant l'Italie, au profit de cet États-Unis - Brésil. Bill Clinton lui-même fait le déplacement.

À la mi-temps, le Brésil n'a toujours pas marqué, et il est même réduit à

ALAIN DE MARTIGNAC / L'ÉQUIPE

Los Angeles, le 17 juillet.
La finale qui oppose deux nations trois fois championnes du monde est avant tout un combat défensif. Pour s'imposer, le Brésil a misé durant toute la Coupe du monde sur la doublette Romario (n° 11) – Bebeto (n° 7).

ALAIN DE MARTIGNAC / L'ÉQUIPE

dix : Leonardo, coupable d'un coup de coude sur Tab Ramos, a été expulsé. L'ambiance est formidable. Parmi les 84 147 spectateurs de la rencontre, peu sont de véritables connaisseurs. Ils sont venus voir un show, s'amusent, entrevoient un exploit irréel. Jusqu'à ce que Bebeto ramène le monde à la réalité (1-0). C'est un match de Coupe du monde. Et, au très haut niveau, on ne peut pas complètement masquer son déficit de compétence. Les États-Unis se retirent, mission accomplie. « Moi, j'étais certain que l'Amérique se mobiliserait pour un événement de cette taille, rappelle alors Bora Milutinovic. Quel que soit le sport, quand il est pratiqué au haut niveau, ici, ça marche. »
Car au-delà du sport, la halte du football dans le nouveau monde est une complète réussite. Les stades sont immenses, modernes, pleins et joyeux. On n'y trouve pas le moindre grillage pour séparer la foule des acteurs. L'organisation est parfaite, le niveau de sécurité maximal. Cette World Cup a un seul défaut, mais les organisateurs n'y peuvent rien : il fait très chaud en Amérique du Nord en cet été 1994, comme toujours ou presque. Et, comme partout sur la planète, les températures y sont beaucoup plus élevées à la mi-journée qu'à la tombée de la nuit. Or, pour satisfaire les téléspectateurs européens, de nombreuses rencontres sont programmées en début d'après-midi, sous des chaleurs que les spectateurs eux-mêmes peinent parfois à supporter !

UN FOOTBALL CALCULATEUR

Il ne faut sans doute pas chercher plus loin le dénouement de l'épreuve. Très prolifique au premier tour, la Coupe du monde « se rationalise » au fil des tours, parce que l'enjeu augmente mais aussi parce que les conditions commandent de jouer en ménageant au mieux ses efforts. Presque à les compter. Le vainqueur en est le meilleur exemple. Vingt-quatre ans après son troisième sacre mondial, le Brésil redevient le maître du football le 17 juillet 1994. Mais hormis un quart de finale somptueux contre les Pays-Bas, il développe un football calculateur, dont le pouvoir offensif repose presque uniquement sur la doublette Bebeto-Romario. Pour la première fois de l'histoire, une finale de Coupe du monde s'achève sur une séance de tirs au but, et elle bascule sur celui raté par Roberto Baggio, merveilleux inspirateur de l'Italie. Quelques minutes plus tard, le trophée est brandi par Dunga, le capitaine du Brésil, milieu défensif et cerveau de cette équipe. Symbole de ce Brésil nouveau, qui cogite mais qui gagne. Et qui a brisé l'impossible rêve américain, le 4 juillet 1994. ■

ANDRÉ LECOQ / L'ÉQUIPE

ALAIN DE MARTIGNAC / L'ÉQUIPE

ANDRÉ LECOQ / L'ÉQUIPE

Los Angeles, le 17 juillet.
C'est finalement aux tirs au but que le Brésil conquiert un nouveau titre. Le capitaine Dunga peut brandir le trophée sous les yeux du jeune Ronaldo (en bleu à droite), qui n'a disputé aucun match de la compétition.

ANDRÉ LECOQ / L'ÉQUIPE

DIDIER FÈVRE / L'ÉQUIPE

Dallas, le 30 juin. Avant le match Argentine-Bulgarie, au premier tour. Aux États-Unis, on ne rigole pas avec la sécurité.

C'EST PAS DRÔLE !

Bien avant le traumatisme du 11 septembre 2001, la sécurité dans les aéroports américains est maximale. Un journaliste néerlandais va l'apprendre à ses dépens. Alors qu'il accompagne l'équipe batave à Dallas, il tente un trait d'humour, lorsqu'un policier lui demande ce qu'il a dans sa valise. « Une bombe atomique », répond-il inopportunément. Résultat : intervention du FBI et immobilisation de l'appareil pendant cinq heures, pour la plus grande joie de Dick Advocaat et de l'équipe des Pays-Bas, à trois jours du quart de finale contre le Brésil ! Le journaliste est, pour sa part, rapatrié illico par le quotidien qui l'emploie.

On peut aussi avoir un humour grinçant.

En plein procès d'O.J. Simpson, l'ancienne star du football américain soupçonnée d'avoir assassiné sa femme et son amant, Martin Dahlin est surnommé par ses coéquipiers suédois « OJ », en raison de leur ressemblance physique. Charmant. ■

SALENKO, BUTEUR IRRÉEL

Contre le Cameroun, le 28 juin 1994, Oleg Salenko réussit la performance de sa carrière. Il balaie à lui seul l'exploit de Roger Milla, qui inscrit à quarante-deux ans et un mois un nouveau but en Coupe du monde. Jamais elle n'avait connu de buteur aussi âgé. Mais, en face, l'attaquant russe marque cinq fois. Il survole une rencontre archidominée par son équipe. Il est évidemment le premier joueur à réaliser une telle performance en phase finale, et le quintuplé est salué comme tel par *L'Équipe*. L'attaquant russe obtient un 10 sur 10. Malheureusement pour lui, Salenko n'eut pas droit à une suite aussi avenante. Transféré après la World Cup à Valence, il ne s'y adaptera pas. La Russie et le Cameroun sont éliminés dès la fin du premier tour, et Oleg Salenko restera dans l'histoire de la Coupe du monde comme un attaquant aux statistiques irréelles : six buts en deux cent une minutes de jeu ! Un joueur qui a aussi la particularité d'avoir joué pour deux sélections nationales : l'Ukraine (pour un match, en 1992), puis la Russie. ■

ANDRÉ LECOQ / L'ÉQUIPE

San Francisco, le 28 juin. Contre le Cameroun, l'attaquant russe Oleg Salenko réussit un quintuplé. Dont un penalty (44e).

ANDRÉ LECOQ / L'ÉQUIPE

LE RETOUR MANQUÉ DU « VIEUX LION »

Il avait quitté la haute compétition après son récital de la Coupe du monde 1990. Trop vieux. Et pourtant, une fois encore, il cède devant l'appel de l'épreuve suprême. En janvier 1994, après trois ans et demi d'inactivité, Roger Milla revient avec le Tonnerre Yaoundé. 70 000 spectateurs sont venus spécialement pour cela. La pression populaire et celle du président, Paul Biya, rendent dès lors sa sélection inévitable. Mais aux États-Unis, à quarante-deux ans, Milla déçoit. Il ne dispute pas le premier match, un nul prometteur (2-2) face à la Suède. Il entre en jeu pour trente minutes médiocres face au Brésil (défaite des Camerounais 3-0). Et subit une ultime humiliation (6-1) lors du dernier match du premier tour face à la Russie. Il marque certes, en début de seconde mi-temps, son dernier but en Coupe du monde. Mais les « Lions », entraînés par le Français Henri Michel, ne sont que l'ombre de la génération 1990. Roger Milla, plus « vieux Lion » que jamais, se traîne. Sentence de Yekini, le Nigérian : « C'est une honte, il a discrédité tous les Africains. » ■

Los Angles, le 15 juin. Même soutenu par ses coéquipiers (ici à l'entraînement), Roger Milla (au milieu et de face) ne peut rien faire contre le poids des ans.

DOMENECH AU POSTE

Au départ, la Coupe du monde 1994 est un véritable bonheur pour Raymond Domenech. Celui qui est alors sélectionneur des Espoirs, sillonne les États-Unis comme les autres membres de la direction technique nationale, pour voir des matches, en plus de ceux qu'il commente pour France Télévisions. « Je suis vraiment très heureux de vivre cette expérience », avoue-t-il. Mais un gros contretemps va plomber son voyage : il est surpris par la police américaine alors qu'il vend des billets d'entrées devant un stade. « C'est une mission habituelle », explique Gérard Esnault, le directeur de la FFF : Domenech a été chargé de revendre les places acquises par la fédération qui n'ont pas trouvé d'acheteur en France. Mais la police locale ne l'entend pas ainsi. Le futur sélectionneur des Bleus passe quelques heures au poste et les 500 dollars qu'il a récoltés de sa vente sont confisqués ! ■

NICOLAS LUTTIAU / L'ÉQUIPE

Raymond Domenech. Que ce soit avec les journalistes ou avec la police, il a souvent du mal à faire admettre la pureté de ses intentions.

ESCOBAR LE PAYE DE SA VIE

Andres Escobar, le défenseur colombien, inscrit, le 22 juin à Los Angeles contre les États-Unis, le but contre son camp le plus dramatique de l'histoire. Il coûte non seulement à son pays une défaite (2-1) et une élimination au premier tour, mais Escobar va le payer de sa vie. De retour en Colombie, le 2 juillet, il est abattu, à la sortie d'une discothèque de la banlieue de Medellin, de six balles de revolver. Apparemment victime de groupes liés au trafic de drogue qui auraient perdu près d'une vingtaine de millions de dollars lors de paris clandestins sur cette rencontre. ■

ALAIN DE MARTIGNAC / L'ÉQUIPE

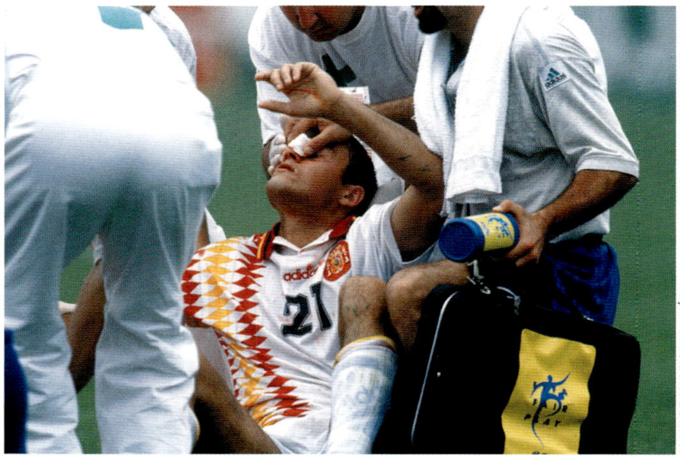

ALAIN DE MARTIGNAC / L'ÉQUIPE

Boston, le 9 juillet.
Le quart de finale entre l'Italie et l'Espagne (2-1) dégénère. Pour la première fois, la vidéo vient au secours des arbitres.

LA VIDÉO ENTRE EN JEU

À l'occasion du quart de finale entre l'Italie et l'Espagne, on assiste à une première disciplinaire. Tassotti donne en effet un violent coup de coude à Luis Enrique et lui fracture le nez. Le méfait échappe à la vigilance de Sandor Puhl, l'arbitre hongrois, mais pas au délégué du match. Ce dernier notifie le geste du défenseur latéral italien et, avec l'aide de la vidéo, le joueur de l'AC Milan est condamné à huit matches de suspension. Une peine qui sera confirmée en appel. En 2006, le coup de tête de Zidane lui vaudra trois matches de suspension. ■

MARADONA, SORTIE À PLEURER

Non convoqué en 1978, décevant en 1982, merveilleux en 1986, en pleurs en 1990... Diego Maradona est encore là en 1994. Pour intégrer la sélection, il a enduré d'énormes sacrifices, surmonté une suspension de quinze mois pour usage de cocaïne et combattu la surcharge pondérale qui a nui à sa santé ces dernières années. Le miracle semble d'abord opérer : contre la Grèce (4-0) puis le Nigeria (2-1), l'idole argentine flambe.

Pourtant, Maradona quitte cette deuxième rencontre avec l'air soucieux. Il pressent, déjà, que le contrôle antidopage qu'il vient de subir pourrait lui valoir d'énormes soucis. Très vite, la rumeur court, avant de devenir information : Maradona a été contrôlé positif à l'éphédrine, un produit bénin qui peut par exemple être administré à des enfants en bas âge. Mais une substance qui figure sur la liste des médicaments interdits. Fernando Signorini, le préparateur physique de l'Argentin, explique : « La veille du match, Diego était grippé. Il a donc pris un médicament pour se soigner. Un antigrippal en vente libre, du Décidex. » Daniel Cerrini, l'autre préparateur physique de Maradona, a commis l'erreur de lui prescrire le produit.

L'ARGENTINE S'EFFONDRE

Pour éteindre le scandale, la fédération argentine décide d'exclure immédiatement son capitaine. « Ils m'ont coupé les jambes », s'indigne Diego, des sanglots dans la voix. Mais sans son maître, qui suivra le reste de la compétition depuis son poste de commentateur télé, en tribune, l'Argentine s'effondre lentement. Elle s'incline contre la Bulgarie (0-2), puis face la Roumanie (2-3) de Hagi, le « Maradona des Carpates » en huitième de finale. ■

Diego Maradona.
Contrôlé positif à l'issue du match Argentine-Nigéria (2-1), le 25 juin à Boston, le maître à jouer de l'Argentine quitte la plus grande des compétitions par la plus petite porte.

ALAIN DE MARTIGNAC / L'ÉQUIPE

LA BULGARIE EN VEDETTE AMÉRICAINE

Pour le public français, chaque apparition bulgare lors de la Coupe du monde 1994 provoque un torrent de rancœur. Elle ravive le souvenir du 17 novembre 1993, ce soir funeste où la France avait besoin d'un résultat nul pour assurer sa qualification quand la Bulgarie, elle, devait absolument gagner au Parc des Princes. Elle rappelle cette 90e minute qui s'achève par la frappe en demi-volée de Kostadinov sous la barre de Bernard Lama : la France ne verra pas l'Amérique, où la Bulgarie, elle, va s'amuser comme une petite folle.

Avant la World Cup, la Bulgarie avait joué 17 matches de Coupe du monde sans en gagner un seul mais, lors de cette aventure américaine, elle n'en finit pas de surprendre, battant au passage l'Argentine au premier tour, le Mexique en huitième et l'Allemagne (2-1) en quart de finale. Elle n'échoue qu'en demi-finale, dominée de justesse par l'Italie, qui joue presque à domicile à New York.

STOÏTCHKOV NE RÉFLÉCHIT JAMAIS

Si Kostadinov ne brille pas particulièrement durant la compétition, Hristo Stoïtchkov est au sommet de son art. Le Barcelonais est souvent comparé à Éric Cantona, ce qui entraîne ce commentaire de Gueorgui Gueorguiev, son coéquipier : « L'un comme l'autre sont totalement imprévisibles, ont un côté fou-fou qui détonne, mais ils sont néanmoins différents. Cantona réfléchit, trop parfois, alors que Hristo ne réfléchit jamais. » De fait, après la petite finale, le Barcelonais, qui a échoué dans sa course au titre de meilleur buteur, se lâche. Il accuse quatre coéquipiers (Kostadinov, Ivanov, Sirakov, Mikhailov) de l'avoir empêché de marquer contre la Suède.

À ce jour, cette place de quatrième est le meilleur résultat de la Bulgarie. Elle sera éliminée au premier tour en 1998 et, depuis, n'a plus participé à une phase finale (elle avait disputé quatre Coupes du monde consécutives de 1962 à 1974). ■

Dallas, le 21 juin. Après une défaite initiale face au Nigeria (0-3), Stoïtchkov et les Bulgares entrent dans la compétition. Ils s'imposent face aux Grecs (4-0) puis aux Argentins (2-0).

ALAIN DE MARTIGNAC / L'ÉQUIPE

New York, le 10 juillet. En quart de finale, face à l'Allemagne, la Bulgarie l'emporte 2-1 grâce à deux buts de Stoïtchkov (75e) et de Letchkov (78e).

ANDRÉ LECOQ / L'ÉQUIPE

Los Angeles, le 16 juillet. Démobilisée après sa défaite devant l'Italie en demi-finale, le 13 juillet à New York, la Bulgarie encaisse un sévère 0-4 lors du match pour la troisième place face à la Suède.

DIDIER FEVRE / L'ÉQUIPE

ANDRÉ LECOQ / L'ÉQUIPE

Los Angeles, le 17 juillet. Roberto Baggio, le deuxième tireur italien, manque son tir au but.
La séance commence mal pour l'Italie.

LA SCOUMOUNE DE BAGGIO

C'est une Coupe du monde bizarre et à l'épilogue douloureux pour Roberto Baggio. Peu en vue lors du premier match (défaite 0-1 contre l'Irlande), il est sorti à la 21e minute du deuxième par Arrigo Sacchi, qui doit se passer d'un joueur de champ pour remplacer le gardien, Pagliuca, expulsé. À cet instant, l'incompréhension entre le sélectionneur italien et sa star est à son comble. « Dans les mêmes conditions, est-ce que Maradona serait sorti, lui ? », demandera le stratège de la Juventus Turin après ce match. On se demande alors si le Ballon d'Or *France Football* 1993 n'est pas en train de passer à côté de sa compétition. Car l'Italie l'emporte (1-0) contre la Norvège sans Roberto Baggio, qui sera encore transparent contre le Mexique (1-1).

Il ne sort de sa torpeur qu'à la 88e minute du huitième de finale contre le Nigeria, alors que son équipe évolue encore à dix (cette fois, c'est Zola qui a été exclu) et est menée 1-0. D'une frappe décochée à l'entrée des dix-huit mètres, Baggio égalise et lance sa World Cup. Il assure la qualification en marquant sur penalty. Il inscrit encore le but décisif en quart de finale en allant dribbler le gardien espagnol, Zubizarreta (2-1), à deux minutes du terme, puis élimine la Bulgarie en demi-finale avec un doublé de grande classe. Mais il sort de ce match avec une blessure à une cuisse et demeure incertain pour la finale, qu'il dispute diminué. Et, cette fois, sa frappe en toute fin de match ne sauve pas la nation. Sa tentative ne trouve pas le cadre, pas plus que son tir au but à l'issue de la prolongation : l'échec de Baggio condamne l'Italie. C'est aussi, un peu, le sien. Comme en 1990, et bientôt en 1998, il quitte la Coupe du monde battu aux tirs au but. ■

ANDRÉ LECOQ / L'ÉQUIPE

Los Angeles, le 17 juillet. Le style du Brésil façonné par Carlos Alberto Parreira, dont l'un des emblèmes est Romario, ne fait plus rêver.

UN BRÉSIL CONTRE NATURE REVIENT AUX AFFAIRES

La Coupe du monde 1994 consacre le Brésil, vingt-quatre ans après son dernier sacre (en 1970 au Mexique). La Seleçao n'a peut-être jamais joué autant contre nature que cette année-là, pourtant. Pendant toute la compétition, le débat a fait rage au pays : le Brésil confectionné par Carlos Alberto Parreira n'a rien à voir avec celui emmené par Pelé. Il est beaucoup plus restrictif que celui qui a enchanté les foules mais échoué en 1982 ou en 1986. Il s'est « européanisé », à force d'envoyer ses meilleurs éléments sur le Vieux Continent. Ce Brésil-là compte sur les fulgurances de son duo d'attaque Bebeto-Romario pour faire la différence. Hormis un savoureux quart de finale gagné contre les Pays-Bas (3-2), le Brésil se montre pondéré, triste. Il nous ennuie, à contre-courant d'une Coupe du monde festive. Le sacre final et quelques jolis gestes de Romario font oublier un temps la pingrerie brésilienne. Mais, à quelques mois de l'arrêt Bosman, la victoire de Dunga et des siens marque l'avènement d'un football en voie de mondialisation, où le pittoresque a moins de place que l'enjeu, énorme, d'une victoire plantéaire. ■

PIERRE LAHALLE / L'ÉQUIPE

1998 2006

LES ANNÉES ZIDANE

« Zidane est le maître des dix dernières années. Il a été le meilleur joueur du monde durant cette période, il n'y en a pas eu d'autre comme lui. »

PELÉ, LE 9 JUILLET 2006 À BERLIN.

Zinédine Zidane. C'est un revenant qui éclabousse de sa classe le match France-Brésil (1-0), en quart de finale, à Francfort, le 1er juillet 2006. Après avoir pris sa retraite internationale pendant un an, Zidane revient, efface la déception de la Coupe du monde 2002 et relance l'espoir d'une issue semblable à celle de 1998. Une nouvelle finale dans la même décennie pour la France, elle qui, même à l'époque de Kopa ou Platini n'en avait pas connu une seule ? Quelle meilleure façon de terminer sa carrière ? Zidane raccrochera en effet, définitivement ses crampons sur une finale de Coupe du monde. Mais sans doute pas de la manière dont il l'avait rêvé…

PATRICK BOUTROUX / L'ÉQUIPE

1

ALAIN LANDRÉAIN / L'ÉQUIPE

2

ALAIN DE MARTIGNAC / L'ÉQUIPE

3

1, 2, 3. Saint-Denis, le 12 juillet 1998.
Le pari français est tenu. Une Coupe du monde parfaitement organisée. Une victoire inoubliable lors d'une finale apothéose face au Brésil (3-0). Didier Deschamps, le capitaine, Zinédine Zidane, le meneur de jeu, Youri Djorkaeff, Marcel Desailly, Bixente Lizarazu, Fabien Barthez... posent pour la postérité. La France célèbre une équipe « black-blanc-beur » et se découvre championne du monde.

Dix-huit minutes lui ont suffi pour lier son histoire à celle de la Coupe du monde. Ce 12 juillet 1998, à Saint-Denis, Zinédine Zidane, meneur de jeu de vingt-six ans, inscrit ses deux premiers buts dans l'épreuve. En lançant la France vers le triomphe (3-0) dès la première période de la finale contre le Brésil, il rejoint les grands du football. Jusque-là discret dans la compétition, passé de Bordeaux à la Juventus Turin en 1996, il arrive in extremis au rendez-vous. Son génie créatif balle au pied lui valait déjà d'être perçu comme un joueur hors du commun. Mais ses trois finales de Coupe d'Europe perdues mettaient en doute sa capacité à répondre présent dans les grands moments. Le doute est balayé de deux coups de tête victorieux et, tout aussi soudainement, ce jeune homme timide, pudique, devient héros en France, star sur la planète.

Dès le lendemain de la finale, les médias du monde entier louent le « nouveau phénomène », en référence au surnom « Il Fenomeno » attribué au Brésilien Ronaldo, promu grande vedette du foot avant une Coupe du monde en France que seule son ombre a semblé traverser. Son heure de gloire viendra pourtant quatre ans plus tard, lors d'une parfaite inversion des rôles, puisque cette fois c'est le corps de Zidane qui lâchera.

Dans une sorte de relais, ces deux talents immenses et différents ont marqué la Coupe du monde au tournant du troisième millénaire. Mais c'est bien l'histoire de Zidane qui a le plus épousé celle de l'événement et en a le mieux symbolisé les évolutions, jusqu'à sa sortie dramatique et brutale au sommet lors d'une autre finale, sur un autre coup de tête, le 9 juillet 2006 à Berlin. « Zidane est le maître des dix dernières années, assène alors Pelé. Il a été le meilleur joueur du monde durant cette période, il n'y en a pas eu d'autre comme lui. »

« Zizou » mène alors la France dans une autre dimension. Quatre ans plus tôt, lorsqu'il ouvrait sa carrière internationale, les Bleus venaient de manquer le Mondial pour la deuxième fois consécutive. Pendant les « années Zidane », elle en devient au contraire un acteur majeur, atteignant la finale de deux Coupes du monde sur trois. Au cours des trente dernières années, la France, également championne d'Europe en 2000, est même le seul pays à être entré dans le cercle des vainqueurs de l'épreuve, l'élargissant à sept. Personne n'avait forcé cette porte depuis l'Argentine en 1978.

Puissante sur les terrains, la France de Zidane se voit belle et unie. « Zidane président ! », hurle-t-on sur les Champs-Élysées le soir de la victoire en 1998. Ce fils de Kabyles, qui a grandi dans les quartiers nord de Marseille, devient le symbole du phénomène « black, blanc, beur ». « Nous qui sommes de toutes les origines, nous sommes fiers d'avoir gagné sous le maillot de la France », affirme-t-il. Champions du monde avec une équipe composée de nombreux joueurs issus de l'immigration, les Français sont descendus dans la rue comme jamais, mêlant leurs origines, leurs milieux sociaux. À l'heure de la cohabitation politique, ce succès sportif et cette liesse populaire semblent démontrer que le pays assume sa diversité et a réussi sa politique d'intégration. Autant de convictions qui seront violemment remises en cause lors des émeutes dans les banlieues à l'automne 2005.

PIERRE LABLATINIÈRE / L'ÉQUIPE

4

5

MARTIN / L'ÉQUIPE

JEAN-LOUIS FEL / L'ÉQUIPE

6

4. Yokohama, le 9 juin 2002. Junichi Inamoto, le buteur du match Japon-Russie (1-0), lors du premier tour, permet à son équipe de se qualifier pour les huitièmes de finale. Un exploit inédit dans l'histoire de son pays.

5. Incheon, le 11 juin 2002. Le Danemark bat la France (2-0). Malgré le retour de Zinédine Zidane, blessé lors des deux premières rencontres (0-1 face au Sénégal, 0-0 devant l'Uruguay), la sélection championne du monde en titre quitte la compétition dès le premier tour sans avoir inscrit un seul but.

6. Daejeon, le 18 juin 2002. L'exploit est colossal. La Corée du Sud élimine l'Italie en huitième de finale (2-1, but en or). Soudain, l'Asie s'éveille au foot.

De la pluralité, de l'universalité, c'est exactement le credo des Coupes du monde de l'époque. Soucieuse de conquérir des terres où le football n'est pas, comme en Europe ou en Amérique du Sud, le sport roi, la FIFA veut renouveler l'expérience américaine de 1994 et organiser l'épreuve partout dans le monde. Seule condition : disposer des infrastructures nécessaires et d'un marché économique porteur pour le football et les sponsors qu'il attire.

En 2002, la Coupe du monde « s'exporte » en Asie. Pour l'occasion, le Japon et la Corée du Sud, brouillés depuis l'occupation du second par le premier de 1910 à 1945, acceptent un mariage d'intérêt. Et, en 2004, le Mondial 2010 est confié à l'Afrique du Sud. Pour le continent africain, ce sera également une première.

Cette politique d'ouverture se concrétise aussi par la diversité accrue des participants à l'épreuve. En 1998, ces derniers passent de vingt-quatre à trente-deux, permettant à un pays de 2,5 millions d'habitants comme la Jamaïque de remporter son premier match à ce niveau mais aussi à la Chine, pays le plus peuplé, de découvrir l'épreuve en 2002.

Mais l'universalité ne s'impose pas encore dans les résultats. En 1998, le Nigeria est le seul pays non sud-américain et non européen à franchir le premier tour. En 2006, la vieille Europe truste même le dernier carré. Seule l'édition 2002 bouscule l'ordre établi. L'Afrique égale sa meilleure performance avec le quart de finale du Sénégal (comme le Cameroun en 1990), l'Asie la dépasse avec la demi-finale de la Corée du Sud, et de la Turquie, qui frappe clairement à la porte de l'Europe politique, tandis que les États-Unis se hissent en quart. Huit ans après avoir accueilli l'épreuve, les Américains s'y distinguent. Deux symboles forts pour le soccer qui n'ont pourtant pas changé la face de ce sport, toujours confidentiel aux États-Unis.

2002 a beau être la Coupe du monde des surprises, elle accouche en finale d'une rencontre aux allures très classiques, l'Allemagne et le Brésil étant les deux pays qui ont le plus souvent disputé le dernier match de l'épreuve. Les autres favoris et leurs vedettes ont sombré prématurément dans ce qui sera surnommé « le Mondial des fatigués ». Afin d'organiser l'épreuve en Asie tout en évitant la saison des pluies, la FIFA a avancé le coup d'envoi de quinze jours. Ces deux semaines pèsent lourd chez les joueurs qui achèvent une longue saison en Europe et doivent s'adapter au décalage horaire, à la chaleur et à l'humidité.

Zidane, blessé juste après son arrivée en Asie et absent lors des deux premiers matches qui scelleront quasiment le fiasco français, est le parfait symbole de ce rendez-vous manqué par la plupart des stars. Vainqueur le 15 mai de la Ligue des champions avec le Real Madrid, en inscrivant un but somptueux, papa pour la troisième fois le 18 mai, il retarde son départ pour le Japon où il est attendu comme le Messie : par ses coéquipiers, qui avouent être rassurés par sa présence, ainsi que par le public, qui rêve de voir l'icône du football qu'il est devenu, et par les sponsors, qui misent beaucoup sur son image.

Son arrivée en hélicoptère, le 22 mai, s'accompagne de scènes d'hystérie collective et renforce sa légende de sauveur descendu du ciel. Pour répondre à une attente qui le dépasse, il se doit de

ALAIN DE MARTIGNAC / L'ÉQUIPE
7

JEAN-LOUIS FEL / L'ÉQUIPE
8

PIERRE LABLATINIÈRE / L'ÉQUIPE
9

7, 8, 9. Yokohama, le 30 juin 2002.
Malgré l'avènement au plus haut niveau de Ronaldinho, la Coupe du monde asiatique est bien celle de la résurrection de Ronaldo. Moins explosif mais tout aussi décisif, le Brésilien est l'homme de la finale entre son pays et l'Allemagne (2-0). Auteur des deux buts du match, il devient à jamais une icône planétaire.

briller dès le 26 mai, lors d'un match de préparation contre la Corée du Sud. Une rencontre dont il sort dès la 35e minute, victime d'une déchirure du quadriceps gauche. Le Mondial va commencer dans cinq jours et il vit déjà son premier coup dur. C'est le début de la fin pour les Bleus, si forts collectivement quatre ans plus tôt et soudain démunis face à une absence à laquelle ils n'étaient pas préparés.
La dramaturgie qui a entouré ces péripéties témoigne peut-être de la démesure devenue inhérente à la Coupe du monde. Une démesure avant tout économique depuis que le Suisse Sepp Blatter, nommé président de la FIFA en 1998, a décidé de faire fructifier la commercialisation de l'un des événements les plus vus au monde avec les Jeux Olympiques (35,6 milliards de téléspectateurs en audience cumulée en 2006). Entre 1998 et 2006, le montant des droits de diffusion de l'épreuve a été multiplié par plus de dix (de 89 millions d'euros à 990 millions d'euros). Autre ressource majeure, les contrats commerciaux ont rapporté environ 700 millions d'euros en 2006. Depuis 1998, le coût d'organisation d'une Coupe du monde a été multiplié par quatre, ses recettes aussi (1,1 milliard de bénéfice net en 2006). Organisée par deux pays rivalisant à coups d'investissements, la Coupe du monde 2002 a même été la plus chère de l'histoire.
Aux enjeux politiques qui naguère pesaient parfois sur l'événement ont succédé des enjeux économiques inséparables du football dans l'ère de l'après-arrêt Bosman (*), une autre révolution à laquelle la Coupe du monde n'échappe pas, même si elle se dispute par nations. En 1998, onze des quatorze Français qui jouent la finale évoluent dans des clubs étrangers. Tous reconnaîtront le poids de cette expérience dans leur réussite, à commencer par Zidane, alors en Italie à la Juventus. Cette année-là, les autres demi-finalistes, le Brésil, les Pays-Bas et la Croatie, sont également de grands « exportateurs » de joueurs.
Changer d'équipe devient une habitude qui ne connaît qu'une seule exception : un joueur n'appartient qu'à une sélection.
Pour un entraîneur, en revanche, tout est permis, y compris de transmettre son savoir-faire à des équipes désireuses de réduire l'écart qui les sépare des puissants. Guus Hiddink a ainsi réussi l'exploit de briller lors des trois dernières Coupes du monde sous les couleurs de trois continents différents. Demi-finaliste en 1998 avec son pays, les Pays-Bas, il a récidivé en 2002 avec la Corée du Sud puis créé la surprise avec l'Australie, huitième de finaliste en 2006.
Cette mondialisation des compétences ne fait pas toujours bon ménage avec les sentiments nationaux. Ainsi les Italiens – sacrés en 2006 avec vingt-trois joueurs évoluant dans leur Championnat – ont-ils souvent dit leur amertume d'avoir été éliminés en 1998 par des Français qui les battront à nouveau en finale de l'Euro 2000 et à qui ils avaient beaucoup appris au sein de leurs clubs.
Voici des contradictions et des tiraillements que seuls les individus peuvent dépasser. Et c'est bien sur l'image de quelques stars que les sponsors décident de miser. Plus que jamais, ce sont elles qui incarnent le football. Et certaines, à l'image de Zidane, ont tout pour sortir du lot, pour être

(*) En décembre 1995, la Cour européenne de justice, saisie par le joueur belge Jean-Marc Bosman, juge que les quotas liés à la nationalité au sein des clubs sont contraires à la libre circulation des travailleurs. L'UEFA abolit ces quotas en 1996.

ALAIN DE MARTIGNAC / L'ÉQUIPE

10

DIDIER FÈVRE / L'ÉQUIPE

11

DIDIER FÈVRE / L'ÉQUIPE

12

ce « joueur mondial », cette star populaire partout sur la planète : un talent rare et original, la capacité à accomplir des gestes tout droit sortis de l'imaginaire enfantin, un palmarès prestigieux, un quotidien dans des clubs à la médiatisation internationale (Juventus Turin, Real Madrid), mais aussi des origines modestes et un profil mêlant plusieurs cultures qui aident le plus grand nombre à s'y identifier.

En 2006, alors qu'il a choisi de clore sa carrière à trente-quatre ans par une troisième Coupe du monde, personne ne semble en mesure de rivaliser avec cette aura. Aucune nouvelle star n'émerge vraiment dans une épreuve qui confirme, dans le jeu, la tendance des deux précédentes : les organisations collectives et les blocs des équipes priment sur l'audace des individualités.

Alors la dernière représentation de l'artiste devient l'événement même. Parti de la sélection française en 2004, revenu en 2005 afin d'assurer la qualification des siens, Zidane sort d'une saison difficile sur le plan physique avec le Real. La plupart des observateurs s'attendent donc à une simple tournée d'adieux d'un des grands du football. Ils assistent en fait à un nouveau récital. Huit ans après il terrasse encore le Brésil, cette fois en quart (1-0), et qualifie la France pour une deuxième finale en marquant contre le Portugal sur penalty (1-0). À Berlin, il entame son dernier match de la même façon. Il transforme un penalty dès la 7e minute, mais en osant cette fois le geste popularisé par Antonin Panenka avec un panache et une prise de risque ébouriffants.

À nouveau buteur dans une finale, il vient de quitter les grands pour entrer chez les géants. Il est en train de finir sa carrière au sommet des sommets. Au matin de la finale, les médias du monde entier ont dit leur fascination, à l'image du très sérieux *Times* anglais : « Si rien ne définit mieux un homme que la note sur laquelle il part, il est juste que le dernier match de Zinédine Zidane soit une finale de Coupe du monde. »

Mais c'est sur une autre note que la star, soudain redevenue un homme jouant au football, est vraiment partie, précipitant cette fin de carrière triomphale dans le drame à la 110e minute du match. Ses pieds ont signé tant de gestes fous et séduisants… son dernier geste de footballeur sera un coup de tête, comme ceux qui l'avaient fait roi huit ans plus tôt. Mais celui-là s'adresse au torse du défenseur italien Marco Materazzi, dont les mots ont réveillé le côté sombre du héros, si souvent lâché par ses nerfs. Expulsé, Zidane ne reviendra pas chercher la médaille des perdants. Plus tard, il s'excusera pour son geste mais ne pardonnera pas à son provocateur, sans jamais révéler les propos qui ont tout déclenché. Ce mystère et l'image du coup de tête passionneront le monde au point d'éclipser l'événement sportif. Pour autant, ils ne nuiront pas à l'image de Zidane, à son aura. Comme s'il était presque naturel que l'histoire se termine sur un carton rouge, le quatorzième de sa carrière. C'est déjà ainsi qu'elle avait failli ne jamais commencer. En 1998, lors du deuxième match des Bleus contre l'Arabie Saoudite, il avait été expulsé et suspendu deux matches à cause d'un violent geste d'humeur contre un adversaire. Si la France avait craqué en huitième face au Paraguay, au lieu de s'imposer dans la douleur grâce à but en or, Zidane ne serait jamais revenu. Et l'histoire de la Coupe du monde en aurait été changée. C. R.

10. Berlin, le 9 juillet 2006. Une panenka pour Zinédine Zidane en finale de la Coupe du monde face à son ancien coéquipier de la Juventus Turin Gianluigi Buffon ! Dès la 7e minute, le match France-Italie s'annonce mémorable.

11. Berlin, le 9 juillet 2006. D'une Coupe du monde à l'autre, les larmes de Lilian Thuram ne sont pas les mêmes.

12. Berlin, le 9 juillet 2006. Le sacre de l'Italie, le quatrième de son histoire, est celui d'une équipe expérimentée, revenue de toutes les humiliations et de toutes les critiques, finalement assez semblable à l'équipe de France, son adversaire en finale.

FRANCE

98

Afrique du Sud
Allemagne
Angleterre
Arabie Saoudite
Argentine
Autriche
Belgique
Brésil
Bulgarie
Cameroun
Chili
Colombie
Corée du Sud
Croatie
Danemark
Écosse
Espagne
États-Unis
France
Iran
Italie
Jamaïque
Japon
Maroc
Mexique
Nigeria
Norvège
Paraguay
Pays-Bas
Roumanie
Tunisie
Yougoslavie

Finale : le 12 juillet, à Saint-Denis.
FRANCE 3-0 (2-0) Brésil

ALAIN DE MARTIGNAC / L'ÉQUIPE

LES BLEUS À L'HEURE AU RENDEZ-VOUS

LA FRANCE ORGANISE SUPERBEMENT SA DEUXIÈME COUPE DU MONDE. AVEC, CETTE FOIS-CI, UNE VICTOIRE À LA CLÉ.

Et dire qu'ils ont pensé ne jamais être à temps à leur plus beau rendez-vous ! Ce 12 juillet 1998, le car qui mène les joueurs de l'équipe de France vers Saint-Denis met de longues heures à parcourir les 65 kilomètres qui séparent la retraite des Bleus à Clairefontaine du Stade de France, dans les Yvelines. Pour la première fois de l'histoire de la Coupe du monde, le pays organisateur s'apprête à défier le tenant du titre en finale. La France n'a encore jamais atteint ce niveau, le Brésil a déjà été sacré quatre fois.
Des milliers de gens se massent au bord des routes pour encourager leur équipe. « J'ai dit au chauffeur : "On ne va jamais arriver au stade !" racontera le sélectionneur, Aimé Jacquet. J'avais la hantise d'arriver en retard, de manquer le match. » Depuis plusieurs jours, la France se passionne pour ses Bleus. Avant les matches, pendant et après, elle descend massi-

Paris, le 13 juillet. Au lendemain de la finale remportée (3-0) devant le tenant du titre, les nouveaux champions du monde défilent sur les Champs-Élysées pour le plus grand bonheur d'un pays qui croit alors en la force de sa diversité ethnique.

vement dans la rue, comme jamais elle ne l'avait fait pour une raison sportive.

Un engouement populaire que personne n'aurait osé imaginer lorsque l'équipe de France, quart-finaliste de l'Euro 1996, avait enchaîné pendant deux ans des matches amicaux rarement convaincants. Mais, au fur et à mesure de la première Coupe du monde organisée en France depuis 1938, les Bleus vont se révéler être le meilleur groupe, la meilleure attaque (15 buts, 9 réalisateurs) du tournoi, et

Paris, le 12 juillet. À peine le coup de sifflet final a-t-il retenti au Stade de France que plusieurs centaines de milliers de personnes envahissent les Champs-Élysées pour fêter le premier sacre mondial des Bleus.

MARC FRANCOTTE / L'ÉQUIPE

ALAIN DE MARTIGNAC / L'ÉQUIPE

surtout la défense la plus solide de l'histoire de l'épreuve (2 buts). Ils vont aussi susciter l'adhésion de tout un pays, sous le charme d'une équipe qui ne lui épargne aucune émotion. Au cours de ce Mondial, chaque victoire française est différente, chacune s'écrit avec des héros et des drames, ce subtil mélange dont sont faites les belles histoires. Même les deux premières, contre l'Afrique du Sud (3-0) et l'Arabie Saoudite (4-0), n'échappent pas à la règle. À Marseille, il faut que Guivarc'h se blesse dès la 27e minute pour que Dugarry, dont la sélection a été très critiquée après deux saisons difficiles à Milan et à Barcelone, entre en jeu. Il rate à peu près tout avant de se libérer à la 35e en inscrivant de la tête, sur un corner de son ami Zidane, le premier but des Bleus dans la compétition. S'ensuit une course folle, langue pendue, « dans un autre monde », avouera-t-il.

Mais le bonheur du premier héros ne dure pas. Lors du match suivant, qui qualifie les Bleus pour les huitièmes, il se blesse à une cuisse. Zidane le rejoint parmi les malheureux du soir : nerveux et lassé d'être serré de près, il s'essuie les crampons sur le capitaine saoudien Fouad Amin (70e). Jacquet n'a pas un regard pour son meneur de jeu, expulsé et suspendu deux matches. Le premier, contre le Danemark (2-1), permet à la plupart des titulaires de se reposer et à leurs remplaçants d'assurer la première place du groupe. Le second, le huitième de finale face au Paraguay du gardien Chilavert, est un petit sommet d'angoisse (1-0, b.e.o.). L'attaque française reste muette, Henry se blesse mais Blanc envoie la France en quarts avec

Marseille, le 12 juin. Christophe Dugarry inscrit face à l'Afrique du Sud le premier but des Bleus dans ce Mondial. Une belle revanche pour celui qui a subi de nombreuses critiques avant d'être finalement retenu en sélection.

PIERRE LABLATINIÈRE / L'ÉQUIPE

Lens, le 28 juin. Le bisou le plus célèbre de la Coupe du monde. Laurent Blanc, premier buteur en or de l'histoire de la compétition, embrasse le crâne de Fabien Barthez, comme un talisman qui aurait rempli son rôle.

BERNARD PAPON / L'ÉQUIPE

le premier but en or de l'histoire de la compétition.

Une innovation dont les Bleus auraient pu devenir les victimes dès le tour suivant si Baggio n'avait pas manqué le cadre d'un souffle (108e). Contre l'Italie, la France, qui se présente avec trois milieux récupérateurs, gagne la bataille tactique mais ne s'épargne pas les tirs au but. Lizarazu ne marque pas, Albertini et Di Biaggio non plus. Le second tire sur la transversale et s'écroule en larmes au milieu de la joie française (0-0, 4-3 aux t.a.b.). Contre les Croates (2-1), demi-finalistes inattendus (voir par ailleurs), les Bleus jouent encore à se faire peur. À la mi-temps, Jacquet, inquiet, leur passe un savon. Dès la reprise, ils sont menés pour la première et seule fois durant ce Mondial. Cela ne dure qu'une minute : Thuram, fautif sur le but de Suker (46e), frappe les esprits en marquant deux fois (47e et 70e).

But en or, tirs au but, doublé d'un défenseur : la France a déjà tout fait. Mais pas encore le plus invraisemblable, un carton en finale (3-0) contre un Brésil qui n'a jamais connu pareille humiliation. Il était d'ailleurs le seul, en 1958 (5-2 contre la Suède) et en 1970 (4-1), à s'être imposé en finale d'un Mondial avec trois buts d'écart.

Dans le car qui les mène tant bien que mal vers le Stade de France, quel joueur français peut-il rêver d'un tel score ? Et c'est finalement un Brésilien, le plus attendu de tous, qui arrive en retard, moins d'une demi-heure avant le coup d'envoi. Sur le terrain Ronaldo, victime d'un malaise dans l'après-midi, n'est que l'ombre de lui-même. Le Brésil, dans son ensemble, n'est pas à la hauteur, étouffé d'entrée par ses adversaires qui obtiennent

Saint-Denis, Stade de France, le 18 juin. Zidane s'est essuyé les crampons sur le dos de Fouad Amin, le capitaine saoudien. Carton rouge et suspension pour deux matches. La France devra s'en sortir jusqu'en huitièmes de finale sans son meneur de jeu qui ne reviendra qu'en quarts.

PIERRE LABLATINIÈRE / L'ÉQUIPE

Saint-Denis, Stade de France, le 3 juillet. Luigi Di Biaggio, le deuxième tireur italien, frappe sur la transversale et manque son tir au but. La route de la demi-finale s'entrouvre pour la France.

deux occasions en cinq minutes. Dans une première mi-temps maîtrisée par les Français, les faiblesses défensives des Brésiliens sur les coups de pied arrêtés sont révélées par le plus talentueux des Bleus. Zidane a attendu le dernier moment pour entrer, à son tour, dans la peau du héros. Son doublé le surprend lui-même. Deux fois sur corner, deux fois au premier poteau, et surtout deux fois de la tête, ce qui ne lui était plus arrivé depuis sa première sélection, le 17 août 1994 (contre la République tchèque, 2-2). Sur le premier, tiré de la droite par Petit, il devance Leonardo et marque à gauche de Taffarel (27e). Sur le second, servi de la gauche par Djorkaeff, il trompe Dunga et marque à droite du gardien. (45e). « De la tête, cela ne m'arrive presque jamais, mais il fallait que je fasse quelque chose, reconnaîtra Zidane. Il me restait un match, le dernier. »

2-0 à la pause et ce sont les Français, si rigoureux, qui se mettent en danger par une faute, la seule de son Mondial, de Marcel Desailly, expulsé à la 68e minute. La solidarité défensive, sur laquelle veille le capitaine Didier Deschamps, joue à plein. Zidane remplace même Petit, le récupérateur, descendu en défense et pourtant ultime buteur à la 90e. « Et un, et deux, et trois-zéro ! » Le chant né au Stade de France gagne les rues, les places, les villes, les villages. À 22 h 54, pour la sixième fois de l'histoire, le pays qui organise la Coupe du monde en est aussi le vainqueur. ■

PATRICK BOUTROUX / L'ÉQUIPE

Saint-Denis, Stade de France, le 12 juillet. Durant cette finale, Ronaldo n'est que l'ombre de lui-même. Il force tout de même Barthez à s'employer.

Saint-Denis, Stade de France, le 12 juillet. Alors que la finale se déroule pour le mieux en faveur des Bleus, Marcel Desailly écope d'un second carton jaune et doit quitter le terrain (68e).

IMAGO / PANORAMIC

NICOLAS LUTTIAU / L'ÉQUIPE

Saint-Denis, Stade de France, le 12 juillet. Deux coups de tête de Zinédine Zidane (27e, 45e) permettent à la France de mener 2-0 avant la mi-temps.

ALAIN LANDRAIN / L'ÉQUIPE

Saint-Denis, Stade de France, le 12 juillet. Au coup de sifflet final, c'est l'explosion de joie pour les 80 000 spectateurs. Et un et deux et trois-zéro !

JEAN-LOUIS FEL / L'ÉQUIPE

Saint-Denis, Stade de France, le 12 juillet. Capitaine de la première équipe de France championne du monde, Didier Deschamps ne laisse à personne le soin de porter le trophée tant convoité pendant le tour d'honneur.

PATRICK BOUTROUX / L'ÉQUIPE

Saint-Denis, Stade de France, le 12 juillet. Dès le retour au vestiaire, la France de la cohabitation (Jacques Chriac, président ; Lionel Jospin, premier ministre) communie dans l'euphorie de la victoire.

FEP-PANORAMIC

BRUNO FABLET / L'ÉQUIPE

Lyon, le 21 juin. Rendez-vous pacifique entre les joueurs des États-Unis et ceux d'Iran dans un contexte politique très tendu.

ÉTATS-UNIS – IRAN, FAITES LE FOOT, PAS LA GUERRE

C'était le match redouté du premier tour en raison du contexte politique très tendu entre les deux pays. Le 21 juin, à Lyon, les joueurs américains et iraniens le transforment en un rendez-vous pacifique et posent ensemble, bras dessus bras dessous, pour la photo d'avant-match. L'Iran gagne (2-1), grâce à des buts d'Estili et de Mahdavikia, et croit même en ses chances de qualification avant d'être arrêté par l'Allemagne (2-0). ■

« REGGAE BOYZ », PREMIÈRE

La Jamaïque, sélection folklorique de ce Mondial, fait bien plus que de la figuration. Après deux défaites logiques contre la Croatie (3-1) et l'Argentine (5-0), les « Reggae Boyz » remportent, face au Japon, leur première rencontre de Coupe du monde (2-1), avec un doublé de Whitmore. Leur pays, qui compte 2,5 millions d'habitants, les fêtera à leur retour comme des héros. ■

BRUNO FABLET / L'ÉQUIPE

Theodore Whitmore. Grâce à son meneur de jeu, la Jamaïque remporte son premier match de Coupe du monde, le 26 juin, au Stade Gerland, de Lyon.

MARK LEECH / PRESSE SPORT

Saint-Étienne, le 30 juin. Exclu pour un coup de pied sur Simeone lors du quart de finale Argentine - Angleterre (2-2, a.p. ; 4-3 t.a.b.), Beckham quitte la Coupe du monde 1998 par la petite porte. Il n'y brillera jamais vraiment.

BECKHAM, LE MAUDIT

Lorsqu'il quitte le stade Geoffroy-Guichard ce 30 juin 1998, la tête basse et les yeux rougis, le milieu anglais de Manchester United, David Beckham, ne sait pas encore que cette soirée maudite donne le ton de ses huit années à venir en Coupe du monde. L'Angleterre ne pardonnera jamais à sa star de vingt-trois ans d'avoir laissé l'équipe à dix contre l'Argentine, juste après que son sélectionneur Glenn Hoddle eut assuré que le mari de Victoria, la Spice Girl, avait un peu la tête ailleurs. En Asie, en revanche, son image glamour et son visage adoré des publicitaires ravissent les foules.

Quatre ans plus tard, l'idole, passée au Real Madrid et diminuée par deux mois d'arrêt à cause de la fracture d'un métatarse, ne pourra pourtant pas briller sur le terrain et l'Angleterre, dont il sera devenu le capitaine, s'arrêtera en quart de finale face au Brésil (2-1). Elle ne fera pas mieux en 2006 en Allemagne (0-0, 1-3 aux t.a.b. contre le Portugal) et Beckham jouera, comme en 1998, le rôle du bouc émissaire. À la peine sur le terrain, il sera remplacé dès la 51e minute avant de fondre en larmes sur le banc, la tête enfouie dans une serviette-éponge. Le lendemain, il rendra son brassard. Il sera même provisoirement écarté de la sélection. ■

ALAIN DE MARTIGNAC / L'ÉQUIPE

LES HOOLIGANS ONT FRAPPÉ

À l'approche du troisième millénaire, le football se croyait presque débarrassé des problèmes de hooliganisme. La Coupe du monde 1998 apporte la preuve qu'il n'en est rien. Elle restera même marquée par l'agression sauvage d'un homme, le gendarme Daniel Nivel, devenu infirme à vie après avoir été passé à tabac par des supporters allemands près du stade de Lens, lors du match Allemagne-Yougoslavie (2-2), le 18 juin. Trois jours plus tôt, à Marseille, des hooligans anglais ont provoqué des troubles auxquels se sont mêlés des jeunes locaux. Au cours de ce Mondial, 165 personnes arrêtées seront poursuivies pénalement. Le 22 mai 2001, Marcus Warnecke, reconnu coupable de l'agression du gendarme Nivel, sera condamné à cinq ans de prison. ■

Lens, le 26 juin. Supporters anglais et allemands se sont succédés lors des matches de leur équipe à Lens. Mais ce sont les Allemands qui agresseront un policer, le 18 juin, le laissant infirme à vie.

MATTHÄUS, LE RETOUR ET LE RECORD

Ce record, il n'aurait jamais dû le battre. Mais Lothar Matthäus, écarté de l'équipe allemande par Berti Vogts après le Mondial 1994 et fâché avec l'attaquant Jürgen Klinsmann, a été rappelé par un sélectionneur forcé de manger son chapeau juste avant l'épreuve. Un retour en grâce rendu nécessaire par une accumulation de forfaits et, surtout, par la formidable saison que le joueur, âgé de trente-sept ans, vient d'accomplir avec le Bayern. Ce retour en grâce lui permet de s'emparer du record du nombre de matches disputés en Coupe du monde : 25 rencontres en cinq épreuves, avec la RFA (2 en 1982, 7 en 1986, 7 en 1990, 5 en 1994, 4 en 1998), même s'il quittera l'épreuve par la petite porte en quart de finale, l'Allemagne étant largement battue (3-0) par la Croatie. ■

BERNARD PAPON / L'ÉQUIPE

Lothar Matthäus. Son retour controversé en équipe nationale permet à l'Allemand de s'emparer du record du nombre de matches disputés en phase finale de la Coupe du monde.

PATRICK BOUTROUX / L'ÉQUIPE

Marseille, le 7 juillet. Une fois de plus, les Pays-Bas de Bergkamp qui comptaient parmi les favoris rentrent bredouilles de la Coupe du monde.

L'OCCASION MANQUÉE DES PAYS-BAS

Les Néerlandais sont les héros malheureux de cette Coupe du monde. Battus lors du match pour la troisième place par la Croatie (2-1), les hommes de Guus Hiddink avaient tout pour eux : un jeu collectif convaincant et de fortes individualités dans chaque ligne, de Van der Sar, le gardien, à Kluivert, Bergkamp ou Overmars en attaque, en passant par le défenseur Frank De Boer et les milieux Davids et Cocu. Vainqueurs de l'Argentine en quart de finale (2-1), grâce à un but exceptionnel de Bergkamp (contrôle orienté, deuxième touche de balle et reprise croisée de l'extérieur du droit), ils défient le Brésil en demi-finale. Ce dernier a souffert face au Danemark (3-2), en alternant passages éblouissants et grosses pannes défensives. Décevant en première période, le match au sommet s'accélère dans la seconde –buts de Ronaldo et de Kluivert– et devient haletant dans la prolongation. Mais les gardiens sont les plus forts et les Néerlandais s'inclinent aux tirs au but (1-1, 4-2 aux t.a.b.). Cocu manque le sien mais annonce la suite : « Il manque quelque chose au Brésil pour devenir champion. » ■

NICOLAS LUTTIAU / L'ÉQUIPE

Marseille, le 7 juillet. C'est Ronaldo (47e) qui ouvre le score dans une demi-finale qui paraissait pourtant à la portée des hommes de Guus Hiddink.

JEAN-LOUIS FEL / L'ÉQUIPE

Saint-Étienne, le 30 juin. Le huitième de finale Argentine – Angleterre est le match le plus intense du tournoi. Mais les 18 ans virevoltants d'Owen, qui ouvre le score (16e), ne suffiront pas.

DRAME À L'ANGLAISE

Saint-Étienne 1998 est un peu aux Anglais ce que Séville 1982 est aux Français. Un revers épique, écrit avec tous les ressorts des tragédies sportives : les éclairs du jeune Owen (18 ans), l'expulsion de Beckham, soixante-quinze minutes de résistance collective et la loterie des tirs au but. Ce huitième de finale Argentine-Angleterre est aussi le match le plus intense du tournoi (2-2, 4-3 aux t.a.b). Un penalty partout au bout de neuf minutes, la malice des Argentins pour marquer sur coup franc (45e) – dans le dos du mur anglais, Veron sert Zanetti qui marque d'un superbe tir croisé – et le plus beau but individuel de ce Mondial, signé par sa plus grande révélation, Michael Owen, génial attaquant, aussi insaisissable qu'adroit. Sa frimousse de collégien se lance dans un raid sublime, élimine Chamot, prend de vitesse Ayala et bat Roa, le gardien argentin (16e). Après l'expulsion de Beckham, dès la reprise, à cause d'un coup de pied stupide sur le mollet de Simeone, le spectacle s'étiole. Pas l'émotion. Elle culmine lors de la séance de tirs au but, dont le roi s'appelle Roa. ■

ALAIN DE MARTIGNAC / L'ÉQUIPE

BLANC, PREMIER BUTEUR EN OR

C'est une des innovations de ce Mondial. En cas d'égalité à la fin du temps réglementaire, la victoire revient à l'équipe qui marque le premier but en prolongation, le match s'arrêtant aussitôt. Le « but en or » était entré en vigueur lors de l'Euro 1996 et l'Allemagne s'était imposée ainsi en finale contre la République tchèque (2-1). Le Français Laurent Blanc est le premier joueur à en profiter dans une Coupe du monde – et le seul en 1998 – à la 114e minute du huitième de finale France-Paraguay. Après un centre de Pires, Trezeguet dépose de la tête le ballon sur le pied droit de Blanc, qui trompe Chilavert. « J'avais pris la décision de monter, expliquera-t-il. Je voulais marquer ce but en or que j'avais tant critiqué ! » Joueurs et entraîneurs plaidant massivement pour un retour en arrière, la règle sera abandonnée en 2004. Une seule autre Coupe du monde, celle de 2002, sera donc concernée. Trois matches s'achèveront par un but en or, le plus rapide étant celui du Turc Ilhan Mansiz dès la 94e minute du quart de finale Sénégal-Turquie (0-1). ■

Lens, le 28 juin. À la 114e minute du huitième de finale très fermé France-Paraguay, Laurent Blanc devient le premier joueur à inscrire un but en or en Coupe du monde et expédie la France en quart.

PIERRE LABLATINIERE / L'ÉQUIPE

Saint-Denis, Stade de France, le 3 juillet. Le pied de Thierry Henry ne tremble pas, lors de la séance des tirs aux buts face à l'Italie. À vingt ans, il incarne avec David Trezeguet, les plus beaux espoirs des Bleus.

HENRY-TREZEGUET, LES ESPOIRS

Thierry Henry, vingt ans, est déjà le meilleur buteur français de cette Coupe du monde avec trois réalisations. Il marque contre l'Afrique du Sud (3-0), puis réussit un doublé contre l'Arabie Saoudite (4-0). Blessé contre le Paraguay, il tient son rang dans l'épilogue du quart de finale contre l'Italie (0-0, 4-3 aux t.a.b.) en réussissant son tir au but, tout comme Trezeguet, vingt ans lui aussi. Avec cette jeunesse et ce talent, les Bleus ont de beaux jours devant eux... ■

LA CROATIE DE « SUKERMAN »

Sa troisième place ressemble à une fausse surprise. Bien sûr la Croatie, indépendante depuis 1991, vit en France sa première phase finale. Mais sa sélection, une des plus techniques d'Europe, est d'abord celle d'une génération de trentenaires (Boban, Suker, Prosinecki, Jarni, Bilic...) vainqueurs du Mondial juniors en 1987 sous les couleurs de la Yougoslavie, un pays que la guerre vient de redessiner. Les derniers combats ont cessé en 1996, les cicatrices ne sont pas refermées. « On a fait mieux que les Yougoslaves (éliminés en huitième de finale), ça fait plaisir ! », lâche le défenseur Stimac en fin de tournoi.

TALENT, ORGANISATION, ASSURANCE, SOIF DE VAINCRE

Emmenée par son sélectionneur, Miroslav Blazevic, affublé d'un képi porte-bonheur en hommage au gendarme Nivelle grièvement blessé par des hooligans, la Croatie est aussi portée par le meilleur buteur de la compétition, Davor Suker, dit « Sukerman », six réalisations en tout, un but par match à partir des huitièmes de finale. Elle fait valoir ses talents, son organisation collective, mais aussi son assurance et sa soif de reconnaissance pour battre la Roumanie (1-0, en huitième), les Pays-Bas (2-1), plus vraiment concernés lors du match pour la troisième place, mais surtout auparavant l'Allemagne en quart (3-0), en profitant de l'expulsion de Wörns. Quant aux Bleus, futurs champions du monde, ils reconnaîtront que c'est face aux Croates, en demi-finale, qu'ils ont eu le plus peur de tout perdre (2-1). ■

DIDIER FEVRE / L'ÉQUIPE

Davor Suker. Le Croate inscrit six buts durant cette Coupe du monde, dont celui du 3-0 face à l'Allemagne en quart de finale.

PIERRE LABLATINIERE / L'ÉQUIPE

Saint-Denis, stade de France, le 8 juillet. Deux buts dans une rencontre, ça ne lui était jamais arrivé. La France se qualifie grâce à lui pour la finale, mais c'est l'incompréhension pour Lilian Thuram, l'homme providentiel, alors que la France était bien malmenée dans sa demi-finale face à la Croatie.

THURAM N'A PAS COMPRIS

L'image restera, et de loin, la plus forte de ses 142 sélections chez les Bleus. Lilian Thuram est à genoux sur la pelouse du Stade de France. L'air incrédule, il pose un doigt sur ses lèvres. « Je n'y comprends rien. Même à l'entraînement, je ne marque pas. Si je suis tombé à genoux, ce n'est pas par émotion mais par incompréhension. » À la 70e minute de la demi-finale contre la Croatie, le défenseur vient de remonter son couloir droit et d'inscrire, du gauche, et en déséquilibre, le but de la qualification. À la 47e, déjà, il avait égalisé du droit après avoir chipé un ballon à Boban et servi Djorkaeff qui le lui avait magnifiquement rendu.

IL NE MARQUERA PLUS ENSUITE

En bleu, il n'avait jamais marqué avant et ne marquera plus jamais ensuite. Mais le Guadeloupéen, plus cher défenseur de l'histoire lors de son transfert de Parme à la Juventus en 2001 (30 millions d'euros), souvent remarqué pour son engagement citoyen et retraité à trente-six ans après l'Euro 2008, réussira une autre très grande Coupe du monde en 2006. Cette fois comme défenseur central, lui qui reprochait à Aimé Jacquet de s'entêter à l'aligner dans le couloir droit. « Thuram, comme Lizarazu, monte tout le temps, il abandonne son devoir élémentaire en ouvrant son couloir. » Le reproche était venu de Miroslav Blazevic, le sélectionneur croate, à la veille de la fameuse demi-finale. Mais lui-même a-t-il compris ce qui s'était passé sous ses yeux ce 8 juillet 1998 ? ■

UN AFRICAIN EN FINALE

Pour la première fois, la finale de la Coupe du monde est dirigée par un arbitre africain. Le Marocain Saïd Belqola, quarante et un ans, avait arbitré quelques mois auparavant la finale de la Coupe d'Afrique des nations et sa présence pour diriger le match le plus important du tournoi symbolise bien la mondialisation voulue de la Coupe du monde.

En juin 2002, alors que l'édition suivante allait se dérouler sur un nouveau continent, il meurt à quarante-cinq ans des suites d'une longue maladie. ■

MAIS QU'EST-IL ARRIVÉ À RONALDO ?

L'équipe de France croit d'abord à un coup de bluff de Mario Zagallo, le sélectionneur brésilien. Sur la première feuille de match distribuée avant la finale, Ronaldo, la star du Brésil, vingt et un ans et quatre buts depuis le début du tournoi, ne figure pas dans le onze titulaire. Il y réapparaît à une demi-heure du coup d'envoi. Cela fait deux jours qu'il ne s'est pas entraîné. Sa cheville et ses genoux, douloureux, le font-ils trop souffrir ? C'est ce que laisse croire un communiqué de la Confédération brésilienne. Après le match, on apprendra qu'« Il Fenomeno », son surnom à l'Inter Milan, a été victime dans l'après-midi d'un malaise avec des convulsions. Fallait-il l'aligner malgré tout, comme ont décidé de le faire les dirigeants brésiliens ? Quelles sont les causes de ce malaise ? Le flou qui entoure cet épisode ne s'est jamais dissipé. ■

Ronaldo. Victime d'un malaise avant la finale, le Brésilien ne pourra donner le meilleur de lui-même.

LEBŒUF, L'INVITÉ SURPRISE

« Je remercie Dieu d'avoir pensé à moi. Je suis désolé pour Blanc mais ma joie prime sur ma peine. » Lorsque Frank Lebœuf entre à un quart d'heure de la fin de la demi-finale, la France tient sa qualification pour la finale. Laurent Blanc vient d'être expulsé à cause d'une faute que le Croate Bilic n'a fait que simuler. Pour lui, la finale s'envole. Lebœuf, qui n'a pas joué depuis le troisième match du premier tour, savoure son heure de gloire. Contre le Brésil, le remplaçant, qui évolue à Chelsea, sera à la hauteur. Quatre ans plus tard, il jouera la Coupe du monde en tant que titulaire. ■

Frank Leboeuf. L'expulsion de Laurent Blanc en demi-finale ouvre la voie de la finale à Frank Leboeuf. Inespéré !

NICOLAS LUTTIAU / L'ÉQUIPE

PETIT EN PLEIN DANS LE MILLE

90e minute de la finale : sur un contre, Christophe Dugarry décale Vieira sur sa gauche qui sert Petit, lancé dans l'axe. Le milieu résiste à Cafu avant de tromper Taffarel, venu à sa rencontre, d'un tir croisé du gauche. En portant le score à 3-0, Emmanuel Petit signe le millième but de l'équipe de France. Le symbole de l'accomplissement pour le joueur d'Arsenal, alors âgé de vingt-sept ans et qui ne partait pas titulaire dans cette Coupe du monde. Par son volume de jeu, sa technique et un mental enfin sans faille, il a été l'un des tout meilleurs Français de la compétition avec Thuram, Desailly et Zidane. ■

Saint-Denis, stade de France, le 12 juillet. Le dernier but de la finale, à la dernière minute du temps réglementaire.

DARREN WALSH / ACTION IMAGES

CORÉE DU SUD

02

Afrique du Sud
Allemagne
Angleterre
Arabie Saoudite
Argentine
Belgique
Brésil
Cameroun
Chine
Corée du Sud
Costa Rica
Croatie
Danemark
Équateur
Eire
Espagne
États-Unis
France
Italie
Japon
Mexique
Nigeria
Paraguay
Pologne
Portugal
Russie
Sénégal
Slovénie
Suède
Tunisie
Turquie
Uruguay

Finale : le 30 juin, à Yokohama (JAP)
Allemagne 0-2 (0-0) BRÉSIL

RICHARD MARTIN / L'ÉQUIPE

LA RÉSURRECTION DE RONALDO

POUR SA PREMIÈRE VISITE EN ASIE, LA COUPE DU MONDE SACRE SES PLUS FIDÈLES ADEPTES. DONT UN REVENANT.

Soudain, Ronaldo se met à pleurer de tout son corps. Sorti du terrain quelques secondes plus tôt sous une ovation, l'attaquant réalise que cette cinquième étoile, celle que le Brésil s'apprête à accrocher à son maillot, portera à jamais son nom. À Yokohama, il est le seul buteur de la finale face à l'Allemagne (2-0), comme il a été le seul de la demi-finale contre la Turquie (1-0). L'attaquant de l'Inter Milan avait déjà marqué cinq fois lors des cinq matches précédents. À l'image de Paolo Rossi avec l'Italie de 1982, de Mario Kempes avec l'Argentine de 1978, de Maradona avec celle de 1986 et, dans une moindre mesure, de Zidane avec la France de 1998, cette Coupe du monde en Asie est la sienne. Dans ce Mondial des surprises, il est une des rares vedettes à avoir tenu son rang, ou peut-être la plus grosse des surprises puisque plus personne n'attendait celui à qui, quatre ans plus tôt, on avait accordé la célébrité et promis la gloire. Ces quatre années furent obscures et douloureuses. Jamais Ronaldo ne redeviendra ce qu'il était avant l'autre finale, celle de 1998, dont il avait été le grand absent tout en la jouant. Les raisons de son malaise quelques heures avant le match contre la France n'ont jamais été élucidées.

Yokohama, le 30 juin. Moins explosif, mais toujours aussi décisif, Ronaldo revient au sommet. Il est le neuvième joueur de l'Histoire à inscrire au moins deux buts dans une finale de Coupe du monde.

Mais l'événement marque une rupture dans sa carrière.

En juillet 1999, il avait pourtant remporté la Copa America avec le Brésil en inscrivant 5 buts. Mais, le 21 novembre, lors d'un match avec l'Inter, il était victime d'une rupture partielle du tendon rotulien du genou droit. Opération, rééducation. Son retour, le 12 avril 2000, ne dura que sept minutes. Cette fois, la rupture était totale et Ronaldo ne retrouva la Série A qu'un an et demi plus tard. Les buts ne tardaient pas mais les blessures musculaires l'empêchaient souvent de jouer. Il ne revint en sélection qu'à la fin mars 2002, soit tout juste deux mois avant le début du Mondial. « Aujourd'hui j'ai raté des buts, reconnaissait-il après un match contre la Yougoslavie (1-0), mais je les garde pour la Coupe du monde. »

DOUZE BUTS EN PHASE FINALE

Lorsque celle-ci s'ouvre, il a vingt-cinq ans. Même au Brésil, ils sont peu à croire en ce convalescent qui n'a joué en quatre ans que l'équivalent d'une saison (36 matches de Championnat italien). Son corps fragilisé ne lui autorise plus ni démarrage éclair ni chevauchée de trente mètres. Mais le Pays du Soleil-Levant devient le décor parfait de sa résurrection.

La *Seleçao*, dirigé par Luiz Felipe Scolari, décevante lors des qualifications, n'y est pas beaucoup plus attendue que lui. Pour une fois, le Brésil n'est pas favori. Au fil de la compétition, ignorant les comparaisons avec les glorieux anciens, il sait pourtant adapter son organisation et tirer le meilleur de ses individualités, remporter sept victoires sans jamais être entraîné dans une prolongation et inscrire 18 buts.

RICHARDI MARTIN / L'ÉQUIPE

RICHARDI MARTIN / L'ÉQUIPE

Yokohama, le 30 juin. Un ballon relâché de Kahn et Ronaldo conclut (à gauche). Puis un second but sur une frappe au ras du poteau (en haut). Le triomphe est total. Ronaldo a réussi son pari insensé après une double opération du genou et un retour en sélection en mars 2002.

Décisif lors du premier match contre la Turquie (2-1), Ronaldo monte en puissance et lorsqu'il retrouve, en demi-finale, l'excellent gardien turc Rüstü, il le bat d'un vicieux pointu du droit. Le revenant ose tout, même une coupe de cheveux excentrique, sorte de moustache posée sur son crâne rasé, juste au-dessus du front.

Comme lui, comme « son » Brésil, l'Allemagne est un finaliste qu'on n'attendait pas cette fois-ci. Humiliée au premier tour de l'Euro 2000, elle n'a pas tardé à se refaire une santé, profitant d'un tableau dégagé (les États-Unis en quart, 1-0 ; la Corée du Sud en demie, 1-0), d'un bloc rajeuni compact et solide et de Michael Ballack, unique buteur en quart de finale et en demie.

IL ÉGALE LES DOUZE BUTS DE PELÉ

L'Allemand est suspendu pour la finale, laissant Ronaldo seul sur la voie qui mène chez les géants. À Yokohama, le Brésilien a invité le professeur français Gérard Saillant, celui qui l'a opéré et sait le mieux ce qu'il a enduré. Après une heure et sept minutes de jeu, le dernier buteur brésilien en finale de Coupe du monde s'appelle toujours Carlos Alberto. C'était il y a trente-deux ans. Ronaldo vient de manquer un dribble sur Linke. Il se relève et va chiper le ballon dans les pieds de Hamann. Il sert Rivaldo, sollicite la remise, mais son coéquipier l'oublie et tire sur Kahn, qui a déjà annihilé, à lui seul, trois occasions brésiliennes. Cette fois, le gardien allemand relâche le ballon et Ronaldo surgit pour inscrire le plus facile des buts. Douze minutes plus tard, Rivaldo la joue cette fois collectif en laissant passer un centre d'Ederson. Ronaldo signe son triomphe d'une frappe au ras du poteau gauche. Il devient le neuvième joueur de l'histoire à inscrire au moins deux buts dans une finale de Coupe du monde et rejoint Colaussi et Piola (en 1938), Rahn (en 1954), Vava et Pelé (en 1958), Hurst (auteur d'un triplé en 1966), Kempes (en 1978) et Zidane (en 1998). Il égale les douze buts de Pelé en Coupe du monde. Il reste à en marquer trois pour dépasser le record de Gerd Müller (14). C'est exactement ce qu'il fera en 2006. ■

RICHARD MARTIN / L'ÉQUIPE

ALAIN DE MARTIGNAC / L'ÉQUIPE

LE FIASCO FRANÇAIS

Comme en 1998, la France rejoint dans l'histoire les très grandes nations du football : un champion éliminé dès le premier tour, cela ne s'était plus vu depuis la sortie du Brésil en 1966 ; un tenant du titre battu dès son premier match, cela nous ramenait à l'Argentine en 1990. À l'époque, l'équipe de Maradona avait tout de même atteint la finale...

LA BLESSURE DE ZIDANE

Mais, pour les Bleus, rois du monde en 1998 et de l'Europe en 2000, la chute est brutale. Orphelins de leur capitaine, Didier Deschamps, qui a pris sa retraite, privés de Pires, forfait, et surtout de Zidane, écarté des deux premiers matches à cause d'une blessure à la cuisse gauche, les Français vivent un cauchemar pendant trois rencontres.
Surpris d'entrée par le Sénégal (1-0), ils résistent contre l'Uruguay (0-0) après avoir perdu Henry, expulsé dès la 25e minute. Condamnés à battre le Danemark par deux buts d'écart, ils retrouvent Zidane. Mais les quelques coups d'éclat de la star diminuée ne renversent pas un destin mal en point (défaite, 0-2).
La France, qui se présentait en favorite avec les meilleurs buteurs des Championnats anglais (Henry), italien (Trezeguet) et français (Cissé), quitte le Mondial sans avoir marqué un seul but et en en concédant plus (3) que pendant ses sept matches de 1998 (2). Cette fois, les certitudes, nées de ses grandes conquêtes, n'ont pas balayé les doutes apparus pendant la saison des matches amicaux. Après ce fiasco Roger Lemerre, qui avait succédé à Aimé Jacquet au poste de sélectionneur, est remplacé par Jacques Santini. ■

Incheon, le 11 juin. Fabien Barthez et Bixente Lizarazu viennent de s'incliner (0-2) devant le Danemark. La France quitte la compétition dès le premier tour sans avoir marqué un seul but !

BYRON MORENO, L'HOMME DU SCANDALE

Dans leur amertume, les Italiens l'ont rendu mondialement célèbre. Byron Moreno, arbitre équatorien de trente-trois ans, avait dirigé le match du premier tour États-Unis – Portugal (3-2) sans faire parler de lui. Le 18 juin, éliminés par la Corée du Sud (2-1, b.e.o) en huitième de finale, les Italiens lui reprochent d'avoir refusé un but en or à Tommasi à cause d'un hors-jeu inexistant et d'avoir expulsé Totti en raison d'une simulation plus que douteuse. Devenu le bouc émissaire de l'Italie tout entière, Byron Moreno sert également d'exemple à la FIFA : face aux nombreuses erreurs d'arbitrage qui ont émaillé l'épreuve, Sepp Blatter, le président, promet de ne retenir lors des futures phases finales que des arbitres familiers du haut niveau, quitte à limiter le nombre de nationalités représentées. La FIFA ouvre également une enquête sur l'arbitre équatorien. En mars 2003, elle conclura à « l'absence de preuves d'une éventuelle violation de la réglementation ». Moreno sera tout de même suspendu vingt matches par sa propre fédération pour avoir décompté douze minutes de temps additionnel dans un match équatorien, trois mois après sa mésaventure asiatique. ■

Oita, le 16 juin.
Grâce à sa victoire sur la Suède (2-1, b.e.o.), le Sénégal devient la deuxième équipe africaine à atteindre les quarts de finale.

ALAIN DE MARTIGNAC / L'ÉQUIPE

PIERRE LABLATINIÈRE / L'ÉQUIPE

PIERRE LABLATINIÈRE / L'ÉQUIPE

JEAN-LOUIS FEL / PRESSE SPORT

JEAN-LOUIS FEL / PRESSE SPORT

Daejeon, le 18 juin.
Byron Moreno, l'arbitre équatorien du huitième de finale Corée du Sud – Italie devient le bouc émissaire de toute l'Italie après des décisions contestables qui conduisent à l'élimination des coéquipiers de Paolo Maldini.

L'EXPLOIT DES NOUVEAUX LIONS

Douze ans après les Lions Indomptables du Cameroun, les Sénégalais deviennent la deuxième équipe africaine de l'Histoire à atteindre les quarts de finale de l'épreuve. Comme leurs prédécesseurs, les Lions de la Teranga battent d'entrée le tenant du titre sur le score de 1-0. Roger Milla et les siens avaient surpris l'Argentine. Bouba Diop, le buteur, et ses dix coéquipiers, tous issus du Championnat de France, dominent les Bleus le 31 mai à Séoul, au cours de leur premier match dans une phase finale de Coupe du monde. Le joyeux collectif des « Senefs », porté par le sens tactique de son entraîneur, le Français Bruno Metsu, part pour une longue aventure, marquée par un match fou contre l'Uruguay (3-3) au premier tour. Après avoir mené 3-0, le Sénégal préserve de justesse le résultat nul. En huitième, face à la Suède, Henri Camara le Sedanais, remplaçant au début de la compétition, signe un doublé décisif (2-1, b.e.o.). Et ce n'est qu'en prolongation que les Lions s'inclinent ensuite face à la très habile Turquie (1-0, b.e.o.). ■

ALAIN DE MARTIGNAC / L'ÉQUIPE

RÜSTÜ ET SES PEINTURES DE GUERRE

Les Coupes d'Europe avaient déjà fait connaître Hasan Sas, Bastürk, Umit Davala, Emre et quelques autres. Cette Coupe du monde célèbre l'avènement au plus haut niveau de la sélection turque, un groupe majoritairement issu du club de Galatasaray, vainqueur de la Coupe de l'UEFA en 2000. Pour sa première phase finale de Coupe du monde depuis 1954, l'équipe, quart-finaliste de l'Euro 2000, décroche la troisième place en ne perdant que contre le Brésil (au premier tour, 2-1, et en demi-finale, 1-0). Mais c'est bien elle qui affiche le meilleur jeu collectif du tournoi. Les talents individuels ont toujours été sa force.

Cette fois, la formation entraînée par Senol Günes y ajoute l'intelligence tactique, la percussion et la solidité, appuyées par un excellent gardien de vingt-neuf ans, Rüstü. Il est une révélation et a déjà un profil de légende : une queue de cheval, deux gros traits de mascara noir sous les yeux et des arrêts de classe. Rüstü – une éphémère saison au Barça (2003-2004), une vie entière à Fenerbahçe – le révélera plus tard : ces peintures de guerre n'étaient qu'une astuce pour éviter d'être ébloui par les projecteurs du stade. Mais la légende n'était pas surfaite : c'est en recordman turc des sélections (118) qu'il prendra sa retraite internationale, après une demi-finale à l'Euro 2008. ■

Rüstü Receber. À vingt-neuf ans, le gardien turc décroche la troisième place de la Coupe du monde. Il est le recordman turc des sélections (118).

BERNARD PAPON / L'ÉQUIPE

INAMOTO LANCE LE JAPON

En inscrivant un but face à la Russie, le 9 juin à Yokohama, Junichi Inamoto offre au Japon sa première victoire en phase finale de Coupe du monde (1-0). À vingt-deux ans, le joueur d'Arsenal, surnommé « le Gros Bébé » devient un héros national dans un pays fasciné par le football et prompt à en idolâtrer les représentants. Son équipe, entraînée par le Français Philippe Troussier, termine à la première place de son groupe. À l'image de la Corée du Sud, l'autre pays hôte, le Japon, est à la hauteur de l'événement mais rentre plus vite dans le rang, battu en huitième par la Turquie (0-1). ■

Yokohama, le 9 juin. Junichi Inamoto avait été recruté en 2001 par Arsenal. Le club ne lui avait fait disputer aucun match du championnat anglais mais avait vendu près de 100 000 maillots à son nom au Japon.

PAUL RICHARDS / AFP

DU SOCCER CHEZ LE PRÉSIDENT

George W. Bush, alors président des États-Unis, admet être totalement ignare en matière de soccer mais invite à la Maison Blanche l'équipe entraînée par Bruce Arena dès son retour d'Asie. Inattendus quart-finalistes de la compétition, les Nord-Américains viennent de réussir leur meilleure performance dans un Mondial depuis 1930 (demi-finale). Qualifiés pour les huitièmes de finale en profitant, comme la Corée du Sud, des défaillances du Portugal (3-2), ils éliminent le Mexique en misant sur la contre-attaque (2-0) avant de tomber face à l'Allemagne (1-0). Arena a professionnalisé l'organisation de la sélection et récolté les fruits d'un programme de formation, dont deux jeunes talents de l'équipe, Landon Donavan et Marcus Beasley, sont issus. ■

Washington, le 1er août. Le quart de finale décroché par les États-Unis méritait bien une petite visite à la Maison Blanche, chez « Mister President ».

JEAN-LOUIS FEL / L'ÉQUIPE

UNE MARÉE ROUGE

En cinq participations à une phase finale, la Corée du Sud n'avait jamais gagné une rencontre. En 2002, chez elle, elle est la grande animatrice de la compétition et le plus incroyable demi-finaliste de l'histoire de l'épreuve. Avant de chuter contre l'Allemagne (1-0), dans un stade de Séoul où 65 000 Coréens hurlent d'une seule voix, elle bat la Pologne (2-0) et le Portugal (1-0), puis élimine l'Italie (2-1, b.e.o.) en huitième et l'Espagne (0-0, 5-3 aux t.a.b.) en quart. Les erreurs d'arbitrage qui marquent ces deux derniers matches et la fatigue des grandes nations ne peuvent faire oublier le jeu ambitieux et brillant d'une équipe qui se préparait de façon intensive depuis cinq mois. Moins réputée que le Japon sur la scène internationale, la Corée du Sud voulait réussir chez elle. Pari réussi puisqu'elle fait mieux que sa jumelle du Nord, quart-finaliste en 1966, et devient la meilleure équipe asiatique de tous les temps. Le sélectionneur hollandais, Guus Hiddink, y gagne une reconnaissance éternelle, lui qui ose, lorsque l'Italie mène 1-0, remplacer deux défenseurs et un milieu récupérateur par trois joueurs offensifs : la « marée rouge » égalise à la 88e minute. Le play-boy coréen, Ahn Jung Hwan, alors remplaçant dans le club italien de Pérouse, signe le but en or à la 117e. « Je n'avais encore jamais joué de prolongation dans un match international », avouera-t-il après son exploit. ■

Daejeon, le 18 juin
Ahn Jung Hwan inscrit le but en or face à l'Italie. La Corée va s'enflammer pour son équipe jusqu'à la demi-finale perdue (0-1) face à l'Allemagne.

OLIVIER PREVOSTO / ONZE MONDIAL / FLASH PRESS

Daegu, le 29 juin.
Lors du match pour la troisième place entre la Corée et la Turquie, Hakan Sükür marque onze secondes après le coup d'envoi.

LE « SÜKÜR EXPRESS »

Le 29 juin, à Daegu (Corée du Sud), le match pour la troisième place n'est commencé que depuis onze secondes lorsque l'attaquant de la Turquie, Hakan Sükür, trompe le gardien coréen, Lee Woon-jae. C'est le but le plus rapide de l'histoire de la Coupe du monde : le capitaine turc fait mieux que le Tchécoslovaque Vaclav Masek, marqueur après quinze secondes contre le Mexique (1-3), en 1962. ■

PIERRE LABLATINIÈRE / L'ÉQUIPE

INCONSOLABLE KAHN

La finale vient tout juste de s'achever, la joyeuse sarabande brésilienne ne fait que commencer. Oliver Kahn, le gardien allemand, est immobile, collé aux poteaux qui a vu passer les deux buts de Ronaldo. Le géant aux airs durs et arrogants est méconnaissable : pétrifié, anéanti. Thomas Linke, d'abord, puis tous ses coéquipiers, un à un, viennent le consoler d'un mot, d'une tape dans le dos, d'une main dans le cou. Même l'arbitre de la rencontre, Pierluigi Collina, tente sa chance. Mais Kahn est inconsolable. À trente-trois ans, il est au sommet de sa carrière. En 2001, il a tout conquis avec le Bayern Munich (Coupe Intercontinentale, Ligue des champions, Bundesliga). Et, en Asie, il a confirmé qu'il était le meilleur gardien du monde. La perfection pendant, presque, sept matches : à la 67e minute de la finale, il a relâché un ballon a priori docile et l'erreur n'a pas échappé à Ronaldo qui a ouvert le score.

Oliver Kahn. À trente-trois ans, le gardien de la sélection allemande et du Bayern de Munich confirme qu'il est le meilleur du monde à son poste. Mais il ne remportera pas la Coupe du monde, trompé deux fois par Ronaldo.

« DANS CETTE ÉPREUVE, JE ME SUIS DÉCOUVERT »

Afin d'oublier sa culpabilité, Kahn parle de l'équipe : « Cette compétition marque un tournant au sein de notre sélection. Nous allons nous appuyer sur ce noyau de jeunes joueurs pour préparer le Mondial 2006. » Cette future Coupe du monde chez lui, à trente-sept ans, sera l'aboutissement de sa carrière, la plus belle occasion d'effacer le match de Yokohama en 2002. Mais, lorsqu'elle s'ouvrira dans son stade à Munich par le match Allemagne-Costa-Rica (4-2), Kahn sera sur le banc et Jens Lehmann le numéro 1 depuis peu. Après avoir songé à quitter la sélection, le géant endurci étonnera le monde dans un rôle de doublure irréprochable, serviable et impliquée. Il fera ses adieux à la *Nationalmannschaft,* après 66 sélections, le 8 juillet 2006, lors de la petite finale contre le Portugal, en ne s'inclinant qu'à deux minutes de la fin sur une tête de Nuno Gomes (3-1). « Dans cette épreuve, je crois que je me suis découvert », dira-t-il. Celle de Yokohama lui avait peut-être déjà ouvert le chemin. ■

06

Allemagne
Angleterre
Angola
Arabie Saoudite
Argentine
Australie
Brésil
Corée du Sud
Costa Rica
Côte d'Ivoire
Croatie
Équateur
Espagne
États-Unis
France
Ghana
Iran
Italie
Japon
Mexique
Paraguay
Pays-Bas
Pologne
Portugal
République tchèque
Serbie-Monténégro
Suède
Suisse
Ukraine
Togo
Trinité-et-Tobago
Tunisie

Finale : le 9 juillet, à Berlin.
ITALIE 1-1, 5-3 aux t.a.b.
(1-1 ; 1-1) France

DE MARTIGNAC / L'ÉQUIPE

LA *NAZIONALE*, CE « MUR DE BERLIN »

C'EST UNE ITALIE CONTESTÉE, ÂGÉE, SOLIDE ET EXPÉRIMENTÉE, QUI REMPORTE SA QUATRIÈME COURONNE MONDIALE.

Leurs adversaires étaient pourtant prévenus. La plupart des équipes azzuri sacrées lors des précédentes éditions étaient parties au combat avec le sentiment d'être critiquées par la Terre entière. Quand les Italiens arrivent en Allemagne début juin, ils suscitent bien plus de moqueries qu'ils n'engendrent de méfiance. Deux semaines plus tôt, un énorme scandale de matches truqués a éclaté en Péninsule, impliquant la Juventus Turin, championne en titre, et d'autres grands clubs où évoluent la majorité des internationaux. Les *Azzurri* se sont préparés sous les sifflets, plusieurs d'entre eux ont été convoqués chez les juges chargés de l'enquête et le sélectionneur, Marcello Lippi, a failli être poussé à la démission.
Alors, même Franz Beckenbauer, maître des lieux et ancien vainqueur de l'épreuve, tombe dans le panneau : « L'Italie va le payer sur le terrain, les joueurs auront la tête ailleurs. » Ils iront au bout, bien au contraire, tout au bout, à l'image de leurs aînés de

Berlin, le 9 juillet. Marco Materazzi peut désigner le ciel. La *Nazionale* vient de terminer victorieuse de la séance des tirs au but.

1982 marqués eux aussi par le scandale du *Totonero*. Mais, cette fois, pas de Paolo Rossi : la *Nazionale* de Lippi rapporte un quatrième titre à l'Italie - le meilleur total derrière les cinq étoiles du Brésil - avec dix buteurs différents pour douze réalisations, et surtout une conviction, une solidité et une solidarité à toute épreuve.

UNE HISTOIRE DE REVANCHES

Elle n'est pas la plus brillante dans le jeu ? Fabio Cannavaro, son capitaine, son guide, s'en moque : « Soyons un peu plus italiens, un peu plus cyniques », demande-t-il après un match nul au premier tour contre les États-Unis (1-1). L'Italie évolue ensuite avec un seul attaquant (Toni) et une défense aussi performante que celle de la France en 1998 (2 buts encaissés), au point d'être surnommée « le Mur de Berlin ». Elle est portée par l'excellence de Cannavaro, si impressionnant pendant un mois que Maradona le désignera comme « meilleur joueur du tournoi » et qu'il obtiendra le Ballon d'Or *France Football* à la fin de l'année.

Sa fédération avait pourtant failli lui enlever le brassard parce qu'il avait été un peu trop fortement solidaire des anciens dirigeants de la Juve. Mais ce triomphe est une histoire de revanches. La sienne comme celle de Marco Materazzi, le défenseur maladroit et mal aimé du football italien. Devenu titulaire après la blessure de Nesta, il se fait buteur contre la République tchèque (2-0) au premier tour, et surtout contre la France en finale. C'est la revanche de Francesco Totti, aussi, revenu in extremis après une grave blessure et auteur du penalty qui sauve l'Italie du piège australien, dans les arrêts de jeu, en huitième de finale (1-0) ; celle de Fabio Grosso, sorti de l'anonymat à vingt-huit ans, qui obtient un penalty et inscrit un but décisif dans la prolongation de la demi-finale contre l'Allemagne (2-0 a.p.) ; celle d'Andrea Pirlo, qui fait taire les critiques sur son manque de régularité et brille dans l'organisation du jeu ; celle de Gennaro Gattuso, énervé par les tabloïds allemands qui appellent au boycott de la pizza ; celle de Toni, meilleur buteur de Serie A à vingt-neuf ans mais encore ignoré par les grands clubs, qui marque deux buts face à l'Ukraine en quart de finale (3-0) ; celle de Buffon, enfin, poursuivi dans une affaire de paris truqués. À la hauteur de sa réputation de meilleur gardien du monde, il ne s'incline que contre le sort (un but contre son camp de Zaccardo) et l'audace d'un génie, la panenka de Zidane sur penalty à la 7e minute de la finale.

TREZEGUET MANQUE SON TIR AU BUT

Car l'ultime défi de ces Italiens, fatigués mais prêts au combat contre tout et contre tous, ce sont les Bleus, revenus eux aussi de nulle part après un premier tour laborieux. Les Bleus que l'Italie ne bat plus depuis 1978. Les Bleus et leur devise du moment : « On vit ensemble, on meurt ensemble ! » En ce 9 juillet, dans le Stade Olympique de Berlin, c'est la deuxième partie de la phrase qui fait loi. Le but de Materazzi a répondu à celui de Zidane (19e) et le score ne bougera plus. La fatigue gagne les Italiens mais les faits de match s'accumulent contre la France : deux de ses principaux moteurs Vieira, blessé (56e), et Henry, épuisé (107e), doivent sortir ; le tir de Ribéry (100e) ne fait que frôler le cadre et un coup de tête de Zidane est dévié par Buffon (104e), juste avant qu'un nouveau coup de théâtre mette Materazzi à terre (110e). « Zizou », qui jouait le dernier match de sa carrière,

Berlin, le 9 juillet. Match dans le match entre Marco Materazzi et Zinédine Zidane. Un but chacun (7e pour Zidane ; 19e pour Materazzi). Et un coup de théâtre final à la 110e minute.

DE MARTIGNAC / L'ÉQUIPE

DE MARTIGNAC / L'ÉQUIPE

Berlin, le 9 juillet. Dès la 7e minute, la France prend l'avantage grâce à un penalty tiré avec un sang froid incroyable par un Zidane qui se prend pour Antonin Panenka, l'inventeur de la balle piquée sur un penalty, le 20 juin 1976 à Belgrade, en finale du Championnat d'Europe des Nations.

LAHALLE / L'ÉQUIPE

Berlin, le 9 juillet. A la 17e minute, Marco Materazzi égalise d'un puissant coup de tête.

LAHALLE / L'ÉQUIPE

Berlin, le 9 juillet. 110e minute, Zinédine Zidane écope d'un carton rouge pour avoir porté un coup de tête à Marco Materazzi.

DE MARTIGNAC / L'ÉQUIPE

Berlin, le 9 juillet. La frappe de David Trezeguet heurte la barre transversale. L'Italie prend l'avantage durant la séance des tirs au but.

LAHALLE / L'ÉQUIPE

est expulsé. Sans lui, La France semble perdue et l'histoire dérape : Trezeguet, auteur du but en or qui avait écœuré les Italiens en finale de l'Euro 2000 (2-1, b.e.o.), est le seul joueur à manquer son tir au but. L'attaquant de la Juventus permet à l'Italie - éliminée aux tirs au but en 1990, en 1994 et en 1998, au but en or en 2002 - d'en finir avec cette mauvaise habitude et de devenir, avec vingt-huit ans et six mois de moyenne d'âge, la plus vieille équipe championne du monde depuis

le Brésil en 1962 (trente ans et un mois). Grosso, l'ultime tireur, hurle sa joie. Thuram, en pleurs, regarde son ami Cannavaro brandir la coupe. Cinq jours plus tard, leur club, la Juve, est relégué en Serie B, sanctionné à cause de son implication dans le scandale des matches truqués. Pendant toute la saison suivante, trois champions du monde en titre, Buffon, Del Piero et Camoranesi, joueront en Deuxième Division. ■

Berlin, le 9 juillet. Dernier tireur de la séance, Fabio Grosso réussit à tromper Fabien Barthez. L'Italie est championne du monde.

MARTIN / L'ÉQUIPE

REUTERS

Berlin, le 9 juillet. Après un échange d'amabilités, Zinédine Zidane assène un violent coup de tête à Marco Materazzi.

MAIS QUE LUI A DONC DIT MATERAZZI ?

C'est l'image la plus célèbre de cette Coupe du monde. Il n'en existe pourtant que deux illustrations, sous forme de photos prises l'une juste avant, l'autre juste après l'incident. On joue la 108e minute d'une finale dont le score n'a pas bougé depuis que le but de Materazzi (19e) a répondu à celui de Zidane (7e). Tous deux se replacent après un corner. Le défenseur italien a tiré le maillot du Français. Après un bref échange de paroles, Zidane s'éloigne de quelques mètres puis se retourne, marche vers son adversaire et lui assène un coup de tête à la poitrine. Materazzi s'écroule. Hors du jeu, l'action a échappé à leurs coéquipiers respectifs, à la majorité du public et à l'arbitre, qui en sera averti par un de ses assistants. Il sort le carton rouge, qui clôt la carrière d'un joueur immense.

DEUX ET TROIS MATCHES DE SUSPENSION

Par son contexte et sa brutalité, l'incident devient un phénomène médiatique et déchaîne les passions partout dans le monde. Une question alimente tous les fantasmes : mais qu'a donc dit Materazzi à Zidane pour que ce dernier réagisse ainsi ? Le Français évoquera des insultes touchant à sa sœur. L'Italien ne le niera pas, expliquant qu'il a répondu par une insulte à ce qu'il avait ressenti comme de « l'arrogance ». « Quand j'ai tenu son maillot, il m'a regardé avec arrogance et m'a dit : "Si tu le veux, je te le donnerai après." ». Le 20 juillet, la FIFA sanctionne symboliquement le retraité de trois matches de suspension. Materazzi écope de deux matches. C'est la première fois, dans ce genre d'affaire, que le provocateur est puni. ■

LE « MAXI » SCORE DE L'ARGENTINE

6-0. C'est le coup de tonnerre du premier tour : l'Argentine humilie la Serbie-Monténégro, pourtant meilleure défense des éliminatoires. En dix matches, cette sélection n'avait encaissé qu'un seul but. Le 16 juin, à Gelsenckirchen, elle en prend six, dont un de Lionel Messi, pas encore dix-neuf ans, et deux de Maxi Rodriguez, milieu offensif de vingt-cinq ans. Ce droitier est remarqué pour sa sublime reprise de volée du gauche lors de la prolongation contre le Mexique, en huitième de finale (2-1 a.p.). Talent, imagination, efficacité : l'Argentine a tout et sort facilement d'un groupe où elle côtoie les Pays-Bas (0-0) et la Côte d'Ivoire de Drogba (2-1). Elle craquera pourtant en quart, aux tirs au but, contre l'Allemagne (1-1, 4-2 aux t.a.b.). À part en 1990, où elle joua la finale, jamais l'Argentine n'a dépassé les quarts de finale d'un Mondial organisé en Europe. ■

Stuttgart, le 22 juin. Une erreur d'arbitrage de plus : l'Anglais Graham Poll donne trois cartons jaunes au Croate Josip Simunic avant de l'exclure.

FEVRE / L'ÉQUIPE

3 JAUNES = 1 ROUGE

Le 22 juin, lors de Croatie-Australie (2-2), l'Anglais Graham Poll devient le premier arbitre à sanctionner un joueur, le Croate Josip Simunic, de trois cartons jaunes. Dans une fin de match agitée (trois expulsions, deux penalties oubliés), ce n'est qu'au troisième avertissement qu'il pense à sortir le carton rouge. Renvoyé chez lui par la FIFA, il annoncera sa retraite internationale avant de se raviser. ■

LAHALLE / L'ÉQUIPE

Gelsenkirchen, le 16 juin. Esteban Cambiasso vient de marquer le deuxième but argentin devant la Serbie-Monténégro. Il y en aura quatre autres.

Leipzig, le 14 juin. Jeunesse et talent. L'Ukrainien Andryi Nesmachnyi ne parvient pas à stopper Fernando Torres

DE MARTIGNAC / L'ÉQUIPE

L'ESPAGNE PREND SON ÉLAN

C'est presque une habitude. En 1998, au premier tour, les Espagnols avaient battu la Bulgarie (6-1) mais n'avaient pas atteint les huitièmes de finale. Cette fois, ils frappent un grand coup (4-0) dès leur premier match, contre l'Ukraine, mais se heurtent en huitième à la solidité française (3-1). Le coup d'éclat du premier tour ne sera pourtant pas sans lendemain. La jeunesse et le talent de cette Espagne, entraînée par Luis Aragones, triompheront deux ans plus tard lors de l'Euro. Contre l'Ukraine, les buteurs s'appellent déjà Fernando Torres (22 ans) et David Villa (24 ans). ■

DE MARTIGNAC / L'ÉQUIPE

LE BOND DES KANGOUROUS

L'Australie est l'équipe surprise d'une épreuve où elle n'était plus apparue depuis trente-deux ans et dont elle n'avait jamais passé le premier tour. Dirigés par Guus Hiddink, l'entraîneur de la Corée en 2002, les « Socceroos » d'Harry Kewell et Mark Viduka, qui ont écarté la Croatie (2-2) et réussi une démonstration tactique contre le Japon (3-1), en changeant deux fois de système en fin de match, font souffrir l'Italie en huitième. À onze contre dix, ils s'inclinent dans les arrêts de jeu sur un penalty obtenu par Grosso, à cause d'une faute de Lucas Neill (0-1). ■

Kaiserslautern, le 26 juin. Les coéquipiers de Mark Viduka (n° 9) et de Scott Chipperfield (n° 14) posent de gros problèmes à l'Italie.

ILS ONT « CARTONNÉ »

Quatre expulsions et seize avertissements. Jamais autant de cartons n'avaient été distribués lors d'un match de Coupe du monde. Le huitième de finale remporté par le Portugal (1 but, 7 cartons jaunes, 2 rouges) contre les Pays-Bas (9 jaunes, 2 rouges) commence par des fautes sur la jeune étoile portugaise Cristiano Ronaldo et finit en pugilat. Entre les deux, des coups, des provocations, un arbitre débordé et un but, tout de même, signé Maniche (23e). ■

DE MARTIGNAC / L'ÉQUIPE

FEVRE / L'ÉQUIPE

Nuremberg, le 25 juin. 9 cartons à 7 ! Le huitième de finale Pays-Bas–Portugal dégénère.

FEVRE / L'ÉQUIPE

Dortmund, le 27 juin. Face au Ghana, « Il Fenomeno » ajoute une ligne à son palmarès.

RONALDO, ET DE QUINZE !

Ronaldo, le héros triomphant de 2002 n'est pas au meilleur de sa forme. Mais, en ouvrant le score en huitième de finale face au Ghana (3-0), le Brésilien, déjà auteur d'un doublé contre le Japon (4-1), dépasse les 14 buts de Gerd Müller et devient le meilleur buteur de l'histoire des Coupes du monde avec 15 réalisations. ■

NADINERUPP/WITTERS/PRESSE SPORTS

Cologne, le 26 juin.
Éliminée par l'Ukraine en huitième de finale (0-0, 3-0 aux t.a.b.), la Suisse réussit l'exploit de quitter le tournoi sans encaisser le moindre but et devient la première équipe de l'histoire de la Coupe du monde à conclure une séance de tirs au but par un zéro pointé.

FEVRE / L'ÉQUIPE

Gelsenkirchen, le 1er juillet.
Trois tirs au but détournés par le gardien portugais Ricardo ! Un record lors d'une phase finale de Coupe du monde qui permet au Portugal d'atteindre la demi-finale.

DE MARTIGNAC / L'ÉQUIPE

Berlin, le 30 juin.
Avant la séance des tirs au but du quart de finale face à l'Argentine (1-1, 4-2 aux t.a.b.), le gardien allemand Jens Lehmann glisse un papier dans une de ses chaussettes. Il le lit plusieurs fois avant de s'installer dans les cages. Sur cette feuille, le staff allemand a griffonné les habitudes de tir de ses adversaires. Jamais le gardien, devenu numéro 1 devant Oliver Kahn, ne se trompe de côté. Il effleure les tirs de Cruz et de Maxi Rodriguez, arrête ceux d'Ayala et de Cambiasso, il qualifie son pays.

LES PIEDS DE CRISTIANO, LA MAIN DE RICARDO

Quarante ans après la génération Eusebio, le Portugal, finaliste de l'Euro 2004 chez lui, atteint à nouveau les demi-finales d'un Mondial. Entraîné par le sélectionneur tenant du titre, le Brésilien Luiz Felipe Scolari, il s'impose par sa capacité à tenir la balle très haut et par ses grosses individualités. Cristiano Ronaldo, vingt et un ans, exprime déjà un talent fou, Figo et Pauleta sont encore là et le noyau du FC Porto 2004, sacré en Ligue des champions, pèse lourd. Mais c'est à son gardien que l'équipe doit son succès en quart contre l'Angleterre (0-0, 3-1 aux t.a.b.). Ricardo détourne trois tentatives adverses (Lampard, Gerrard et Carragher), un record dans une séance de tirs au but en Coupe du monde. ■

L'AUTRE SOMMET DES BLEUS

Le 1er juillet, la France refait le coup de 1998 : comme il y a huit ans, elle bat les Brésiliens tenants du titre. Avec le précédent de 1986, cela fait trois fois de suite que la *Seleção* craque en Coupe du monde contre les Bleus. Une semaine plus tôt, l'équipe entraînée par Raymond Domenech, la plus âgée de la compétition, était pourtant plus près de revivre son Mondial 2002 que sa glorieuse fin de millénaire. Au bout d'un premier tour laborieux (0-0 contre la Suisse, 1-1 face à la Corée du Sud), elle avait sauvé sa peau contre le Togo (2-0) avant de renverser l'Espagne, de manière beaucoup plus convaincante, en huitième de finale (3-1).

INOUBLIABLE

En quart elle réalise un match inoubliable, imposant aux magiciens brésiliens une épreuve de force nourrie d'une solidité défensive qui avait déjà fait sa réussite en 1998, mais aussi d'une solidarité et d'un mental incomparables. À ce jeu-là, Makelele, Thuram et surtout Vieira, buteur lors des deux matches précédents, excellent. La victoire française est physique, tactique, artistique parfois. Car Zinédine Zidane, qui a choisi de boucler sa carrière par cette Coupe du monde, atteint son deuxième sommet en bleu, après ses deux buts en finale il y a huit ans. « Le Brésilien, c'était lui ! », dira son coéquipier William Gallas après le match. Parmi tous les gestes récités à la perfection, se cache même une première : une passe décisive pour Thierry Henry. Sur un coup franc de Zidane, l'attaquant marque d'une reprise de volée du droit (57e). La France est lancée vers la finale ; le Portugal, battu en demie sur un penalty (1-0), ne réussira pas à l'arrêter. ■

Francfort, le 1er juillet.
Patrick Vieira dans les bras de Zinédine Zidane. L'équipe de France s'impose (1-0) devant le Brésil et accède à la demi-finale de la Coupe du monde. Inespéré, un mois plus tôt.

MARTIN / L'ÉQUIPE

RIBÉRY S'INSTALLE CHEZ LE GRANDS

Lorsqu'il annonce les vingt-trois joueurs retenus pour disputer ce Mondial, le sélectionneur français, Raymond Domenech, s'attarde sur le plus jeune (23 ans). « Le dernier nom que j'ai inscrit, c'est celui de Franck Ribéry. Il a l'inconscience des joueurs qui arrivent et ne font jamais la gueule. » Depuis deux ans, ce milieu offensif n'en finit plus d'arriver. En Ligue 1, à l'été 2004, alors qu'il n'avait connu que le niveau du National avant de jouer à Metz. À l'étranger, six mois plus tard, pour une expérience express à Fenerbahçe (Turquie). À Marseille, en 2005, où sa spontanéité, sa décontraction et son talent séduisent aussitôt. Et maintenant en Coupe du monde, lui qui n'avait encore jamais été appelé. Il est titulaire six fois en sept matches et fait notamment basculer le huitième de finale contre l'Espagne (3-1). La France est menée lorsque, sur une passe en profondeur de Vieira, il dribble Casillas et frappe dans le but (41e). La « Ribérymania » ne fait que commencer en France, mais aussi en Allemagne. Le Bayern Munich le recrutera un an plus tard. ■

L'ALLEMAGNE VAINCUE, L'ALLEMAGNE HEUREUSE

L'Allemagne ne termine que troisième de « sa » Coupe du monde. Pour une sélection habituée des finales (5 depuis 1974), cela ressemble à un échec. Son succès face au Portugal lors de la petite finale (3-1) sera pourtant suivi d'une immense fête populaire dans tout le pays. « On n'a plus connu une telle liesse depuis la chute du mur de Berlin en 1989 », témoigne le président de la Fédération allemande, Gerhard Mayer-Vorfelder. Heureuse malgré la défaite, l'Allemagne a changé. Et elle a dépoussiéré son image, en forçant le monde à la regarder autrement. Sa sélection est la plus jeune du tournoi, avec notamment six joueurs encore en âge d'évoluer chez les Espoirs, dont l'attaquant Lukas Podolski (21 ans), auteur de trois buts dont un doublé en huitième contre la Suède (2-0). Jürgen Klinsmann, sélectionneur de quarante et un ans, voulait donner de son équipe une image offensive, séduisante et moderne. Mission accomplie, en dehors mais aussi sur le terrain. Elle boucle la compétition avec la meilleure attaque (14 buts) et le meilleur buteur, Miroslav Klose (5 buts). ■

MANTEY / L'ÉQUIPE

Munich, le 20 juin.
L'Allemagne qui ne triomphe pas mais fédère autour d'elle. C'est la grande réussite de cette Coupe du monde parfaitement organisée par un pays pour une fois ravi de voir son équipe terminer troisième.

MARTIN / L'ÉQUIPE

Franck Ribéry.
Six fois titulaire en sept matches alors qu'il n'avait jamais été appelé avant la Coupe du monde, le milieu offensif de vingt-trois ans fait l'unanimité autour de lui.

LA LEÇON DE LIPPI À KLINSMANN

La prolongation de la demi-finale Allemagne-Italie reste un morceau de choix de cette Coupe du monde. Est-elle la victoire d'un entraîneur expérimenté, l'Italien Marcello Lippi, cinquante-huit ans, sur un jeune sélectionneur, l'Allemand Jürgen Klinsmann, quarante et un ans ?

En tout cas, alors que ce dernier fait ses changements poste pour poste, Lippi lance trois joueurs offensifs, Gilardino (74e), Iaquinta (91e) et Del Piero (104e). Dans l'intimidant stade de Dortmund, où l'Allemagne ne s'était jamais inclinée, le pari italien fonctionne in extremis. À la 119e minute, Grosso, le latéral gauche, déboule sur la droite et marque. À la 120e, Del Piero, servi par Gilardino, l'imite. Les Allemands n'iront pas à Berlin (0-2, a.p.). ■

FEVRE / L'ÉQUIPE

Dortmund, le 4 juillet .
Face à l'Italie, en demi-finale, l'Allemagne de Jürgen Klinsmann s'incline en prolongation. Le sélectionneur allemand n'a pas su prendre de risques au moment de procéder à des changements.

MasterCard
22
22

LES RÉSULTATS DE TOUTES LES PHASES FINALES

1930 / URUGUAY

(du 13 au 30 juillet)

PHASE DE POULES

GROUPE 1
(seul groupe de 4 équipes)

FRANCE 4-1 (3-0) MEXIQUE,
le 13 juillet, à Montevideo.
Buts.- FRANCE : Laurent (19e), Langiller (40e), Maschinot (42e, 87e) ; MEXIQUE : Carreno (70e).
ARGENTINE 1-0 (0-0) FRANCE,
le 15 juillet, à Montevideo.
But : Monti (81e).
CHILI 3-0 (1-0) MEXIQUE,
le 16 juillet, à Montevideo.
Buts : Subiarbe (3e), M. Rosas (51e c.s.c.), Vidal (65e).
CHILI 1-0 (0-0) FRANCE,
le 19 juillet, à Montevideo.
But : Subiabre (65e).
ARGENTINE 6-3 (3-1) MEXIQUE,
le 19 juillet, à Montevideo.
Buts.- ARGENTINE : Stabile (8e, 17e, 80e), Zumelzu (12e, 55e), Varallo (53e) ; MEXIQUE : M. Rosas (42e s.p., 65e), Gayon (75e).
ARGENTINE 3-1 (2-1) CHILI,
le 22 juillet, à Montevideo.
Buts.- ARGENTINE : Stabile (12e, 14e), M. Evaristo (51e) ; CHILI : Subiabre (15e).

CLASSEMENT

1. Argentine, 6 pts ; 2. Chili, 4 ; 3. France, 2 ; 4. Mexique, 0.

GROUPE 2

YOUGOSLAVIE 2-1 (2-0) BRÉSIL,
le 14 juillet, à Montevideo.
Buts.- YOUGOSLAVIE : Tirnanic (21e), Bek (30e) ; BRÉSIL : Neto (62e).
YOUGOSLAVIE 4-0 (0-0) BOLIVIE,
le 17 juillet, à Montevideo.
Buts : Bek (60e, 67e), Marjanovic (65e), Vujadinovic (85e).
BRÉSIL 4-0 (1-0) BOLIVIE,
le 20 juillet, à Montevideo.
Buts : Visintainer (37e, 73e), Neto (57e, 83e).

CLASSEMENT

1. Yougoslavie, 4 pts ; 2. Brésil, 2 ; 3. Bolivie, 0

GROUPE 3

ROUMANIE 3-1 (1-0) PÉROU,
le 14 juillet, à Montevideo.
Buts.- ROUMANIE : Desu (1re), Barbu (84e), Stanciu (85e) ; PÉROU : L. Souza (75e).
URUGUAY 1-0 (0-0) PÉROU,
le 18 juillet, à Montevideo.
But : Castro (65e).
URUGUAY 4-0 (4-0) ROUMANIE,
le 21 juillet, à Montevideo.
Buts : Dorado (7e), Scarone (26e), Anselmo (30e), Cea (35e).

CLASSEMENT

1. Uruguay, 4 pts ; 2. Roumanie, 2 ; 3. Pérou, 0

GROUPE 4

ÉTATS-UNIS 3-0 (2-0) BELGIQUE,
le 13 juillet, à Montevideo.
Buts : McGhee (41e, 45e), Patenaude (88e).
ÉTATS-UNIS 3-0 (2-0) PARAGUAY,
le 17 juillet, à Montevideo.
Buts : Patenaude (10e, 15e, 50e).
PARAGUAY 1-0 (1-0) BELGIQUE,
le 20 juillet, à Montevideo.
But : Vargas Pena (40e).

CLASSEMENT

1. États-Unis, 4 pts ; 2. Paraguay, 2 ; 3. Belgique, 0

DEMI-FINALES

ARGENTINE 6-1 (1-0) ÉTATS-UNIS,
le 26 juillet, à Montevideo.
Buts.-ARGENTINE : Monti (20e), Scopelli (56e), Stabile (69e, 87e), Peucelle (80e, 85e) ; ÉTATS-UNIS : Brown (89e).
ARGENTINE : Botasso - Della Torre, Paternoster - J. Evaristo, Monti, Orlandini - Peucelle, Scopelli, Stabile, M. Ferreira (cap.), M. Evaristo. Entr. : J.J. Tramutola.
ÉTATS-UNIS : Douglas - Wood, Moorhouse - Gallagher, Tracy, Auld - Brown, Gonzalves, Patenaude, Florie (cap.), McGhee.
Entr. : B. Miller.

URUGUAY 6-1 (3-1) YOUGOSLAVIE,
le 27 juillet, à Montevideo.
Buts.- URUGUAY : Cea (18e, 67e, 72e), Anselmo (20e, 31e), Iriarte (61e) ;
YOUGOSLAVIE : Vujadinovic (4e)
URUGUAY : Ballesteros - Mascheroni, Nasazzi (cap.) - Andrade, L. Fernandez, Gestido - Dorado, Scarone, Anselmo, Cea, Iriarte. Entr. : A. Suppici.
YOUGOSLAVIE : Jaksic - Ivkovic (cap.), D. Mihajlovic - Arsenijevic, Stefanovic, Djokic - Tirnanic, Marjanovic, Bek, Vujadinovic, Sekulic. Entr. : B. Simonovic.

FINALE

URUGUAY 4-2 (1-2) ARGENTINE,
le 30 juillet, à Montevideo
Buts.- URUGUAY : Dorado (12e), Cea (57e), Iriarte (68e), Castro (89e) ; ARGENTINE : Peucelle (20e), Stabile (37e).
URUGUAY : Ballesteros - Mascheroni, Nasazzi (cap.) - Andrade, Fernandez, Gestido - Dorado, Scarone, Castro, Cea, Iriarte.
Entr. : A. Suppici.
ARGENTINE : Botasso - Della Torre, Paternoster - J. Evaristo, Monti, A. Suarez - Peucelle, Varallo, Stabile, M. Ferreira (cap.), M. Evaristo. Entr. : J.J. Tramutola.

1934 / ITALIE

(du 27 mai au 10 juin)

HUITIÈMES DE FINALE

ITALIE 7-1 (3-0) ÉTATS-UNIS,
le 27 mai, à Rome.
Buts.- ITALIE : Schiavio (18e, 29e, 64e), Orsi (20e, 69e), Ferrari (63e), Meazza (90e) ;
ÉTATS-UNIS : Donelli (57e).
TCHÉCOSLOVAQUIE 2-1 (0-1) ROUMANIE,
le 27 mai, à Trieste.
Buts.- TCHÉCOSLOVAQUIE : Puc (48e), Nejedly (66e) ; ROUMANIE : Dobai (12e).
ESPAGNE 3-1 (3-0) BRÉSIL,
le 27 mai, à Gênes.
Buts.- ESPAGNE : Iraragorri (17e s.p.), Langara (25e, 28e) ; BRÉSIL : Leonidas (55e).
SUISSE 3-2 (2-1) PAYS-BAS,
le 27 mai à Milan.
Buts.- SUISSE : Kielholz (9e, 44e), Abegglen (69e) ; PAYS-BAS : Smit (19e), Vente (84e).
SUÈDE 3-2 (1-1) ARGENTINE,
le 27 mai à Bologne.
Buts.- SUÈDE : Jonasson (9e, 67e), Kroon (80e) ; ARGENTINE : Belis (3e), Galateo (50e).
ALLEMAGNE 5-2 (1-2) BELGIQUE,
le 27 mai à Florence.
Buts.- ALLEMAGNE : Kobierski (27e), Siffling (47e), Conen (66e, 69e, 85e) ;
BELGIQUE : Voorhoof (29e, 44e).
AUTRICHE 3-2 a.p. (1-1 ; 1-1) FRANCE,
le 27 mai, à Turin
Buts.- AUTRICHE : Sindelar (45e), Schall (94e), Bican (109e) ; FRANCE : Nicolas (18e), Verriest (116e s.p.).
HONGRIE 4-2 (2-2) ÉGYPTE,
le 27 mai, à Naples.
Buts.- HONGRIE : Teleki (10e), Toldi (25e, 61e), Vincze (54e) ; ÉGYPTE : Fawzy (31e, 39e).

QUARTS DE FINALE

ALLEMAGNE 2-1 (0-0) SUÈDE,
le 31 mai, à Milan.
Buts.- ALLEMAGNE : Hohmann (60e, 62e) ;
SUÈDE : Dunker (82e).

TCHÉCOSLOVAQUIE 3-2 (1-1) SUISSE,
le 31 mai, à Turin.
Buts.- TCHÉCOSLOVAQUIE : Svoboda (23e), Sobotka (49e), Nejedly (83e) ; SUISSE : Kielholz (18e), Jäggi (80e).

AUTRICHE 2-1 (1-0) HONGRIE,
le 31 mai, à Bologne.
Buts.- AUTRICHE : Horvath (8e), Zischek (51e) ;
HONGRIE : Sarosi (60e s.p.).
Expulsion.- Hongrie : Markos (63e).

ITALIE 1-1 a.p. (1-1 ; 1-1) ESPAGNE,
le 31 mai, à Florence.
Buts.- ITALIE : Ferrari (45e) ; ESPAGNE : Regueiro (31e).

MATCH D'APPUI
APRÈS LE MATCH NUL.

ITALIE 1-0 (1-0) ESPAGNE,
le 1er juin, à Florence.
But : Meazza (12e).

DEMI-FINALES

TCHÉCOSLOVAQUIE 3-1 (1-0) ALLEMAGNE,
le 3 juin, à Rome.
Buts.- TCHÉCOSLOVAQUIE : Nejedly (21e, 69e, 80e) ; ALLEMAGNE : Noack (62e).
ALLEMAGNE : Kress - Busch, Haringer - Zielinski, Szepan (cap.), Bender - Lehner, Siffling, Conen, Noack, Kobierski.
Entr. : O. Nerz.
TCHÉCOSLOVAQUIE : Planicka (cap.) - Ctyroky, Burgr - Kostalek, Cambal, Krcil - Junek, Svoboda, Sobotka, Nejedly, Puc.
Entr. : K. Petru.

ITALIE 1-0 (1-0) AUTRICHE,
le 3 juin, à Milan.
But : Guaita (19e).
ITALIE : Combi (cap.) - Monzeglio, Allemandi - Ferraris, Monti, Bertolini - Guaita, Meazza, Schiavio, Ferrari, Orsi. Entr. : V. Pozzo.
AUTRICHE : Platzer - Cisar, Sesta - Wagner, Smistik (cap.), Urbanek - Zischek, Bican, Sindelar, Schall, Viertl. Entr. : H. Meisl.

MATCH POUR LA TROISIÈME PLACE

ALLEMAGNE 3-2 (3-1) AUTRICHE,
le 7 juin, à Naples.
Buts.- ALLEMAGNE : Lehner (1re, 42e), Conen (29e) ; AUTRICHE : Horvath (30e), Sesta (55e).
ALLEMAGNE : Jakob - Janes, Busch - Zielinski, Münzenberg, Bender - Lehner, Siffling, Conen, Szepan (cap.), Heidemann.
Entr. : O. Nerz.
AUTRICHE : Platzer - Cisar, Sesta - Wagner, Smistik (cap.), Urbanek - Zischek, Braun, Bican, Horvath, Viertl. Entr. : H. Meisl.

FINALE

ITALIE 2-1 a.p. (0-0 ; 1-1) TCHÉCOSLOVAQUIE,
le 10 juin, à Rome.
Buts.- ITALIE : Orsi (81e), Schiavio (96e) ;
TCHÉCOSLOVAQUIE : Puc (76e).
ITALIE : Combi (cap.) - Monzeglio, Allemandi - Ferraris, Monti, Bertolini - Guaita, Meazza, Schiavio, Ferrari, Orsi. Entr. : V. Pozzo.
TCHÉCOSLOVAQUIE : Planicka (cap.) - Zemisek, Ctyroky - Kostalek, Cambal, Krcil - Junek, Svoboda, Sobotka, Nejedly, Puc.
Entr. : K. Petru.

1938 / FRANCE

(du 4 au 19 juin)

HUITIEMES DE FINALE

SUÈDE, QUALIFIÉE PAR LE FORFAIT DE L'AUTRICHE

SUISSE 1-1 a.p. (1-1 ; 1-1) ALLEMAGNE,
le 4 juin, à Paris.
Buts.- SUISSE : Abegglen (42e) ;
ALLEMAGNE : Gauchel (29e).
Expulsion.- Allemagne : Pesser.

MATCH D'APPUI APRÈS LE MATCH NUL

SUISSE 4-2 (1-2) ALLEMAGNE,
le 9 juin, à Paris.
Buts.- SUISSE : Walaschek (41e), Bickel (64e), Abegglen (75e, 78e) ;
ALLEMAGNE : Hanhemann (8e), Lörtscher (22e c.s.c.).
FRANCE 3-1 (2-1) BELGIQUE,
le 5 juin, à Colombes.
Buts.- FRANCE : Veinante (1re), Nicolas (16e, 69e) ; BELGIQUE : Isemborghs (38e).
BRÉSIL 6-5 a.p. (3-1 ; 4-4) POLOGNE,
le 5 juin, à Strasbourg.
Buts.- BRÉSIL : Leonidas (18e, 93e, 102e), Romeu (24e), Peracio (44e, 71e) ; POLOGNE : Szerfke (22e s.p.), Willimowski (53e, 59e, 88e, 118e).
TCHÉCOSLOVAQUIE 3-0 a.p. (0-0 ; 0-0) PAYS-BAS,
le 5 juin, au Havre.
Buts.- Kostalek (96e), Nejedly (111e), Zeman (119e).
ITALIE 2-1 a.p. (1-0 ; 1-1) NORVÈGE,
le 5 juin, à Marseille.
Buts.- ITALIE : Ferraris (2e), Piola (94e) ;
NORVÈGE : Brustad (83e).
CUBA 3-3 a.p. (1-1 ; 2-2) ROUMANIE,
le 5 juin, à Toulouse.
Buts.- CUBA : Socorro (42e), T. Fernandez (61e), Tunas (101e) ; ROUMANIE : Bindea (38e, 94e), Baratki (88e), Dobay (98e).

MATCH D'APPUI APRÈS LE MATCH NUL

CUBA 2-1 (0-1) ROUMANIE,
le 9 juin, à Toulouse.
Buts.- CUBA : Socorro (51e), C. Oliveira (53e) ;
ROUMANIE : Dobai (28e).
HONGRIE 6-0 (4-0) INDES NÉERLANDAISES,
le 5 juin, à Reims.
Buts : Kohut (18e), Toldi (23e), Sarosi (28e, 77e), Zsengeller (35e, 52e).

QUARTS DE FINALE

SUÈDE 8-0 (4-0) CUBA,
le 12 juin, à Antibes.
Buts : Keller (9e, 80e, 81e), Wetterström (32e, 37e, 44e), Nyberg (84e), H. Andersson (90e).
HONGRIE 2-0 (1-0) SUISSE,
le 12 juin, à Lille.
Buts : Sarosi (40e), Szengeller (90e).
ITALIE 3-1 (1-1) FRANCE,
le 12 juin, à Colombes.
Buts.- ITALIE : Colaussi (7e), Piola (52e, 72e) ;
FRANCE : Heisserer (8e).

BRÉSIL 1-1 a.p. (1-0 ; 1-1) TCHÉCOSLOVAQUIE,
le 12 juin, à Bordeaux.
Buts.- BRÉSIL : Leonidas (30e) ;
TCHÉCOSLOVAQUIE : Nejedly (64e s.p.).
Expulsions.- Brésil : Zeze (14e), Machado (89e) ;
Tchécoslovaquie : Riha (89e).

MATCH D'APPUI APRÈS LE MATCH NUL

BRÉSIL 2-1 (0-1) TCHÉCOSLOVAQUIE,
le 14 juin, à Bordeaux.
Buts.- BRÉSIL : Leonidas (56e), Roberto (63e) ;
TCHÉCOSLOVAQUIE : Kopecky (30e).

DEMI-FINALES

ITALIE 2-1 (0-0) BRÉSIL,
le 16 juin, à Marseille.
Buts.- ITALIE : Colaussi (55e), Meazza (60e s.p.) ; BRÉSIL : Romeo (87e).
ITALIE : Olivieri - Foni, Rava - Serantoni, Andreolo, Locatelli - Biavati, Meazza (cap.), Piola, Ferrari, Colaussi. Entr. : V. Pozzo.
BRÉSIL : Walter - Domingos, Machado - Zeze, Martim (cap.), Afonsinho - Lopez, Luisinho, Peracio, Romeu, Patesko. Entr. : A. Pimenta.

HONGRIE 5-1 (3-1) SUÈDE,
le 16 juin, à Paris.
Buts.- HONGRIE : Szengeller (19e, 39e, 85e), Sas (37e), Sarosi (65e) ; SUÈDE : Nyberg (1re).
HONGRIE : A. Szabo - Koranyi, Biro - Szalay, Turai, Lazar - Sas, Szengeller, Sarosi (cap.), Toldi, Titkos. Entr. : A. Schaffer.
SUÈDE : Abrahamsson - Eriksson, Källgren - Almgren, Jacobsson, Svanström - Wetterström, Keller (cap.), H. Andersson, Johansson, Nyberg. Entr. : J. Nagy (HON).

MATCH POUR LA TROISIÈME PLACE

BRÉSIL 4-2 (1-2) SUÈDE,
le 19 juin, à Bordeaux.
Buts.- BRÉSIL : Romeu (43e), Leonidas (63e, 73e), Peracio (80e) ; SUÈDE : Johansson (28e), Nyberg (38e).
BRÉSIL : Walter - Domingos, Machado - Zeze, Brandao, Afonsinho - Roberto, Romeu, Leonidas (cap.), Peracio, Patesko.
Entr. : A. Pimenta.
SUÈDE : Abrahamsson - Eriksson, Nilsson - Almgren, Linderholm, Svanström (cap.) - Persson, H. Andersson, Johansson, A. Andersson, Nyberg. Entr. : J. Nagy (HON).

FINALE

ITALIE 4-2 (3-1) HONGRIE,
le 19 juin, à Colombes.
Buts.- ITALIE : Colaussi (5e, 35e), Piola (16e, 82e) ; HONGRIE : Titkos (7e), Sarosi (70e).
ITALIE : Olivieri - Foni, Rava - Serantoni, Andreolo, Locatelli - Biavati, Meazza (cap.), Piola, Ferrari, Colaussi. Entr. : V. Pozzo.
HONGRIE : A. Szabo - Polgar, Biro - Szalay, Szücs, Lazar - Sas, Vincze, Sarosi (cap.), Szengeller, Titkos. Entr. : A. Schaffer.

1950 / BRÉSIL

(du 24 juin au 16 juillet)

PHASE DE POULES

GROUPE 1 (4 équipes)

BRÉSIL 4-0 (1-0) MEXIQUE,
le 24 juin, à Rio de Janeiro.
Buts : Ademir (30e, 79e), Jair (66e), Baltazar (71e).
YOUGOSLAVIE 3-0 (3-0) SUISSE,
le 25 juin, à Belo Horizonte.
Buts : Tomasevic (60e, 70e), Ognanov (76e).
YOUGOSLAVIE 4-1 (2-0) MEXIQUE,
le 28 juin, à Porto Alegre.
Buts.- YOUGOSLAVIE : Bobek (19e), Cajkovski (22e, 62e), Tomasevic (81e) ;
MEXIQUE : Ortiz (88e s.p.).
BRÉSIL 2-2 (2-1) SUISSE,
le 28 juin, à Sao Paulo.
Buts.- BRÉSIL : Alfredo (2e), Baltazar (31e) ;
SUISSE : Fatton (16e, 88e).
BRÉSIL 2-0 (1-0) YOUGOSLAVIE,
le 1er juillet, à Rio de Janeiro.
Buts : Ademir (3e), Zizinho (69e).
SUISSE 2-1 (2-0) MEXIQUE,
le 2 juillet, à Porto Alegre.
Buts.- SUISSE : Bader (10e), Tamini (37e) ;
MEXIQUE : Casarin (89e).

CLASSEMENT

1. Brésil, 5 pts ; 2. Yougoslavie, 4 ; 3. Suisse, 3 ; 4. Mexique, 0.

GROUPE 2 (4 équipes)

ANGLETERRE 2-0 (1-0) CHILI,
le 24 juin, à Rio de Janeiro.
Buts : Mortensen (27e), Mannion (53e).
ESPAGNE 3-1 (0-1) ÉTATS-UNIS,
le 25 juin, à Curitiba.
Buts.- ESPAGNE : Basora (75e, 78e), Zarra (85e) ;
ÉTATS-UNIS : J. Souza (17e).
ÉTATS-UNIS 1-0 (1-0) ANGLETERRE,
le 29 juin, à Belo Horizonte.
But : Gaetjens (39e).
ESPAGNE 2-0 (2-0) CHILI,
le 29 juin, à Rio de Janeiro.
Buts : Basora (17e), Zarra (30e).
ESPAGNE 1-0 (0-0) ANGLETERRE,
le 2 juillet, à Rio de Janeiro.
But : Zarra (49e).
CHILI 5-2 (2-0) ÉTATS-UNIS,
le 2 juillet, à Recife.
Buts.- CHILI : Robledo (16e), Riera (32e), Cremaschi (54e, 82e), Prieto (60e) ;
ÉTATS-UNIS : Wallace (46e), J. Souza (48e s.p.).

CLASSEMENT

1. Espagne, 6 pts ; 2. Angleterre, 2 (0) ; 3. Chili, 2 (-1) ; 4. États-Unis, 2 (-4).

GROUPE 3 (3 équipes)

SUÈDE 3-2 (2-1) ITALIE,
le 25 juin, à Sao Paulo.
Buts.- SUÈDE : Jeppsson (25e, 68e), S. Andersson (33e) ; ITALIE : Carapellese (7e), Muccinelli (75e).
SUÈDE 2-2 (2-1) PARAGUAY,
le 29 juin, à Curitiba.
Buts.- SUÈDE : Sundqvist (23e), Palmer (25e) ;
PARAGUAY : A. Lopez (32e), C. Lopez (89e).
ITALIE 2-0 (1-0) PARAGUAY,
le 2 juillet, à Sao Paulo.
Buts : Carapellese (12e), Pandolfini (60e).

CLASSEMENT

1. Suède, 3 pts ; 2. Italie, 2 ; 3. Paraguay, 1.

GROUPE 4 (2 équipes)

URUGUAY 8-0 (4-0) BOLIVIE,
le 2 juillet, à Belo Horizonte.
Buts : Miguez (14e, 45e, 56e), Vidal (18e), Schiaffino (23e, 59e), J. Perez (73e), Ghiggia (82e).

CLASSEMENT

1. Uruguay, 2 pts ; 2. Bolivie, 0.

POULE FINALE

BRÉSIL 7-1 (3-0) SUÈDE,
le 9 juillet, à Rio de Janeiro.
Buts.- BRÉSIL : Admir (17e, 36e, 52e, 58e), Chico (39e, 88e), Maneca (85e) ; SUÈDE : S. Andersson (67e s.p.).
BRÉSIL : Barbosa - Augusto (cap.), Juvenal - Bauer, Danilo, Bigode - Maneca, Zizinho, Ademir, Jair, Chico. Entr. : F. Costa.
SUÈDE : K. Svensson - Samuelsson, E. Nilsson (cap.) - S. Andersson, K. Nordahl, Gard - Sundqvist, Palmer, Jeppsson, Skoglund, S. Nilsson. Entr. : G. Raynor (ANG).

URUGUAY 2-2 (1-2) ESPAGNE,
le 9 juillet, à Sao Paulo.
Buts.- URUGUAY : Ghiggia (29e), Varela (73e) ;
ESPAGNE : Basora (32e, 39e).
URUGUAY : Maspoli - M. Gonzales, Tejera - C. Gonzales, Varela (cap.), Andrade - Ghiggia, J. Perez, Miguez, Schiaffino, Vidal.
Entr. : J. Lopez.
ESPAGNE : Ramallets - Alonso, J. Gonzalvo - M. Gonzalvo, Parra, Puchades - Basora, Igoa, Zarra, Molowny, Gainza (cap.).
Entr. : G. Eizaguirre.

BRÉSIL 6-1 (3-0) ESPAGNE,
le 13 juillet, à Rio de Janeiro.
Buts.- BRÉSIL : Ademir (15e, 57e), Jair (21e), Chico (31e, 55e), Zizinho (67e) ;
ESPAGNE : Igoa (71e).
BRÉSIL : Barbosa - Augusto (cap.), Juvenal - Bauer, Danilo, Bigode - Friaça, Zizinho, Ademir, Jair, Chico. Entr. : F. Costa.
ESPAGNE : Ramallets - Alonso, J. Gonzalvo - M. Gonzalvo, Parra, Puchades - Basora, Igoa, Zarra, Panizo, Gainza (cap.).
Entr. : G. Eizaguirre.

URUGUAY 3-2 (1-2) SUÈDE,
le 13 juillet, à Sao Paulo.
Buts.- URUGUAY : Ghiggia (39e), Miguez (77e, 85e), Perez (84e) ; SUÈDE : Palmer (5e), Sundqvist (40e).
URUGUAY : Paz - M. Gonzales, Tejera - Gambetta, Varela (cap.), Andrade - Ghiggia, J. Perez, Miguez, Schiaffino, Vidal.
Entr. : J. Lopez.
SUÈDE : K. Svensson - Samuelsson, E. Nilsson (cap.) - S. Andersson, G. Johansson, Gard - Sundqvist, Palmer, Jeppsson, Jansson, S. Nilsson. Entr. : G. Raynor (ANG).

SUÈDE 3-1 (2-0) ESPAGNE,
le 16 juillet, à Sao Paulo.
Buts.- SUÈDE : Sundqvist (15e), Mellberg (33e), Palmer (80e) ; ESPAGNE : Zarra (82e).

SUÈDE : K. Svensson - Samuelsson, E. Nilsson (cap.) - S. Andersson, G. Johansson, Gard - Jönsson, Mellberg, Rydell, Palmer, Sundqvist. Entr. : G. Raynor (ANG).
ESPAGNE : Inaki - Alonso, Asensi - Silva, Parra, Puchades - Basora, Hernandez, Zarra (cap.), Paniza, Juncosa. Entr. : G. Eizaguirre.

BRÉSIL 1-2 (0-0) URUGUAY,
le 16 juillet, à Rio de Janeiro.
Buts.- BRÉSIL : Friaça (47e) ; URUGUAY : Schiaffino (66e), Ghiggia (79e).
BRÉSIL : Barbosa - Augusto (cap.), Juvenal - Bauer, Danilo, Bigode - Friaça, Zizinho, Ademir, Jair, Chico. Entr. : F. Costa.
URUGUAY : Maspoli - M. Gonzales, Tejera - Gambetta, Varela (cap.), Andrade - Ghiggia, Perez, Miguez, Schiaffino, Moran. Entr. : J. Lopez.

CLASSEMENT
1. URUGUAY, 5 pts ; 2. Brésil, 4 ; 3. Suède, 2 ; 4. Espagne, 1.

LES MEILLEURS BUTEURS SUR UNE ÉDITION

1. **Just Fontaine** (France) : (1958)	**13 buts**
2. **Sandor Kocsis** (Hongrie) : (1954)	**11 buts**
3. **Gerd Müller** (Allemagne) : (1970)	**10 buts**
4. **Ademir** (Brésil) : (1950)	**9 buts**
Eusebio (Portugal) : (1966)	**9 buts**

1954 / SUISSE

(du 16 juin au 4 juillet)

PHASE DE POULES

(deux rencontres tirées au sort)

GROUPE 1

YOUGOSLAVIE 1-0 (1-0) FRANCE,
le 16 juin, à Lausanne.
But : Milutinovic (15e).
BRÉSIL 5-0 (4-0) MEXIQUE,
le 16 juin, à Genève.
Buts.- Baltazar (23e), Didi (30e), Pinga (34e, 43e), Julinho (69e).
FRANCE 3-2 (1-0) MEXIQUE,
le 19 juin, à Genève.
Buts.- FRANCE : Vincent (19e), Cardenas (49e c.s.c.), Kopa (88e s.p.) ; MEXIQUE : Lamadrid (54e), Balcazar (85e).
BRÉSIL 1-1 a.p. (0-0 ; 1-1) YOUGOSLAVIE,
le 19 juin, à Lausanne.
Buts.- BRÉSIL : Didi (69e) ; YOUGOSLAVIE : Zebec (48e).

CLASSEMENT
1. Brésil, 3 pts ; 2. Yougoslavie, 3 ; 3. France, 2 ; Mexique, 0.

GROUPE 2

HONGRIE 9-0 (4-0) CORÉE DU SUD,
le 17 juin, à Zurich.
Buts : Puskas (12e, 89e), Lantos (18e), Kocsis (24e, 36e, 50e), Czibor (59e), Palotas (75e, 83e).
ALLEMAGNE (RFA) 4-1 (1-1) TURQUIE,
le 17 juin, à Berne.
Buts.- ALLEMAGNE : Schäfer (14e), Klodt (52e), O. Walter (60e), Morlock (84e) ; TURQUIE : Suat (2e).
HONGRIE 8-3 (3-1) ALLEMAGNE (RFA),
le 20 juin, à Bâle.
Buts.- HONGRIE : Kocsis (3e, 21e, 67e, 78e), Puskas (17e), Hidegkuti (50e, 54e), J. Toth (73e) ; ALLEMAGNE : Pfaff (25e), Rahn (77e), Herrmann (81e).
TURQUIE 7-0 (4-0) CORÉE DU SUD,
le 20 juin, à Genève.
Buts : Suat (10e, 30e), Lefter (24e), Burhan (37e, 64e, 70e), Erol (76e).

CLASSEMENT
1. Hongrie, 4 pts ; 2. Allemagne (RFA), 2 ; 3. Turquie, 2 ; 4. Corée du Sud, 0.

MATCH D'APPUI POUR LA DEUXIÈME PLACE DU GROUPE

ALLEMAGNE (RFA) 7-2 (3-1) TURQUIE,
le 23 juin, à Zurich.
Buts.- Allemagne : O. Walter (7e), Schäfer (12e, 77e), Morlock (30e, 60e, 77e), F. Walter (62e) ; TURQUIE : Mustafa (21e), Lefter (82e).

GROUPE 3

AUTRICHE 1-0 (1-0) ÉCOSSE,
le 16 juin, à Zurich.
But : Probst (34e).
URUGUAY 2-0 (0-0) TCHÉCOSLOVAQUIE,
le 16 juin, à Berne.
Buts : Miguez (71e), Schiaffino (81e).
AUTRICHE 5-0 (4-0) TCHÉCOSLOVAQUIE,
le 19 juin, à Zurich.
Buts : Stojaspal (3e, 70e), Probst (4e, 21e, 24e).
URUGUAY 7-0 (2-0) ÉCOSSE,
le 19 juin, à Bâle.
Buts : Borges (17e, 47e, 57e), Miguez (30e, 83e), Abbadie (54e, 85e).

CLASSEMENT
1. Uruguay, 4 pts ; 2. Autriche, 4 ; 3. Tchécoslovaquie, 0 ; 4. Écosse, 0.

GROUPE 4

ANGLETERRE 4-4 a.p. (2-1 ; 3-3) BELGIQUE,
le 17 juin, à Bâle.
Buts.- ANGLETERRE : Broadis (26e, 63e), Lofthouse (36e, 91e) ; BELGIQUE : Anoul (5e, 71e), Cappens (67e), Dickinson (93e c.s.c.).
SUISSE 2-1 (1-1) ITALIE,
le 17 juin, à Lausanne.
Buts.- SUISSE : Ballaman (17e), Hügi (79e) ; ITALIE : Boniperti (43e).
ANGLETERRE 2-0 (1-0) SUISSE,
le 20 juin, à Berne.
Buts : Mullen (43e), Wilshaw (69e).
ITALIE 4-1 (1-0) BELGIQUE,
le 20 juin, à Lugano.
Buts.- ITALIE : Pandolfini (40e s.p.), Galli (48e), Frignani (58e), Lorenzi (78e) ; BELGIQUE : Anoul (81e).

CLASSEMENT
1. Angleterre, 3 pts ; 2. Suisse, 2 ; 3. Italie, 2 ; 4. Belgique.

MATCH D'APPUI POUR LA DEUXIÈME PLACE DU GROUPE

SUISSE 4-1 (1-0) ITALIE,
le 23 juin, à Bâle.
Buts.- SUISSE : Hügi (14e, 85e), Ballaman (48e), Fatton (90e) ; ITALIE : Nesti (67e).

QUARTS DE FINALE

URUGUAY 4-2 (2-1) ANGLETERRE,
le 26 juin, à Bâle.
Buts.- URUGUAY : Borges (5e), Varela (39e), Schiaffino (46e), Ambrois (78e) ; ANGLETERRE : Lofthouse (16e), Finney (67e).

AUTRICHE 7-5 (5-4) SUISSE,
26 juin, à Lausanne.
Buts.- AUTRICHE : Wagner (25e, 27e, 53e), R. Körner (26e, 34e), Ocwirk (32e), Probst (76e) ; SUISSE : Ballaman (16e, 39e), Hügi (17e, 19e, 58e).

ALLEMAGNE (RFA) 2-0 (1-0) YOUGOSLAVIE,
le 27 juin, à Genève.
Buts : Horvath (9e c.s.c.), Rahn (85e).

HONGRIE 4-2 (2-1) BRÉSIL,
le 27 juin, à Berne.
Buts.- HONGRIE : Hidegkuti (4e), Kocsis (7e, 88e), Lantos (60e s.p.) ; BRÉSIL.- D. Santos (18e s.p.), Julinho (65e).
Expulsions.- Hongrie : Bozsik (71e) ; Brésil : N. Santos (71e), Humberto (79e).

DEMI-FINALES

ALLEMAGNE (RFA) 6-1 (1-0) AUTRICHE,
le 30 juin, à Bâle.
Buts.- ALLEMAGNE : Schäfer (31e), Morlock (47e), F. Walter (54e s.p., 65e s.p.), O. Walter (61e, 89e) ; AUTRICHE : Probst (51e).
ALLEMAGNE (RFA) : Turek - Posipal, Liebrich, Kohlmeyer - Eckel, Mai - Rahn, Morlock, O. Walter, F. Walter (cap.), Schäfer. Entr. : S. Herberger.
AUTRICHE : Zeman - Hanappi, Schleger, Happel - Ocwirk (cap.), Koller - R. Körner, Wagner, Stojaspal, Probst, A. Körner. Entr. : W. Nausch.

HONGRIE 4-2 a.p. (1-0 ; 2-2) URUGUAY,
le 30 juin, à Lausanne.
Buts.- HONGRIE : Czibor (13e), Hidegkuti (46e), Kocsis (111e, 116e) ; URUGUAY : Holberg (75e, 86e).
HONGRIE : Grosics - Buzanski, Lorant, Lantos - Bozsik (cap.), Zakarias - Czibor, Kocsis, Palotas, Hidegkuti, Budai. Entr. : G. Sebes.
URUGUAY : Maspoli - Santamaria, Martinez (cap.), Andrade - Carballo, L. Cruz - Sauto, Ambrois, Schiaffino, Holberg, Borges. Entr. : J. Lopez.

MATCH POUR LA TROISIÈME PLACE

AUTRICHE 3-1 (1-1) URUGUAY,
le 3 juillet, à Zurich.
Buts.- AUTRICHE : Stojaspal (16e s.p.), L. Cruz (59e c.s.c.), Ocwirk (89e) ; URUGUAY : Holberg (22e).
AUTRICHE : Schmied - Hanappi, Kollmann, Barschandt - Ocwirk (cap.), Koller - R. Körner, Wagner, Dienst, Stojaspal, Probst. Entr. : W. Nausch.
URUGUAY : Maspoli - Santamaria, Martinez (cap.), Andrade - Carballo, L. Cruz - Abbadie, Holberg, Mendez, Schiaffino, Borges. Entr. : J. Lopez.

FINALE

ALLEMAGNE (RFA) 3-2 (2-2) HONGRIE,
le 4 juillet, à Berne.
Buts.- ALLEMAGNE : Morlock (10e), Rahn (18e, 84e) ; HONGRIE : Puskas (5e), Czibor (8e).
ALLEMAGNE (RFA) : Turek - Posipal, Liebrich, Kohlmeyer - Eckel, Mai - Rahn, Morlock, O. Walter, F. Walter (cap.), Schäfer. Entr. : S. Herberger.
HONGRIE : Grosics - Buzanski, Lorant, Lantos - Bozsik, Zacharias - Czibor, Kocsis, Hidegkuti, Puskas (cap.), M. Toth. Entr. : G. Sebes.

1958 / SUÈDE

(du 8 au 29 juin)

PHASE DE POULES

GROUPE 1

ARGENTINE 1-3 (1-2) ALLEMAGNE (RFA),
le 8 juin, à Malmö.
Buts.- ARGENTINE : Corbatta (2e) ; ALLEMAGNE (RFA) : Rahn (32e, 79e), Seeler (40e).

IRLANDE DU NORD 1-0 (1-0) TCHÉCOSLOVAQUIE,
le 8 juin, à Halmstad.
But : Cush (16e).

ALLEMAGNE (RFA) 2-2 (0-2) TCHÉCOSLOVAQUIE,
le 11 juin, à Helsingborg.
Buts.- ALLEMAGNE (RFA) : Schäfer (59e), Rahn (70e) ; TCHÉCOSLOVAQUIE : Dvorak (24e s.p.), Zikan (43e).

ARGENTINE 3-1 (1-1) IRLANDE DU NORD,
le 11 juin, à Halmstad.
Buts.- ARGENTINE : Corbatta (38e s.p.), Menendez (55e), Avio (59e) ; IRLANDE DU NORD : McParland (3e).

ALLEMAGNE (RFA) 2-2 (1-1) IRLANDE DU NORD,
le 15 juin, à Malmö.
Buts.- ALLEMAGNE (RFA) : Rahn (20e), Seeler (79e) ; IRLANDE DU NORD : McParland (17e, 58e).

TCHÉCOSLOVAQUIE 6-1 (3-0) ARGENTINE,
le 15 juin, à Helsingborg.
Buts.- TCHÉCOSLOVAQUIE : Dvorak (8e), Zikan (17e, 40e), Feureisl (69e), Hovorka (82e, 89e) ; ARGENTINE : Corbatta (65e s.p.).

CLASSEMENT

1. Allemagne (RFA), 4 pts ; 2. Irlande du Nord, 3 ; 3. Tchécoslovaquie, 3 ; 4. Argentine, 2.

MATCH D'APPUI POUR LA DEUXIÈME PLACE DU GROUPE

IRLANDE DU NORD 2-1 a.p. (1-1 ; 1-1) TCHÉCOSLOVAQUIE,
le 17 juin, à Malmö.
Buts.- IRLANDE DU NORD : McParland (44e, 99e) ; TCHÉCOSLOVAQUIE : Zikan (19e).
Expulsion.- Tchécoslovaquie : Bubernik (102e)

GROUPE 2

FRANCE 7-3 (2-2) PARAGUAY,
le 8 juin, à Norrköping.
Buts.- FRANCE : Fontaine (24e, 30e, 68e), Piantoni (51e), Wisnieski (62e), Kopa (70e), Vincent (84e) ; PARAGUAY : Amarilla (20e, 44e s.p.), Romero (50e).

YOUGOSLAVIE 1-1 (1-0) ÉCOSSE,
le 8 juin, à Västeras.
Buts.- YOUGOSLAVIE : Petakovic (6e) ; ÉCOSSE : Murray (49e).

YOUGOSLAVIE 3-2 (1-1) FRANCE,
le 11 juin, à Västeras.
Buts.- YOUGOSLAVIE : Petakovic (16e), Veselinovic (63e, 87e) ; FRANCE : Fontaine (4e, 85e).

PARAGUAY 3-2 (2-1) ÉCOSSE,
le 11 juin, à Norrköping.
Buts.- PARAGUAY : Aguero (4e), Re (45e), Parodi (74e) ; ÉCOSSE : Mudie (24e), Collins (75e).

FRANCE 2-1 (2-0) ÉCOSSE,
le 15 juin, à Örebro.
Buts.- FRANCE : Kopa (22e), Fontaine (45e) ; ÉCOSSE : Baird (65e).

PARAGUAY 3-3 (1-2) YOUGOSLAVIE,
le 15 juin,à Eskilstuna.
Buts.- PARAGUAY : Parodi (20e), Aguero (52e), Romero (80e) ; YOUGOSLAVIE : Ognjanovic (18e), Veselinovic (21e), Rajkov (73e).

CLASSEMENT

1. France, 4 pts ; 2. Yougoslavie, 4 ; 3. Paraguay, 3 ; 4. Écosse, 1.

GROUPE 3

SUÈDE 3-0 (1-0) MEXIQUE,
le 8 juin, à Stockholm.
Buts : Simonsson (17e, 64e), Liedholm (57e s.p.).

HONGRIE 1-1 (1-1) PAYS DE GALLES,
le 8 juin, à Sandvik.
Buts.- HONGRIE : Bozsik (5e) ; PAYS DE GALLES : J. Charles (27e).

MEXIQUE 1-1 (0-1) PAYS DE GALLES,
le 11 juin, à Stockholm.
Buts.- MEXIQUE : Belmonte (89e) ; PAYS DE GALLES : Allchurch (32e).

SUÈDE 2-1 (1-0) HONGRIE,
le 12 juin, à Stockholm.
Buts.- SUÈDE : Hamrin (34e, 55e) ; HONGRIE : Tichy (77e).

SUÈDE 0-0 PAYS DE GALLES,
le 15 juin, à Stockholm.

HONGRIE 4-0 (1-0) MEXIQUE,
le 15 juin, à Sandvik.
Buts : Tichy (19e, 46e), Sandor (54e), Bencsics (69e).

CLASSEMENT

1. Suède, 5 pts ; 2. Pays de Galles, 3 ; 3. Hongrie, 3 ; 4. Mexique, 1.

MATCH D'APPUI POUR LA DEUXIÈME PLACE DU GROUPE

PAYS DE GALLES 2-1 (0-1) HONGRIE,
le 17 juin, à Stockholm.
Buts.- PAYS DE GALLES : Allchurch (55e), Medwin (76e) ; HONGRIE : Tichy (33e).
Expulsion.- Hongrie: Sipos (79e).

GROUPE 4

URSS 2-2 (1-0) ANGLETERRE,
le 8 juin, à Göteborg.
Buts.- URSS : Simonian (13e), V. Ivanov (55e) ; ANGLETERRE : Kevan (66e), Finney (85e s.p.)

BRÉSIL 3-0 (1-0) AUTRICHE,
le 8 juin, à Udevalla.
Buts : Altafini (37e, 89e), N. Santos (49e).

BRÉSIL 0-0 ANGLETERRE,
le 11 juin, à Göteborg.

URSS 2-0 (1-0) AUTRICHE,
le 11 juin, à Boras.
Buts : Iljin (15e), V. Ivanov (62e).

BRÉSIL 2-0 (1-0) URSS,
le 15 juin, à Göteborg.
Buts : Vava (3e, 77e).

ANGLETERRE 2-2 (0-1) AUTRICHE,
le 15 juin, à Boras.
Buts.- ANGLETERRE : Haynes (56e), Kevan (73e) ; AUTRICHE : Koller (16e), A. Körner (70e).

CLASSEMENT

1. Brésil, 5 pts ; 2. URSS, 3 ; 3. Angleterre, 3 ; 4. Autriche, 1.

MATCH D'APPUI POUR LA DEUXIÈME PLACE DU GROUPE

URSS 1-0 (0-0) ANGLETERRE,
le 17 juin, à Göteborg.
But : Iljin (68e).

QUARTS DE FINALE

FRANCE 4-0 (1-0) IRLANDE DU NORD,
le 19 juin, à Norrköping.
Buts : Wiesnieski (22e), Fontaine (56e, 64e), Piantoni (68e).

SUÈDE 2-0 (0-0) URSS,
le 19 juin, à Stockholm.
Buts : Hamrin (49e), Simonsson (89e).

BRÉSIL 1-0 (0-0) PAYS DE GALLES,
le 19 juin, à Göteborg.
But : Pelé (66e).

ALLEMAGNE (RFA) 1-0 (1-0) YOUGOSLAVIE,
le 19 juin, à Malmö.
But : Rahn (12e).

DEMI-FINALES

BRÉSIL 5-2 (2-1) FRANCE,
le 24 juin, à Stockholm.
Buts.- BRÉSIL : Vava (2e), Didi (39e), Pelé (52e, 64e, 75e) ; FRANCE : Fontaine (9e), Piantoni (82e).
BRÉSIL : Gilmar - De Sordi, Orlando, Bellini (cap.), N. Santos - Zito, Didi - Garrincha, Vava, Pelé, Zagallo. Entr. : V. Feola.
FRANCE : Abbes - Kaelbel, Lerond, Jonquet (cap.) - Penverne, Marcel - Wisnieski, Fontaine, Kopa, Piantoni, Vincent. Entr. : A. Batteux.

SUÈDE 3-1 (1-1) ALLEMAGNE (RFA),
le 24 juin, à Göteborg.
Buts.- SUÈDE : Skoglund (32e), Gren (81e), Hamrin (88e) ; ALLEMAGNE (RFA) : Schäfer (23e).
Expulsion.- Allemagne (RFA) : Juskowiak (59e).
SUÈDE : K. Svensson - Bergmark, Axbom, Gustavsson - Börjesson, Parling - Hamrin, Gren, Simonsson, Liedholm (cap.), Skoglund. Entr. : G. Raynor (ANG).
ALLEMAGNE (RFA) : Herkenrath - Stollenwerk, Juskowiak, Erhardt - Eckel, Szymaniak - Rahn, F. Walter, Seeler, Schäfer (cap.), Ciesclarczyk. Entr. : S. Herberger.

MATCH POUR LA TROISIÈME PLACE

FRANCE 6-3 (3-1) ALLEMAGNE (RFA),
le 28 juin, à Göteborg.
Buts.- FRANCE : Fontaine (15e, 36e, 77e, 89e), Kopa (27e), Douis (50e) ; ALLEMAGNE (RFA) : Ciesclarczyk (17e s.p.), Rahn (52e), Schäfer (83e).
FRANCE : Abbes - Kaelbel, Lerond, Lafont - Penverne (cap.), Marcel - Wisnieski, Douis, Kopa, Fontaine, Vincent. Entr. : A. Batteux.
ALLEMAGNE (RFA) : Kwiatkowski - Stollenwerk, Schnellinger, Erhardt - Wewers, Szymaniak - Rahn, Sturm, Kelbassa, Schäfer (cap.), Ciesclarczyk. Entr. : S. Herberger.

FINALE

BRÉSIL 5-2 (2-1) SUÈDE,
le 29 juin, à Stockholm.
Buts.- BRÉSIL : Vava (9e, 32e), Pelé (55e, 90e), Zagallo (68e) ; SUÈDE : Liedholm (3e), Simonsson (80e).
BRÉSIL : Gilmar - D. Santos, Orlando, Bellini (cap.), N. Santos - Zito, Didi - Garrincha, Vava, Pelé, Zagallo. Entr. : V. Feola.
SUÈDE : K. Svensson - Bergmark, Axbom, Gustavsson - Börjesson, Parling - Hamrin, Gren, Simonsson, Liedholm (cap.), Skoglund. Entr. : G. Raynor (ANG).

1962 / CHILI

(du 30 mai au 17 juin)

PHASE DE POULES

GROUPE 1

URUGUAY 2-1 (0-1) COLOMBIE,
le 30 mai, à Arica.
Buts.- URUGUAY : Cubilla (56e), Sasia (75e) ; COLOMBIE : Zuluaga (19e s.p.).

URSS 2-0 (0-0) YOUGOSLAVIE,
le 31 mai, à Arica.
Buts : V. Ivanov (53e), Ponedelnik (86e).

YOUGOSLAVIE 3-1 (2-1) URUGUAY,
le 2 juin, à Arica.
Buts.- YOUGOSLAVIE : Skoblar (25e s.p.), Galic (29e), Jerkovic (49e) ; URUGUAY : Cabrera (19e).
Expulsions.- Yougoslavie : Popovic (71e) ; Uruguay : Cabrera (71e).

URSS 4-4 (3-1) COLOMBIE,
le 3 juin, à Arica.
Buts.- URSS : V. Ivanov (8e, 11e), Tchislenko (10e), Ponedelnik (56e) ; COLOMBIE : Aceros (21e), Coll (68e), Rada (72e), Klinger (76e).

URSS 2-1 (1-0) URUGUAY,
le 6 juin, à Arica.
Buts.- URSS : Mamikin (38e), V. Ivanov (89e) ; URUGUAY : Sasia (54e).

YOUGOSLAVIE 5-0 (2-0) COLOMBIE,
le 7 juin, à Arica.
Buts : Galic (20e), Jerkovic (25e, 61e, 88e), Melic (82e).

CLASSEMENT

1. URSS, 5 pts (+3) ; 2. Yougoslavie, 4 (+5) ; 3. Uruguay, 2 (-2) ; 4. Colombie, 1 (-6).

GROUPE 2

CHILI 3-1 (1-1) SUISSE,
le 30 mai, à Santiago.
Buts.- CHILI : L. Sanchez (44e, 51e), Ramirez (55e) ; SUISSE : Wüthrich (7e).

ALLEMAGNE (RFA) 0-0 ITALIE,
le 31 mai, à Santiago.

CHILI 2-0 (0-0) ITALIE,
le 2 juin, à Santiago.
Buts : Ramirez (77e), Toro (88e).
Expulsions.- Italie : Ferrini (8e), David (41e).

ALLEMAGNE (RFA) 2-1 (1-0) SUISSE,
le 3 juin, à Santiago.
Buts.- ALLEMAGNE (RFA) : Brülls (44e), Seeler (61e) ; SUISSE : Schneiter (75e).

ALLEMAGNE (RFA) 2-0 (1-0) CHILI,
le 6 juin, à Santiago.
Buts : Szymaniak (21e s.p.), Seeler (82e).

ITALIE 3-0 (1-0) SUISSE,
le 7 juin, à Santiago.
Buts : Mora (2e), Bulgarelli (65e, 67e).

CLASSEMENT

1. Allemagne (RFA), 5 pts (+3) ; 2. Chili, 4

(+2) ; 3. Italie, 3 (+1) ; 4. Suisse, 0 (-6).**

GROUPE 3

BRÉSIL 2-0 (0-0) MEXIQUE,
le 30 mai, à Vina del Mar.
Buts : Zagallo (56e), Pelé (73e).
TCHÉCOSLOVAQUIE 1-0 (0-0) ESPAGNE,
le 31 mai, à Vina del Mar.
But : Stibranyi (80e).
BRÉSIL 0-0 TCHÉCOSLOVAQUIE,
le 2 juin, à Vina del Mar.
ESPAGNE 1-0 (0-0) MEXIQUE,
le 3 juin, à Vina del Mar.
But : Peiro (90e).
BRÉSIL 2-1 (0-1) ESPAGNE,
le 6 juin, à Vina del Mar.
Buts : BRÉSIL : Amarildo (72e, 86e) ; ESPAGNE : Adelardo (35e).
MEXIQUE 3-1 (2-1) TCHÉCOSLOVAQUIE,
le 7 juin, à Vina del Mar.
Buts.- MEXIQUE : Diaz (12e), Del Aguila (29e), H. Hernandez (90e s.p.) ; TCHÉCOSLOVAQUIE : Masek (1re).

CLASSEMENT

1. Brésil, 5 pts (+3) ; 2. Tchécoslovaquie, 3 (-1) ; 3. Mexique, 2 (-1, 3/4) ; 4. Espagne, 2 (-1, 2/3).

GROUPE 4

ARGENTINE 1-0 (1-0) BULGARIE,
le 30 mai, à Rancagua.
But : Facundo (3e).
HONGRIE 2-1 (1-0) ANGLETERRE,
le 31 mai, à Rancagua.
Buts.- HONGRIE : Tichy (17e), Albert (61e) ; ANGLETERRE : Flowers (59e s.p.).
ANGLETERRE 3-1 (2-0) ARGENTINE,
le 2 juin, à Racangua.
Buts.- ANGLETERRE : Flowers (17e s.p.), B. Charlton (42e), Greaves (67e) ; ARGENTINE : Sanfilippo (80e).
HONGRIE 6-1 (4-0) BULGARIE,
le 3 juin, à Racangua.
Buts.- HONGRIE : Albert (1re, 6e, 58e), Tichy (8e, 70e), Solymosi (12e) ; BULGARIE : Sokolov (64e).
HONGRIE 0-0 ARGENTINE,
le 6 juin, à Racangua.
ANGLETERRE 0-0 BULGARIE,
le 7 juin, à Racangua.

CLASSEMENT

1. Hongrie, 5 pts (+6) ; 2. Angleterre, 3 (+1) ; 3. Argentine, 3 (-1) ; 4. Bulgarie, 1 (-6).

QUARTS DE FINALE

YOUGOSLAVIE 1-0 (0-0) ALLEMAGNE (RFA),
le 10 juin, à Santiago.
But : Radakovic (85e).

CHILI 2-1 (2-1) URSS,
le 10 juin, à Arica.
Buts.- CHILI : L. Sanchez (10e), Rojas (28e) ; URSS : Tchislenko (26e).

BRÉSIL 3-1 (1-1) ANGLETERRE,
le 10 juin, à Vina del Mar.
Buts.- BRÉSIL : Garrincha (32e, 59e), Vava (59e) ; ANGLETERRE : Hitchens (36e).

TCHÉCOSLOVAQUIE 1-0 (1-0) HONGRIE,
le 10 juin, à Racangua.
But : Scherer (13e).

DEMI-FINALES

TCHÉCOSLOVAQUIE 3-1 (0-0) YOUGOSLAVIE,
le 13 juin, à Vina del Mar.
Buts.- TCHÉCOSLOVAQUIE : Kadraba (48e), Scherer (80e, 84e s.p.) ; YOUGOSLAVIE : Jerkovic (69e).
TCHÉCOSLOVAQUIE : Schroif - Lala, Pluskal - Popluhar, Novak (cap.) - Masopust, Kvasnak - Pospichal, Scherer, Kadraba, Jelinek. Entr. : R. Vytlacil.
YOUGOSLAVIE : Soski - Durkovic, Jusufi, Radakovic, Markovic - Popovic, Sijakovic - Sekularac, Jerkovic, Galic (cap.), Skoblar. Entr. : P. Mihajlovic.

BRÉSIL 4-2 (2-1) CHILI, le 13 juin, à Santiago.
Buts.- BRÉSIL : Garrincha (9e, 32e), Vava (47e, 78e) ; CHILI : Toro (42e), L. Sanchez (61e s.p.).
Expulsions.- Brésil : Garrincha (83e) ; Chili : Landa (80e).
BRÉSIL : Gilmar - D. Santos, Zozimo, Mauro (cap.),N. Santos - Zito, Didi - Garrincha, Vava, Amarildo, Zagallo. Entr. : A. Moreira.
CHILI : Escuti (g.) - Eyzaguirre, Contreras, R. Sanchez, M. Rodriguez - Rojas, Toro (cap.) - Ramirez, Landa, Tobar, L. Sanchez. Entr. : F. Riera.

MATCH POUR LA TROISIÈME PLACE

CHILI 1-0 (0-0) YOUGOSLAVIE,
le 16 juin, à Santiago.
But : Rojas (90e).
CHILI : Godoy - Eyzaguirre, H. Cruz, R.Sanchez, M. Rodriguez - Rojas, Toro (cap.) - Ramirez, Campos, Tobar, L. Sanchez.
Entr. : F. Riera.
YOUGOSLAVIE : Soskic - Durkovic, Svinjarevic, Radakovic, Markovic - Popovic, V. Kovacevic - Sekularac, Jerkovic, Galic (cap.), Skoblar. Entr. : P. Mihajlovic.

FINALE

BRÉSIL 3-1 (1-1) TCHÉCOSLOVAQUIE,
le 17 juin, à Santiago.
Buts.- BRÉSIL : Amarildo (17e), Zito (69e), Vava (78e) ; TCHÉCOSLOVAQUIE : Masopust (15e).
BRÉSIL : Gilmar - D. Santos, Zozimo, Mauro (cap.), N. Santos - Zito, Didi - Garrincha,Vava, Amarildo, Zagallo. Entr. : A. Moreira.
TCHÉCOSLOVAQUIE : Schroif - Tichy, Pluskal, Popluhar, Novak (cap.) - Masopust, Kvasnak - Pospichal, Scherer, Kadraba, Jelinek.
Entr. : R. Vytlacil.

1966 / ANGLETERRE
(du 11 au 30 juillet)

PHASE DE POULES

GROUPE 1

ANGLETERRE 0-0 URUGUAY,
le 11 juillet, à Londres.
FRANCE 1-1 (0-0) MEXIQUE,
le 13 juillet, à Londres.
Buts.- FRANCE : Hausser (62e) ; MEXIQUE : Borja (49e).
URUGUAY 2-1 (2-1) FRANCE,
le 15 juillet, à Londres.
Buts.- URUGUAY : Rocha (27e), Cortes (32e) ; FRANCE : Bourgoing (15e s.p.).
ANGLETERRE 2-0 (1-0) MEXIQUE,
le 16 juillet, à Londres.
Buts : B. Charlton (37e), Hunt (75e).
URUGUAY 0-0 MEXIQUE,
le 19 juillet, à Londres.
ANGLETERRE 2-0 (1-0) FRANCE,
le 20 juillet, à Londres.
Buts : Hunt (39e, 76e).

CLASSEMENT

1. Angleterre, 5 pts (+4) ; 2. Uruguay, 4 (+1) ; 3. Mexique, 2 (-2) ; 4. France, 1 (-3).

GROUPE 2

ALLEMAGNE (RFA) 5-0 (3-0) SUISSE,
le 12 juillet, à Sheffield.
Buts : Held (16e), Haller (20e, 77e s.p.), Beckenbauer (40e, 52e).
ARGENTINE 2-1 (0-0) ESPAGNE,
le 13 juillet, à Birmingham.
Buts.- ARGENTINE : Artime (66e, 79e) ; ESPAGNE : Pirri (72e).
ESPAGNE 2-1 (0-1) SUISSE,
le 15 juillet, à Sheffield.
Buts.- ESPAGNE : Sanchis (60e), Amancio (78e); SUISSE : Quentin (29e).
ALLEMAGNE (RFA) 0-0 ARGENTINE,
le 16 juillet, à Birmingham.
Expulsion.- Argentine : Albrecht (67e).
ARGENTINE 2-0 (0-0) SUISSE,
le 19 juillet, à Sheffield.
Buts : Artime (52e), Onega (81e).
ALLEMAGNE (RFA) 2-1 (1-1) ESPAGNE,
le 20 juillet, à Birmingham.
Buts.- ALLEMAGNE (RFA) : Emmerich (39e), Seeler (84e) ; ESPAGNE : Fuste (24e).

CLASSEMENT

1. Allemagne (RFA), 5 pts (+6) ; 2. Argentine, 5 (+3) ; 3. Espagne, 2 (-1) ; 4. Suisse, 0 (-8).

GROUPE 3

BRÉSIL 2-0 (1-0) BULGARIE,
le 12 juillet, à Liverpool.
Buts : Pelé (14e), Garrincha (63e).
PORTUGAL 3-1 (1-0) HONGRIE,
le 13 juillet, à Manchester.
Buts.- PORTUGAL : Augusto (1re, 65e), Torres (90e) ; HONGRIE : Bene (59e).
HONGRIE 3-1 (1-1) BRÉSIL,
le 15 juillet, à Liverpool.
Buts.- HONGRIE : Bene (2e), Farkas (64e), Meszöly (72e s.p.) ; BRÉSIL : Tostao (14e).
PORTUGAL 3-0 (2-0) BULGARIE,
le 16 juillet, à Manchester.
Buts : Vutzov (7e c.s.c.), Eusebio (38e), Torres (82e)
PORTUGAL 3-1 (2-0) BRÉSIL,
le 19 juillet, à Liverpool.
Buts.- PORTUGAL : Simoes (14e), Eusebio (26e, 85e) ; BRÉSIL : Rildo (72e).
HONGRIE 3-1 (2-1) BULGARIE,
le 20 juillet, à Manchester.
Buts.- HONGRIE : Davidov (4e c.s.c.), Meszöly (45e), Bene (54e) ; BULGARIE : Asparukhov (14e).

CLASSEMENT

1. Portugal, 6 pts (+7) ; 2. Hongrie, 4 (+2) ; 3. Brésil, 2 (-2) ; 4. Bulgarie, 0 (-7).

GROUPE 4

URSS 3-0 (2-0) CORÉE DU NORD,
le 12 juillet, à Middlesbrough.
Buts : Malofeev (30e, 88e), Banichevski (32e).
ITALIE 2-0 (1-0) CHILI,
le 13 juillet, à Sunderland.
Buts : Mazzola (9e), Barison (88e).
CORÉE DU NORD 1-1 (0-1) CHILI,
le 15 juillet, à Middlesbrough.
Buts.- CORÉE DU NORD : Pak Seung-zin. (88e) ; CHILI : Marcos (26e s.p.)
URSS 1-0 (0-0) ITALIE,
le 16 juillet, à Sunderland.
But : Tchislenko (57e).
CORÉE DU NORD 1-0 (1-0) ITALIE,
le 19 juillet, à Middlesbrough.
But : Pak Doo-ik. (41e).
URSS 2-1 (1-1) CHILI,
le 20 juillet, à Sunderland.
Buts.- URSS : Parkujan (19e, 85e) ; CHILI : Marcos (32e).

CLASSEMENT

1. URSS, 6 pts (+5) ; 2. Corée du Nord, 3 (-2) ; 3. Italie, 2 (0) ; 4. Chili, 1 (-3).

QUARTS DE FINALE

ANGLETERRE 1-0 (0-0) ARGENTINE,
le 23 juillet, à Londres.
But : Hurst (79e).
Expulsion.- Argentine : Rattin (35e).

ALLEMAGNE (RFA) 4-0 (1-0) URUGUAY,
le 23 juillet, à Sheffield.
Buts : Haller (11e, 82e), Beckenbauer (71e), Seeler (75e).
Expulsions.- Uruguay : Troche (49e), Silva (54e).

PORTUGAL 5-3 (2-3) CORÉE DU NORD,
le 23 juillet, à Liverpool.
Buts.- PORTUGAL : Eusebio (27e, 42e s.p., 56e, 59e s.p.), Augusto (78e) ; CORÉE DU NORD : Pak Sung-zin (1re), Li Dong-woon (22e), Yang Sung-kook (25e).

URSS 2-1 (1-0) HONGRIE,
le 23 juillet, à Sunderland.
Buts.- URSS : Tchislenko (5e), Parkujan (47e) ; HONGRIE : Bene (58e).

DEMI-FINALES

ALLEMAGNE (RFA) 2-1 (1-0) URSS,
le 25 juillet, à Liverpool.
Buts.- ALLEMAGNE (RFA) : Haller (44e), Beckenbauer (68e) ; URSS : Parkujan (88e).
Expulsion.- URSS : Tchislenko (44e).
ALLEMAGNE (RFA) : Tilkowski - Lutz, Schulz,

Weber, Schnellinger - Beckenbauer, Overath - Haller, Seeler (cap.), Held, Emmerich. Entr. : H. Schön.
URSS : Yachine - Ponomarev, Chesternev (cap.), Danilov, Voronine - Sabo, Khusainov - Tchislenko, Banichevski, Malofeev, Parkujan. Entr. : N. Morozov.

ANGLETERRE 2-1 (1-0) PORTUGAL,
le 26 juillet, à Londres.
Buts.- ANGLETERRE : B. Charlton (31e, 79e) ; PORTUGAL : Eusebio (82e s.p.).
ANGLETERRE : Banks - Cohen, J. Charlton, Moore (cap.), Wilson - Ball, Stiles, B. Charlton, Peters - Hurst, Hunt. Entr. : A. Ramsey.
PORTUGAL : Costa Pereira - Festa, Baptista, Jose Carlos, Hilario - Graca, Coluna (cap.) - Augusto, Eusebio, Torres, Simoes. Entr. : O. Gloria (BRE).

MATCH POUR LA TROISIÈME PLACE

PORTUGAL 2-1 (1-1) URSS,
le 28 juillet, à Londres.
Buts.- PORTUGAL : Eusebio (13e s.p.), Torres (88e) ; URSS : Malofeev (44e).
PORTUGAL : Costa Pereira - Festa, Baptista, Jose Carlos, Hilario - Graca, Coluna (cap.) - Augusto, Eusebio, Torres, Simoes. Entr. : O. Gloria (BRE).
URSS : Yachine - Ponomarev, Korneev, Danilov, Voronine - Kurzilava, Sitchinava - Metreveli, Malofeev, Banichevski, Serebriannikov. Entr. : N. Morozov.

FINALE

ANGLETERRE 4-2 a.p. (1-1 ; 2-2) ALLEMAGNE (RFA),
le 30 juillet, à Londres.
Buts.- ANGLETERRE : Hurst (18e, 100e, 120e), Peters (78e) ; ALLEMAGNE (RFA) : Haller (12e), Weber (89e).
ANGLETERRE : Banks - Cohen, J. Charlton, Moore (cap.), Wilson - Ball, Stiles, B. Charlton, Peters - Hurst, Hunt. Entr. : A. Ramsey.
ALLEMAGNE (RFA) : Tilkowski - Höttges, Schulz, Weber, Schnellinger - Beckenbauer, Overath - Haller, Seeler (cap.), Held, Emmerich. Entr. : H. Schön.

1970 / MEXIQUE

(du 31 mai au 21 juin)

PHASE DE POULES

GROUPE 1

MEXIQUE 0-0 URSS,
le 31 mai, à Mexico.
BELGIQUE 3-0 (1-0) SALVADOR,
le 3 juin, à Mexico.
Buts : Van Moer (12e, 54e), Lambert (79e s.p.).
URSS 4-1 (1-0) BELGIQUE,
le 6 juin, à Mexico.
Buts.- URSS : Bychovets (14e, 63e), Asatiani (57e), Kmelnitski (75e) ; BELGIQUE : Lambert (86e).
MEXIQUE 4-0 (1-0) SALVADOR,
le 7 juin, à Mexico.
Buts : Valdivia (44e, 46e), Fragoso (58e), Basaguren (82e).
URSS 2-0 (0-0) SALVADOR,
le 10 juin, à Mexico.
Buts : Bychovets (51e, 73e).
MEXIQUE 1-0 (1-0) BELGIQUE,
le 11 juin, à Mexico.
But : Pena (15e s.p.).

CLASSEMENT
1. URSS, 5 pts (+5, 6/1) ;
2. Mexique, 5 (+5, 5/0) ; 3. Belgique, 2 (-1) ;
4. Salvador, 0 (-9).

GROUPE 2

URUGUAY 2-0 (1-0) ISRAËL,
le 2 juin, à Puebla.
But : Maneiro (23e), Mujica (52e).
ITALIE 1-0 (1-0) SUÈDE,
le 3 juin, à Toluca.
But : Domenghini (11e).
URUGUAY 0-0 ITALIE,
le 6 juin, à Puebla.
SUÈDE 1-1 (0-0) ISRAËL,
le 7 juin, à Toluca.
Buts.- SUÈDE : Turesson (53e) ; ISRAËL : Spiegler (57e).
SUÈDE 1-0 (0-0) URUGUAY,
le 10 juin, à Puebla.
But : Grahn (89e).
ITALIE 0-0 ISRAËL,
le 11 juin, à Toluca.

CLASSEMENT
1. Italie, 4 pts (+1) ; 2. Uruguay, 3 (+1) ;
3. Suède, 3 (0) ; 4. Israël, 2 (-2).

GROUPE 3

ANGLETERRE 1-0 (0-0) ROUMANIE,
le 2 juin, à Guadalajara.
But : Hurst (64e).
BRÉSIL 4-1 (1-1) TCHÉCOSLOVAQUIE,
le 3 juin, à Guadalajara.
Buts.- BRÉSIL : Rivelino (25e), Pelé (60e), Jairzinho (64e, 82e) ; TCHÉCOSLOVAQUIE : Petras (12e).
ROUMANIE 2-1 (0-1) TCHÉCOSLOVAQUIE,
le 6 juin, à Guadalajara.
Buts.- ROUMANIE : Neagu (53e), Dumitrache (77e s.p.) ; TCHÉCOSLOVAQUIE : Petras (5e).
BRÉSIL 1-0 (0-0) ANGLETERRE,
le 7 juin, à Guadalajara.
But : Jairzinho (60e).
BRÉSIL 3-2 (2-1) ROUMANIE,
le 10 juin, à Guadalajara.
Buts.- BRÉSIL : Pelé (19e, 66e), Jairzinho (21e) ; ROUMANIE : Dumitrache (33e), Dembrovchi (82e).
ANGLETERRE 1-0 (0-0) TCHÉCOSLOVAQUIE,
le 11 juin, à Guadalajara.
But : Clarke (49e s.p.).

CLASSEMENT
1. Brésil, 6 pts (+5) ; 2. Angleterre, 4 (+1) ;
3. Roumanie, 2 (-1) ; 4. Tchécoslovaquie, 0 (-5).

GROUPE 4

PÉROU 3-2 (0-1) BULGARIE,
le 2 juin, à Leon.
Buts.- PÉROU : Gallardo (51e), Chumpitaz (56e), Cubillas (73e) ; BULGARIE : Dermendiev (11e), Bonev (49e).
ALLEMAGNE (RFA) 2-1 (0-1) MAROC,
le 3 juin, à Leon.
Buts.- ALLEMAGNE (RFA) : Seeler (56e), G. Müller (80e) ; MAROC : Jarir (21e).
PÉROU 3-0 (0-0) MAROC,
le 6 juin, à Leon.
Buts : Cubillas (65e, 75e), Challe (68e).
ALLEMAGNE (RFA) 5-2 (2-1) BULGARIE,
le 7 juin, à Leon.
Buts.- ALLEMAGNE (RFA) : Libuda (19e), G. Müller (28e, 52e s.p., 87e), Seeler (69e) ; BULGARIE : Nikodimov (12e), Kolev (88e).
ALLEMAGNE (RFA) 3-1 (3-1) PÉROU,
le 10 juin, à Leon.
Buts.- ALLEMAGNE (RFA) : G. Müller (20e, 26e, 39e) ; PÉROU : Cubillas (44e).
BULGARIE 1-1 (1-0) MAROC,
le 11 juin, à Leon.
Buts.- BULGARIE : Jetchev (39e) ; MAROC : Ghazouani (60e).

CLASSEMENT
1. Allemagne (RFA), 6 pts (+6) ;
2. Pérou, 4 (+2) ; 3. Bulgarie, 1 (-4, 5/9) ;
4. Maroc, 1 (-4, 2/6).

QUARTS DE FINALE

ALLEMAGNE (RFA) 3-2 a.p. (0-1 ; 2-2) ANGLETERRE,
le 14 juin, à Leon.
Buts.- ALLEMAGNE (RFA) : Beckenbauer (68e), Seeler (76e), G. Müller (108e) ; ANGLETERRE : Mullery (31e), Peters (49e).

BRÉSIL 4-2 (2-1) PÉROU,
le 14 juin, à Guadalajara.
Buts.- BRÉSIL : Rivelino (11e), Tostao (15e, 52e), Jairzinho (75e) ; PÉROU : Gallardo (28e), Cubillas (70e).

ITALIE 4-1 (1-1) MEXIQUE,
le 14 juin, à Toluca.
Buts.- ITALIE : Pena (25e c.s.c.), Riva (63e, 76e), Rivera (70e) ; MEXIQUE : J. Gonzalez (13e).

URUGUAY 1-0 a.p. (0-0) URSS,
le 14 juin, à Mexico.
But : Esparrago (116e).

DEMI-FINALES

BRÉSIL 3-1 (1-1) URUGUAY,
le 17 juin, à Guadalajara.
Buts.- BRÉSIL : Clodoaldo (44e), Jairzinho (76e), Rivelino (89e) ; URUGUAY : Cubilla (19e).
BRÉSIL : Felix - Carlos Alberto (cap.), Brito, Piazza, Everaldo - Clodoaldo, Gerson - Rivelino, Jairzinho, Tostao, Pelé. Entr. : M. Zagallo.
URUGUAY : Mazurkiewicz - Ubinas (cap.), Ancheta, MatosaS, Mujica - Montero Castillo, Maneiro (Esparrago, 77e), Cortes - Cubilla, Fontes, Morales. Entr. : J. Holberg.

ITALIE 4-3 a.p. (1-0 ; 1-1) ALLEMAGNE (RFA),
le 17 juin, à Mexico.
Buts.- ITALIE : Boninsegna (8e), Burgnich (98e), Riva (104e), Rivera (111e) ; ALLEMAGNE (RFA) : Schnellinger (90e), G. Müller (94e, 110e).
ITALIE : Albertosi - Burgnich, Cera, Rosato (Poletti, 91e), Facchetti (cap.) - Domenghini, Bertini, Mazzola (Rivera, 46e), De Sisti - Boninsegna, Riva. Entr. : F. Valcareggi.
ALLEMAGNE (RFA) : Maier - Patzke (Held, 63e), Schulz, Schnellinger, Vogts - Beckenbauer, Seeler (cap.), Overath - Grabowski, G. Müller, Löhr (Libuda, 53e). Entr. : H. Schön.

MATCH POUR LA TROISIÈME PLACE

ALLEMAGNE (RFA) 1-0 (1-0) URUGUAY,
le 20 juin, à Mexico.
But : Overath (26e).
ALLEMAGNE (RFA) : Wolter - Patzke, Weber, Schnellinger (Lorenz, 46e), Vogts - Fichtel, Seeler (cap.), Overath - Libuda (Löhr, 73e), G. Müller, Held. Entr. : H. Schön.
URUGUAY : Mazurkiewicz - Ubinas (cap.), Ancheta, Matosas, Mujica - Montero Castillo, Maneiro (Sandoval, 67e), Cortes - Cubilla, Fontes (Esparrago, 46e), Morales. Entr. : J. Holberg.

FINALE

BRÉSIL 4-1 (1-1) ITALIE,
le 21 juin, à Mexico.
Buts : BRÉSIL : Pelé (18e), Gerson (66e), Jairzinho (71e), Carlos Alberto (87e) ; ITALIE : Boninsegna (37e).
BRÉSIL : Felix - Carlos Alberto (cap.), Brito, Piazza, Everaldo - Clodoaldo, Gerson - Jairzinho, Tostao, Pelé, Rivelino. Entr. : M. Zagallo.
ITALIE : Albertosi - Burgnich, Cera, Rosato, Facchetti (cap.) - Domenghini, Bertini (Juliano, 75e), Mazzola, De Sisti - Boninsegna (Rivera, 84e), Riva. Entr. : F. Valcareggi.

LE PLUS GRAND NOMBRE DE PARTICIPATIONS

1. Brésil : **18**
2. Allemagne et Italie : **16**
4. Argentine : **14**
5. Mexique : **13**
6. Angleterre, Espagne et France : **12**
9. Belgique et Suède : **11**

LES MEILLEURS BUTEURS DEPUIS L'ORIGINE

1. Ronaldo (**15 buts**, Brésil)
2. Gerd Müller (**14 buts**, Allemagne)
3. Just Fontaine (**13 buts**, France)
4. Pelé (**12 buts**, Brésil)
5. Jürgen Klinsmann (**11 buts**, Allemagne)
6. Sandor Kocsis (**11 buts**, Hongrie)

1974 / ALLEMAGNE (RFA)

(du 13 juin au 7 juillet)

PREMIERE PHASE DE GROUPES

GROUPE 1

ALLEMAGNE (RFA) 1-0 (0-0) CHILI,
le 14 juin, à Berlin.
But : Breitner (18e).
Expulsion.- Chili : Caszely (67e).
ALLEMAGNE (RDA) 0-2 (0-0) AUSTRALIE,
le 14 juin, à Hambourg.
Buts : Curran (58e c.s.c.),
Streich (72e).
AUSTRALIE 03 (0-2) ALLEMAGNE (RFA),
le 18 juin, à Hambourg.
Buts : Overath (13e), Cullmann (35e),
G. Müller (53e).
CHILI 1-1 (0-0) ALLEMAGNE (RDA),
le 18 juin, à Berlin Ouest.
Buts.- CHILI : Ahumada (68e) ; ALLEMAGNE (RDA) : Hoffmann (56e).
AUSTRALIE 0-0 CHILI,
le 22 juin, à Berlin Ouest.
Expulsion.- Australie : Richards (83e).
ALLEMAGNE (RDA) 1-0 (0-0) ALLEMAGNE (RFA),
le 22 juin, à Hambourg.
But : Sparwasser (77e).

CLASSEMENT
1. Allemagne (RDA), 5 pts (+3) ; 2. Allemagne (RFA), 4 (+3) ; 3. Chili, 2 (-1) ; 4. Australie (-5).

GROUPE 2

BRÉSIL 0-0 YOUGOSLAVIE,
le 13 juin, à Francfort.
ZAÏRE 0-2 (0-2) ÉCOSSE,
le 14 juin, à Dortmund.
Buts : Lorimer (26e), Jordan (33e).
YOUGOSLAVIE 9-0 (6-0) ZAÏRE,
le 18 juin, à Gelsenkirchen.
Buts : Bajevic (6e, 29e, 81e), Dzajic (13e), Surjak (18e), Katalinski (20e), Bogicevic (34e), Oblak (60e), Petkovic (65e).
Expulsion.- Zaïre : N'Daye (23e).
ÉCOSSE 0-0 BRÉSIL,
le 18 juin, à Francfort.
ZAÏRE 0-3 (0-1) BRÉSIL,
le 22 juin, à Gelsenkirchen.
Buts : Jairzinho (12e), Rivelino (67e),
Valdomiro (79e).
ÉCOSSE 1-1 (0-0) YOUGOSLAVIE,
le 22 juin, à Francfort.
Buts.- ÉCOSSE : Jordan (89e) ; YOUGOSLAVIE : Karasi (81e).

CLASSEMENT
1. Yougoslavie, 4 pts (+9) ; 2. Brésil, 4 (+3) ; 3. Écosse, 4 (+2) ; 4. Zaïre, 0 (-14).

GROUPE 3

URUGUAY 0-2 (0-1) PAYS-BAS,
le 15 juin, à Hanovre.
Buts : Rep (17e, 87e).
Expulsion.- Uruguay : Montero Castillo (69e).
SUÈDE 0-0 BULGARIE,
le 15 juin, à Düsseldorf.
PAYS-BAS 0-0 SUÈDE,
le 19 juin, à Dortmund.
BULGARIE 1-1 (0-0) URUGUAY,
le 19 juin, à Hanovre.
Buts.- BULGARIE : Bonev (75e) ;
URUGUAY : Pavoni (87e).
BULGARIE 1-4 (0-2) PAYS-BAS,
le 23 juin, à Dortmund.
Buts.- BULGARIE : De Jong (87e c.s.c.) ; PAYS-BAS : Neeskens (5e, 44e), Rep (71e), Krol (78e).
SUÈDE 3-0 (0-0) URUGUAY,
le 23 juin, à Düsseldorf.
Buts : Edström (46e, 78e), Sandberg (74e).

CLASSEMENT
1. Pays-Bas, 5 pts (+5) ; 2. Suède, 4 (+3) ; 3. Bulgarie, 2 (-3) ; 4. Uruguay, 1 (-5).

GROUPE 4

ITALIE 3-1 (0-0) HAÏTI,
le 15 juin, à Munich.
Buts.- ITALIE : Rivera (52e), Benetti (66e), Anastasi (78e) ; HAÏTI : Sanon (46e).
POLOGNE 3-2 (2-0) ARGENTINE,
le 15 juin, à Stuttgart.
Buts.- POLOGNE : Lato (6e, 64e), Szarmach (8e) ; ARGENTINE : Heredia (62e), Babington (67e).
HAÏTI 0-7 (0-5) POLOGNE,
le 19 juin, à Munich.
Buts : Lato (17e, 87e), Deyna (18e), Szarmach (30e, 34e, 50e), Gorgon (32e).
ARGENTINE 1-1 (1-1) ITALIE,
le 19 juin, à Stuttgart.
Buts.- ARGENTINE : Houseman (19e) ; ITALIE : Perfumo (34e c.s.c.).
ARGENTINE 4-1 (2-0) HAÏTI,
le 23 juin, à Munich.
Buts.- ARGENTINE : Yazalde (14e, 66e), Houseman (17e), H. Ayala (58e) ;
HAÏTI : Sanon (63e).
POLOGNE 2-1 (2-0) ITALIE,
le 23 juin, à Stuttgart.
Buts.- POLOGNE : Szarmach (39e), Deyna (44e) ;
ITALIE : Capello (85e).

CLASSEMENT
1. Pologne, 6 pts (+9) ; 2. Argentine, 3 (+2) ; 3. Italie, 3 (+1) ; 4. Haïti, 0 (-12).

SECONDE PHASE DE GROUPES

GROUPE A

BRÉSIL 1-0 (0-0) ALLEMAGNE (RDA),
le 26 juin, à Hanovre.
But : Rivelino (61e).
BRÉSIL : Leao - Ze Maria, Pereira (cap.), M. Marinho, F. Marinho - Rivelino, C. Paulo Cesar, L. Paulo Cesar - Valdomiro, Jairzinho, Dirceu. Entr. : M. Zagallo.
ALLEMAGNE (RDA) : Croy - Kische, Bransch (cap.), Weise, Kurbjuweit - Lauck (Löwe, 65e), Hamann (Irmscher, 46e), Wätzlich, Sparwasser - Streich, Hoffmann.
Entr. : G. Buschner.

PAYS-BAS 4-0 (2-0) ARGENTINE,
le 26 juin, à Gelsenkirchen.
Buts : Cruyff (11e, 90e), Krol (25e), Rep (72e).
PAYS-BAS : Jongbloed - Suurbier (Israel, 85e), Rijsbergen, Haan, Krol - Jansen, Van Hanegem, Neeskens - Rep, Cruyff (cap.), Rensenbrink. Entr. : R. Michels.
ARGENTINE : Carnevali - Wolff (Glaria, 46e), Perfumo (cap.), Heredia, Sa - Telch, Balbuena, Squeo - Yazalde, H. Ayala, Houseman (Kempes, 46e). Entr. : V. Cap.

ALLEMAGNE (RDA) 0-2 (1-0) PAYS-BAS,
le 30 juin, à Gelsenkirchen.
Buts : Neeskens (8e), Rensenbrink (59e).
ALLEMAGNE (RDA) : Croy - Kische, Bransch (cap.), Weise, Kurbjuweit - Lauck (Kreische, 65e), Schnuphase, Pommerenke, Sparwasser - Löwe (Ducke, 55e), Hoffmann.
Entr. : G. Buschner.
PAYS-BAS : Jongloed - Suurbier, Rijsbergen, Haan, Krol - Jansen, Van Hanegem, Neeskens - Rep, Cruyff (cap.), Rensenbrink. Entr. : R. Michels.

ARGENTINE 1-2 (1-1) BRÉSIL,
le 30 juin, à Hanovre.
Buts.- ARGENTINE : Brindisi (34e) ;
BRÉSIL : Rivelino (31e), Jairzinho (48e).
ARGENTINE : Carnevali (g.) - Glaria, Bargas, Heredia, Sa (Carrascosa, 46e) - Brindisi (cap.), Squeo, Babington - Balbuena, H. Ayala, Kempes (Houseman, 46e). Entr. : V. Cap.
BRÉSIL : Leao (g.) - Ze Maria, Pereira (cap.), M. Marinho, F. Marinho - Rivelino, C. Paulo Cesar, L. Paulo Cesar - Valdomiro, Jairzinho, Dirceu. Entr. : M. Zagallo.

PAYS-BAS 2-0 (0-0) BRÉSIL,
le 3 juillet, à Dortmund.
Buts : Neeskens (50e), Cruyff (65e).
Expulsion.- Brésil : Pereira (84e).
PAYS-BAS : Jongbloed - Suurbier, Rijsbergen, Haan, Krol - Jansen, Van Hanegem, Neeskens (Israel, 85e) - Rep, Cruyff (cap.), Rensenbrink (De Jong, 67e). Entr. R. Michels.
BRÉSIL : Leao - Ze Maria, Pereira (cap.), M. Marinho, F. Marinho - C. Paulo Cesar, Rivelino, L. Paulo Cesar (Mirandinha, 62e) - Valdomiro, Jairzinho, Dirceu.
Entr. : M. Zagallo.

ARGENTINE 1-1 (1-1) ALLEMAGNE (RDA),
le 3 juillet, à Gelsenkirchen.
Buts.- ARGENTINE : Houseman (20e) ;
ALLEMAGNE (RDA) : Streich (14e).
ARGENTINE : Fillol - Wolff (cap.), Heredia, Bargas, Carrascosa - Telch, Brindisi, Babington - Houseman, H. Ayala, Kempes.
Entr. : V. Cap.
ALLEMAGNE (RDA) : Croy - Kische, Bransch (cap.), Weise, Kurbjuweit - Sparwasser, Schnuphase, Pommerenke, Löwe (Vogel, 66e) - Streich (Ducke, 80e), Hoffmann.
Entr. : G. Buschner.

CLASSEMENT
1. Pays-Bas, 6 pts (+8) ; 2. Brésil, 4 (0) ; 3. Allemagne (RDA), 1 (-3) ; 4. Argentine, 1 (-5).

GROUPE B

YOUGOSLAVIE 0-2 (0-1) ALLEMAGNE (RFA),
le 26 juin, à Düsseldorf.
But : Breitner (39e), G. Müller (82e).
YOUGOSLAVIE : Maric - Buljan, Katalinski, Muzinic, Hadziabdic - Oblak (Jerkovic, 84e), Acimovic, Surjak, Popivoda - Karasi, Dzajic (cap., Petkovic, 84e). Entr. : M. Miljanic.
ALLEMAGNE (RFA) : Maier - Vogts, Schwarzenbeck, Beckenbauer (cap.), Breitner - Wimmer (Hoeness, 73e), Bonhof, Overath - Hölzenbein (Flohe, 78e), G. Müller, Herzog.
Entr. : H. Schön.

SUÈDE 0-1 (0-1) POLOGNE,
le 26 juin, à Stuttgart.
But : Lato (42e).
SUÈDE : Hellström - B. Andersson (Augustsson, 61e), Grip, Karlsson, Nordqvist (cap.) - B. Larsson, Tapper (Ahlström, 80e), Grahn - Torstensson, Edström, Sandberg.
Entr. : G. Ericsson.
POLOGNE : Tomaszewski - Szymanowski, Gorgon, Zmuda, Gut - Maszczyk, Deyna (cap.), Kasperczak - Lato, Szarmach (Kmiecik, 61e), Gadocha. Entr. : K. Gorski.

POLOGNE 2-1 (1-1) YOUGOSLAVIE,
le 30 juin, à Francfort.
Buts.- POLOGNE : Deyna (24e s.p.), Lato (62e) ;
YOUGOSLAVIE : Karasi (43e).
POLOGNE : Tomaszewski - Szymanowski, Gorgon, Zmuda, Musial - Maszczyk, Deyna (cap., Domarski, 80e), Kasperczak - Lato, Szarmach (Cmikiewicz, 58e), Gadocha.
Entr. : K. Gorski.
YOUGOSLAVIE : Maric - Buljan, Katalinski, Bogicevic, Hadziabdic - Karasi, Oblak (Jerkovic, 16e), Acimovic (cap.), Petkovic (Petrovic, 80e) - Bajevic, Surjak.
Entr. : M. Miljanic.

ALLEMAGNE (RFA) 4-2 (0-1) SUÈDE,
le 30 juin, à Düsseldorf.
Buts.- ALLEMAGNE (RFA) : Overath (50e), Bonhof (51e), Grabowski (76e), Hoeness (89e s.p.) ; SUÈDE : Edström (24e), Sandberg (53e).
ALLEMAGNE (RFA) : Maier - Vogts, Schwarzenbeck, Beckenbauer (cap.), Breitner - Hoeness, Bonhof, Overath - Hölzenbein (Flohe, 83e), G. Müller, Herzog (Grabowski, 65e). Entr. : H. Schön.
SUÈDE : Hellström - Olsson, Karlsson, Nordqvist (cap.), Augustsson - Tapper, B. Larsson (Ejderstedt, 32e), Grahn - Torstensson, Edström, Sandberg.
Entr. : G. Ericsson.

POLOGNE 0-1 (0-0) ALLEMAGNE (RFA),
le 3 juillet, à Francfort.
But : G. Müller (76e).
POLOGNE : Tomaszewski - Szymanowski, Gorgon, Zmuda, Musial - Maszczyk (Kmiecik, 79e), Deyna (cap.), Kasperczak (Cmikiewicz, 79e) - Lato, Domarski, Gadocha.
Entr. : K. Gorski.
ALLEMAGNE (RFA) : Maier - Vogts, Schwarzenbeck, Beckenbauer (cap.), Breitner - Hoeness, Bonhof, Overath - Grabowski, G. Müller, Hölzenbein. Entr. : H. Schön.

SUÈDE 2-1 (1-1) YOUGOSLAVIE,
le 3 juillet, à Düsseldorf.
Buts.- SUÈDE : Edström (30e), Torstensson (86e) ; YOUGOSLAVIE : Surjak (27e).
SUÈDE : Hellström (g.) - Olsson, Karlsson, Nordqvist (cap.), Augustsson - Tapper, Grahn, Persson - Torstensson, Edström, Sandberg.
Entr. : G. Ericsson.
YOUGOSLAVIE : Maric - Buljan, Katalinski, Pavlovic (Peruzovic, 78e), Hadziabdic - Bogicevic, Acimovic, Jerkovic, Petrovic (Karasi, 70e) - Surjak, Dzajic (cap.).
Entr. : M. Miljanic.

CLASSEMENT
1. Allemagne (RFA), 6 pts (+5) ; 2. Pologne, 4 (+1) ; 3. Suède, 2 (-2) ; 4. Yougoslavie, 0 (-4).

MATCH POUR LA TROISIÈME PLACE

BRÉSIL 0-1 (0-0) POLOGNE,
le 6 juillet, à Munich.
But : Lato (76e).
BRÉSIL : Leao - Ze Maria, Alfredo, M. Marinho (cap.), F. Marinho - Rivelino, C. Paulo Cesar, Ademir (Mirandinha, 66e) - Valdomiro, Jairzinho, Dirceu.
Entr. : M. Zagallo.
POLOGNE : Tomaszewski - Szymanowski, Gorgon, Zmuda, Musial - Maszczyk, Deyna (cap.), Kasperczak (Kapka, 73e) - Lato, Szarmach (Cmikiewicz, 73e), Gadocha.
Entr. : K. Gorski.

FINALE

PAYS-BAS 1-2 (1-2) ALLEMAGNE (RFA),
le 7 juillet, à Munich.
Buts.- PAYS-BAS : Neeskens (1re s.p.) ;
ALLEMAGNE (RFA) : Breitner (25e s.p.),
G. Müller (43e).
PAYS-BAS : Jongbloed - Suurbier, Rijsbergen (De Jong, 68e), Haan, Krol - Jansen, Van Hanegem, Neeskens - Rep, Cruyff (cap.), Rensenbrink (R. Van de Kerkhof, 46e).
Entr. : R. Michels.
ALLEMAGNE (RFA) : Maier – Vogts, Schwarzenbeck, Beckenbauer (cap.), Breitner - Hoeness, Bonhof, Overath - Grabowski, G. Müller, Hölzenbein.
Entr. : H. Schön.

1978 / ARGENTINE

(du 1er au 25 juin)

PREMIER TOUR

GROUPE 1

ITALIE 2-1 (1-1) FRANCE,
le 2 juin, à Mar Del Plata.
Buts.- ITALIE : Rossi (29e), Zaccarelli (52e) ; FRANCE : Lacombe (1re).
ARGENTINE 2-1 (1-1) HONGRIE,
le 2 juin, à Buenos Aires.
Buts.- ARGENTINE : Luque (15e), Bertoni (83e) ; HONGRIE : Csapo (10e).
Expulsions.- Hongrie : Töröcsik (88e), Nyilasi (89e).
ARGENTINE 2-1 (1-0) FRANCE,
le 6 juin, à Buenos Aires.
Buts.- ARGENTINE : Passarella (45e s.p.), Luque (73e) ; FRANCE : Platini (60e).
ITALIE 3-1 (2-0) HONGRIE,
le 6 juin, à Mar Del Plata.
Buts.- ITALIE : Rossi (34e), Bettega (36e), Benetti (60e) ; HONGRIE : A. Toth (81e s.p.).
ARGENTINE 0-1 (0-0) ITALIE,
le 10 juin, à Buenos Aires.
But : Bettega (67e).
FRANCE 3-1 (3-1) HONGRIE,
le 10 juin, à Mar Del Plata.
Buts.- FRANCE : C. Lopez (22e), Berdoll (37e), Rocheteau (42e) ; HONGRIE : Zombori (41e).

CLASSEMENT
1. Italie, 6 pts (+4) ; 2. Argentine, 4 (+1) ; 3. France, 2 (0) ; 4. Hongrie, 0.

GROUPE 2

ALLEMAGNE (RFA) 0-0 POLOGNE,
le 1er juin, à Buenos Aires.
TUNISIE 3-1 (0-1) MEXIQUE,
le 2 juin, à Rosario.
Buts.- TUNISIE : Kaabi (55e), Ghommidh (79e), Dhouieb (87e) ; MEXIQUE : Vazquez Ayala (45e).
ALLEMAGNE (RFA) 6-0 (4-0) MEXIQUE,
le 6 juin, à Cordoba.
Buts : D. Müller (15e), H. Müller (30e), Rummenigge (38e, 73e), Flohe (44e, 89e).
POLOGNE 1-0 (1-0) TUNISIE,
le 6 juin, à Rosario.
But : Lato (43e).
ALLEMAGNE (RFA) 0-0 TUNISIE,
le 10 juin, à Cordoba.
POLOGNE 3-1 (1-0) MEXIQUE,
le 10 juin, à Rosario.
Buts.- POLOGNE : Boniek (43e, 84e), Deyna (56e) ; MEXIQUE : Rangel (52e).

CLASSEMENT
1. Pologne, 5 pts (+3) ; 2. Allemagne (RFA), 4 (+6) ; 3. Tunisie, 3 (+1) ; 4. Mexique, 0 (-10).

GROUPE 3

SUÈDE 1-1 (1-1) BRÉSIL,
le 3 juin, à Mar Del Plata.
Buts.- SUÈDE : Sjöberg (37e) ; BRÉSIL : Reinaldo (45e).
AUTRICHE 2-1 (1-1) ESPAGNE,
le 3 juin, à Buenos Aires.
Buts.- AUTRICHE : Schachner (9e), Krankl (76e) ; ESPAGNE : Dani (21e).
AUTRICHE 1-0 (1-0) SUÈDE,
le 7 juin, à Buenos Aires.
But : Krankl (42e s.p.).
BRÉSIL 0-0 ESPAGNE,
le 7 juin, à Mar Del Plata.
ESPAGNE 1-0 (0-0) SUÈDE,
le 11 juin, à Buenos Aires.
But : Asensi (75e).
BRÉSIL 1-0 (1-0) AUTRICHE,
le 11 juin, à Mar Del Plata.
But : Roberto (40e).

CLASSEMENT
1. Autriche, 4 pts (+1, 3/2) ; 2. Brésil, 4 (+1, 2/1) ; 3. Espagne, 3 (0) ; 4. Suède, 1 (-2).

GROUPE 4

PAYS-BAS 3-0 (1-0) IRAN,
le 3 juin, à Mendoza.
Buts : Rensenbrink (40e, 62e, 79e s.p.).
PÉROU 3-1 (1-1) ÉCOSSE,
le 3 juin, à Cordoba.
Buts : PÉROU : Cueto (43e), Cubillas (72e, 77e); ÉCOSSE : Jordan (14e).
ÉCOSSE 1-1 (1-0) IRAN,
le 7 juin, à Cordoba.
Buts.- ÉCOSSE : Eskandarian (43e c.s.c.) ; IRAN : Danaifar (60e).
PAYS-BAS 0-0 PÉROU,
le 7 juin, à Mendoza.
PÉROU 4-1 (3-1) IRAN,
le 11 juin, à Cordoba.
Buts.- PÉROU : Velasquez (2e), Cubillas (36e s.p., 39e s.p., 79e) ; IRAN : Rowshan (41e).
ÉCOSSE 3-2 (1-1) PAYS-BAS,
le 11 juin, à Mendoza.
Buts.- ÉCOSSE : Dalglish (44e), Gemmill (46e s.p., 68e) ; PAYS-BAS : Rensenbrink (34e s.p.), Rep (71e).

CLASSEMENT
1. Pérou, 5 pts (+5) ; 2. Pays-Bas, 3 (+2) ; 3. Ecosse, 3 (-1) ; 4. Iran, 1 (-6).

SECOND TOUR

GROUPE A

ALLEMAGNE (RFA) 0-0 ITALIE,
le 14 juin, à Buenos Aires.
ALLEMAGNE (RFA) : Maier - Kaltz, Vogts (cap.), Rüssmann, Dietz - Flohe (Beer, 69e), Bonhof, Zimmermann (Konopka, 54e) - Hölzenbein, Rummenigge, Fischer.
Entr. : H. Schön.
ITALIE : Zoff (cap.) - Bellugi, Gentile, Scirea, Cabrini - Tardelli, Benetti, Antognoni (Zaccarelli, 46e) - Causio, Rossi, Bettega.
Entr. : E. Bearzot.

PAYS-BAS 5-1 (3-0) AUTRICHE,
le 14 juin, à Cordoba.
Buts.- PAYS-BAS : Brandts (6e), Rensenbrink (35e s.p.), Rep (36e, 53e), W. Van de Kerkhof (82e) ;
AUTRICHE : Obermayer (79e).
PAYS-BAS : Schrijvers - Wildschut, Brandts (Van Kraay, 67e), Krol (cap.), Poortvliet - Jansen, Haan, W. Van De Kerkhof - Rep, Rensenbrink, R. Van de Kerkhof (Schoenaker, 61e). Entr. : E. Happel (AUT).
AUTRICHE : Koncilia - Obermayer, Sara (cap.), Pezzey, Breitenberg - Hickersberger, Prohaska, Jara - Krieger, Krankl, Kreuz.
Entr. : H. Senekowitsch.

ITALIE 1-0 (1-0) AUTRICHE,
le 18 juin, à Buenos Aires.
But : Rossi (14e).
ITALIE : Zoff (cap.) - Bellugi (Cuccureddu, 46e), Gentile, Scirea, Cabrini - Tardelli, Benetti, Zaccarelli - Causio, Rossi, Bettega (Graziani, 72e). Entr. : E. Bearzot.
AUTRICHE : Koncilia - Obermayer, Sara (cap.), Pezzey, Strasser - Hickersberger, Prohaska, Krieger - Schachner (Pirkner, 63e), Krankl, Kreuz. Entr. : H. Senekowitsch.

ALLEMAGNE (RFA) 2-2 (1-1) PAYS-BAS,
le 18 juin, à Cordoba.
Buts.- ALLEMAGNE (RFA) : Abramczik (3e), D. Müller (70e) ; PAYS-BAS : Haan (27e), R. Van de Kerkhof (84e).
Expulsion.- Pays-Bas : Nanninga (88e).
ALLEMAGNE (RFA) : Maier - Kaltz, Vogts (cap.), Rüssmann, Dietz - Beer, Bonhof, Abramczik - Hölzenbein, Rummenigge, D. Müller. Entr. : H. Schön.
PAYS-BAS : Schrijvers - Wildschut (Nanninga, 81e), Brandts, Krol (cap.), Poortvliet - Jansen, Haan, W. Van De Kerkhof - Rep, Rensenbrink, R. Van de Kerkhof. Entr. : E. Happel (AUT).

PAYS-BAS 2-1 (0-1) ITALIE,
le 21 juin, à Buenos Aires.
Buts.- PAYS-BAS : Brandts (49e), Haan (74e) ;
ITALIE : Brandts (18e c.s.c.).
PAYS-BAS : Schrijvers (Jongbloed, 21e) - Jansen, Brandts, Krol (cap.), Poortvliet - Neeskens, Haan, W. Van De Kerkhof - Rep (Van Kraay, 65e), Rensenbrink, R. Van de Kerkhof.
Entr. : E. Happel (AUT).
ITALIE : Zoff (cap.) - Cuccureddu, Gentile, Scirea, Cabrini - Tardelli, Benetti (Graziani, 75e), Zaccarelli - Causio (C. Sala, 46e), Rossi, Bettega. Entr. : E. Bearzot.

AUTRICHE 3-2 (0-1) ALLEMAGNE (RFA),
le 21 juin, à Cordoba.
Buts.- AUTRICHE : Vogts (59e c.s.c.), Krankl (66e, 88e) ; ALLEMAGNE (RFA) : Rummenigge (19e), Hölzenbein (68e).
AUTRICHE : Koncilia - Obermayer, Sara (cap.), Pezzey, Strasser - Hickersberger, Prohaska, Kreuz - Schachner (Oberacher, 73e), Krankl, Krieger. Entr. : H. Senekowitsch.
ALLEMAGNE (RFA) : Maier - Kaltz, Vogts (cap.), Rüssmann, Dietz - Beer (H. Müller, 46e), Bonhof, Abramczik - Hölzenbein, Rummenigge, D. Müller (Fischer, 66e). Entr. : H. Schön.

CLASSEMENT
1. Pays-Bas, 5 pts (+5) ; 2. Italie, 3 (0) ; 3. Allemagne (RFA), 2 (-1) ; 4. Autriche, 2 (-4).

GROUPE B

ARGENTINE 2-0 (1-0) POLOGNE,
le 14 juin, à Rosario.
Buts : Kempes (16e, 71e).
ARGENTINE : Fillol - Olguin, Luis Galvan, Passarella (cap.), Tarantini - Ardiles, Gallego, Valencia (R. Villa, 46e) - Houseman (Ortiz, 83e), Bertoni, Kempes. Entr. : C. L. Menotti.
POLOGNE : Tomaszewski - Szymanowski, Zmuda, Maculewicz, Masztaler (Mazur, 65e) - Nawalka, Deyna (cap.), Kasperczak - Boniek, Lato, Szarmach. Entr. : J. Gmoch.

BRÉSIL 3-0 (2-0) PÉROU,
le 14 juin, à Mendoza.
Buts : Dirceu (15e, 28e), Zico (73e s.p.).
BRÉSIL : Leao (cap.) - Oscar, Amaral, Toninho, Rodriguez Neto - Cerezo (Chicao, 76e), Mendonca, Batista, Dirceu - Gil (Zico, 71e), Roberto. Entr. : C. Coutinho.
PÉROU : Quiroga - Manzo, Chumpitaz (cap.), Duarte, T. Diaz (J. Navarro, 11e) - Velasquez, Cueto, Cubillas - Munante, La Rosa, Oblitas (P. Rojas, 46e). Entr. : M. Calderon.

ARGENTINE 0-0 BRÉSIL,
le 18 juin, à Rosario.
ARGENTINE : Fillol - Olguin, Luis Galvan, Passarella (cap.), Tarantini - Ardiles (R. Villa, 46e), Gallego, Kempes - Bertoni, Luque, Ortiz (Alonso, 61e). Entr. : C. L. Menotti.
BRÉSIL : Leao (cap.) - Oscar, Amaral, Toninho, Rodriguez Neto (Edinho, 35e) - Chicao, Batista, Mendonca (Zico, 67e), Dirceu - Gil, Roberto. Entr. : C. Coutinho.

POLOGNE 1-0 (0-0) PÉROU,
le 18 juin, à Mendoza.
But : Szarmach (65e).
POLOGNE : Kukla - Szymanowski, Gorgon, Zmuda, Maculewicz - Nawalka, Deyna (cap.), Masztaler (Kasperczak, 46e) - Boniek (Lubanski, 86e), Lato, Szarmach.
Entr. : J. Gmoch.
PÉROU : Quiroga - Manzo,Chumpitaz (cap.), Duarte, J. Navarro - Cueto, Quesada, Cubillas - Munante (P. Rojas, 46e), La Rosa (Sotil, 73e), Oblitas. Entr. : M. Calderon.

BRÉSIL 3-1 (1-1) POLOGNE,
le 21 juin, à Mendoza.
Buts.- BRÉSIL : Nelinho (12e), Roberto (57e, 63e) ; POLOGNE : Lato (45e).
BRÉSIL : Leao (cap.) - Oscar, Amaral, Toninho, Nelinho -Zico (Mendonca, 7e), Cerezo (Rivelino, 78e), Batista, Dirceu - Gil, Roberto.
Entr. : C. Coutinho.
POLOGNE : Kukla - Szymanowski, Gorgon, Zmuda, Maculewicz - Nawalka, Deyna (cap.), Kasperczak (Lubanski, 64e) - Boniek, Lato, Szarmach. Entr. : J. Gmoch.

ARGENTINE 6-0 (2-0) PÉROU,
le 21 juin à Rosario.
Buts : Kempes (21e, 49e), Tarantini (43e), Luque (50e, 72e), Houseman (67e).
ARGENTINE : Fillol - Olguin, Luis Galvan, Passarella (cap.), Tarantini - Larrossa, Gallego (Oviedo, 86e), Kempes - Bertoni (Houseman, 66e), Luque, Ortiz. Entr. : C. L. Menotti.
PÉROU : Quiroga - Manzo, Chumpitaz (cap.), Duarte, R. Rojas - Cueto, Velasquez (Gorriti, 52e), Cubillas - Munante, Quesada, Oblitas.
Entr. : M. Calderon.

CLASSEMENT
1. Argentine, 5 pts (+8) ; 2. Brésil, 5 (+5) ; 3. Pologne, 2 (-3) ; 4. Pérou, 0 (-10).

MATCH POUR LA TROISIÈME PLACE

BRÉSIL 2-1 (0-1) ITALIE,
le 24 juin, à Buenos Aires.
Buts.- BRÉSIL : Nelinho (64e), Dirceu (72e) ; ITALIE : Causio (38e).
BRÉSIL : Leao (cap.) - Oscar, Amaral, Nelinho, Rodriguez Neto - Cerezo (Rivelino, 64e), Batista, Mendonca, Dirceu - Gil (Reinaldo, 46e), Roberto. Entr. : C. Coutinho.
ITALIE : Zoff (cap.) - Cuccureddu, Gentile, Scirea, Cabrini - Maldera, Antognoni (C. Sala, 79e), P. Sala - Causio, Rossi, Bettega.
Entr. : E. Bearzot.

FINALE

ARGENTINE 3-1 a.p. (1-0 ; 1-1) PAYS-BAS,
le 25 juin, à Buenos Aires.
Buts.- ARGENTINE : Kempes (38e, 105e), Bertoni (116e) ; PAYS-BAS : Nanninga (82e).
ARGENTINE : Fillol - Olguin, Luis Galvan, Passarella (cap.), Tarantini - Ardiles (Larrosa, 66e), Gallego, Kempes - Bertoni, Luque, Ortiz (Houseman, 75e). Entr. : C. L. Menotti.
PAYS-BAS : Jongbloed - Jansen (Suurbier, 73e), Brandts, Krol (cap.), Poortvliet - Neeskens, Haan, W. Van de Kerkhof - Rep (Nanninga, 59e), Rensenbrink, R. Van de Kerkhof. Entr. : E. Happel (AUT).

1982 / ESPAGNE

(du 13 juin au 11 juillet)

PREMIER TOUR

GROUPE 1

ITALIE 0-0 POLOGNE,
le 14 juin, à Vigo.
PÉROU 0-0 CAMEROUN,
le 15 juin, à La Corogne.
ITALIE 1-1 (1-0) PÉROU,
le 18 juin, à Vigo.
But.- ITALIE : Conti (16e) ; PÉROU : Collovati (84e c.s.c).
POLOGNE 0-0 CAMEROUN,
le 19 juin, à La Corogne.
POLOGNE 5-1 (0-0) PÉROU,
le 22 juin, à La Corogne.
Buts.- POLOGNE : Smolarek (56e), Lato (60e), Boniek (62e), Buncol (68e), Ciolek (77e) ; PÉROU : La Rosa (83e).
ITALIE 1-1 (0-0) CAMEROUN,
le 23 juin à Vigo
Buts.- ITALIE : Graziani (61e) ; CAMEROUN : Mbida (62e).

CLASSEMENT

1. Pologne, 4 (+4) ; 2. Italie, 3 (0, 2/2) ; 3. Cameroun, 3 (0, 1/1) ; 4. Pérou, 2 (-4)

GROUPE 2

ALLEMAGNE (RFA) 1-2 (0-0) ALGÉRIE,
le 16 juin à Gijon.
Buts.- ALLEMAGNE (RFA) : Rummenigge (67e) ; ALGÉRIE : Madjer (52e), Belloumi (68e).
CHILI 0-1 (0-0) AUTRICHE,
le 17 juin, à Oviedo.
But : Schachner (22e).
ALLEMAGNE (RFA) 4-1 (1-0) CHILI,
le 20 juin, à Gijon.
Buts.- ALLEMAGNE (RFA) : Rummenigge (9e, 57e, 66e), Reinders (81e) ; CHILI : Moscoso (89e).
AUTRICHE 2-0 (0-0) ALGÉRIE,
le 21 juin, à Oviedo.
Buts : Schachner (56e), Krankl (67e).
ALGÉRIE 3-2 (3-0) CHILI,
le 24 juin, à Oviedo.
Buts.- ALGÉRIE : Assad (8e, 31e), Bensaoula (35e) ; CHILI : Neira (60e s.p.), Letelier (73e).
ALLEMAGNE (RFA) 1-0 (1-0) AUTRICHE,
le 25 juin, à Gijon.
But : Hrubesch (11e).

CLASSEMENT

1. Allemagne (RFA), 4 pts (+3) ; 2. Autriche, 4 (+2) ; 3. Algérie, 4 (0) ; 4. Chili, 0 (-5).

GROUPE 3

ARGENTINE 0-1 (0-0) BELGIQUE,
le 13 juin à Barcelone.
But : Vandenbergh (63e).
HONGRIE 10-1 (3-0) SALVADOR,
15 juin à Elche.
Buts.- HONGRIE : Nyilasi (3e, 82e), Poloskei (10e), Fazekas (23e, 55e), J. Toth (51e), Kiss (69e, 72e, 76e), Szentes (71e) ; SALVADOR : Ramirez (65e).
ARGENTINE 4-1 (2-0) HONGRIE,
le 18 juin, à Alicante.
Buts.- ARGENTINE : Bertoni (27e), Maradona (28e, 57e), Ardiles (60e) ; HONGRIE : Poloskei (76e).
BELGIQUE 1-0 (1-0) SALVADOR,
le 19 juin, à Elche.
But : Coeck (18e).
BELGIQUE 1-1 (0-1) HONGRIE,
le 22 juin, à Elche.
Buts.- BELGIQUE : Czerniatynski (75e) ; HONGRIE : Varga (27e).
ARGENTINE 2-0 (1-0) SALVADOR,
le 23 juin, à Alicante.
Buts : Passarella (20e s.p.), Bertoni (53e).

CLASSEMENT

1. Belgique, 5 (+2) ; 2. Argentine, 4 (+4) ; 3. Hongrie, 3 (+6) ; 4. Salvador, 0 (-12).

GROUPE 4

ANGLETERRE 3-1 (2-1) FRANCE,
le 16 juin, à Bilbao.
Buts.- ANGLETERRE : Robson (1re, 66e), Mariner (82e) ; FRANCE : Soler (25e).
TCHÉCOSLOVAQUIE 1-1 (1-0) KOWEÏT,
le 17 juin, à Valladolid.
Buts.- TCHÉCOSLOVAQUIE : Panenka (21e s.p.) ; KOWEÏT : Al-Dakhil (58e).
ANGLETERRE 2-0 (0-0) TCHÉCOSLOVAQUIE,
le 20 juin, à Bilbao.
Buts : Francis (63e), Barmos (67e c.s.c.)
FRANCE 4-1 (2-0) KOWEÏT,
le 21 juin, à Valladolid.
Buts.- FRANCE : Genghini (30e), Platini (43e), Six (47e), Bossis (90e) ; KOWEÏT : Al-Buloushi (74e).
FRANCE 1-1 (0-0) TCHÉCOSLOVAQUIE,
le 24 juin, à Valladolid.
Buts.- FRANCE : Six (66e) ; TCHÉCOSLOVAQUIE : Panenka (85e s.p.).
Expulsion.- Tchécoslovaquie : Vizek (87e).
ANGLETERRE 1-0 (1-0) KOWEÏT,
le 25 juin, à Bilbao.
But : Francis (27e).

CLASSEMENT

1. Angleterre, 6 (+5) ; 2. France, 3 (+1) ; 3. Tchécoslovaquie, 2 (-2) ; 4. Koweït, 1 (-4).

GROUPE 5

ESPAGNE 1-1 (0-1) HONDURAS,
le 16 juin, à Valence.
Buts.- ESPAGNE : Lopez-Ufarte (66e s.p.) ; HONDURAS : Zelaya (7e).
YOUGOSLAVIE 0-0 IRLANDE DU NORD,
le 17 juin, à Saragosse.
ESPAGNE 2-1 (1-1) YOUGOSLAVIE,
le 20 juin, à Valence.
Buts.- ESPAGNE : Juanito (15e s.p.), Saura (66e) ; YOUGOSLAVIE : Gudelj (10e).
HONDURAS 1-1 (0-1) IRLANDE DU NORD,
le 21 juin, à Saragosse.
Buts.- HONDURAS : Laing (62e) ; IRALANDE DU NORD : Armstrong (9e).
YOUGOSLAVIE 1-0 (0-0) HONDURAS,
24 juin, à Saragosse.
But : Petrovic (88e s.p.).
Expulsion.- Honduras : Yearwood (89e).
IRLANDE DU NORD, 1-0 (0-0) ESPAGNE,
le 25 juin, à Valence.
But : Armstrong (47e).
Expulsion.- Eire : Donaghy (62e).

CLASSEMENT

1. Irlande du Nord, 4 (+1) ; 2. Espagne, 3 (0, 3/3) ; 3. Yougoslavie, 3 (0, 2/2) ; 4. Honduras, 2 (-1).

GROUPE 6

BRÉSIL 2-1 (0-1) URSS,
le 14 juin, à Séville.
Buts.- BRÉSIL : Socrates (74e), Eder (87e) ; URSS : Bal (33e).
ÉCOSSE 5-2 (3-0) NOUVELLE-ZÉLANDE,
le 15 juin, à Malaga.
Buts.- ÉCOSSE : Dalglish (18e), Wark (30e, 32e), Robertson (74e), Archibald (80e) ; NOUVELLE-ZÉLANDE : Sumner (54e), Wooddin (65e).
BRÉSIL 4-1 (1-1) ÉCOSSE,
le 18 juin, à Séville.
Buts.- BRÉSIL : Zico (33e), Oscar (48e), Eder (65e), Falcao (87e) ; ÉCOSSE : Narey (18e).
URSS 3-0 (1-0) NOUVELLE-ZÉLANDE,
le 19 juin, à Malaga.
Buts : Gavrilov (24e), Blokhine (48e), Baltacha (68e).
URSS 2-2 (0-1) ÉCOSSE,
le 22 juin, à Malaga.
Buts.- URSS : Chivadze (60e), Chenghelia (84e) ; ÉCOSSE : Jordan (15e), Souness (87e).
BRÉSIL 4-0 (2-0) NOUVELLE-ZÉLANDE,
le 23 juin, à Séville.
Buts : Zico (28e, 31e), Falcao (64e), Serginho (69e).

CLASSEMENT

1. Brésil, 6 (+8) ; 2. URSS, 3 (+2) ; 3. Écosse, 3 (0) ; 4. Nouvelle-Zélande, 0 (-10).

SECOND TOUR

GROUPE 1

POLOGNE 3-0 (2-0) BELGIQUE,
le 28 juin, à Barcelone.
Buts : Boniek (3e, 26e, 53e).
POLOGNE : Mlynarczyk - Dziuba, Janas, Zmuda (cap.), Majewski - Lato, Buncol, Kupcewicz (Ciolek, 81e), Matysik - Boniek, Smolarek. Entr. : A. Piechniczek.
BELGIQUE : Custers - Renquin, L. Millecamps, Meeuws (cap.), Plessers (Beacke, 86e) - Vercauteren, Van Moer (Van Der Elst, 46e), Coeck - Ceulemans, Vandenbergh, Czerniatynski. Entr. : G. Thys.

BELGIQUE 0-1 (0-0) URSS,
le 1er juillet, à Barcelone.
But : Oganessian (48e).
BELGIQUE : Munaron - Renquin, L. Millecamps, Meeuws (cap.), De Schrijver (M. Millecamps, 65e) - Vercauteren, Vandersmissen (Czerniatynski, 67e), Coeck, Verheyen - Ceulemans, Vandenbergh. Entr. : G. Thys.
URSS : Dassaev - Borowski, Baltacha, Chivadze (cap.), Demianenko - Bessonov, Bal (Darasselia, 88e), Gavrilov - Oganessian, Chenghelia (Rodionov, 89e), Blokhine. Entr. : K. Beskov.

POLOGNE 0-0 URSS,
le 4 juillet, à Barcelone.
POLOGNE : Mlynarczyk - Dziuba, Janas, Zmuda (cap.), Majewski - Lato, Buncol, Kupcewicz (Ciolek, 51e), Matysik - Boniek, Smolarek. Entr. : A. Piechniczek.
URSS : Dassaev - Soulakvelidze, Baltacha, Chivadze (cap.), Demianenko - Borowski, Bessonov, Gavrilov (Darasselia, 78e) - Oganessian, Chenghelia (Andreev, 57e), Blokhine. Entr. : K. Beskov.

CLASSEMENT

1. Pologne, 3 (+3) ; 2. URSS, 3 (+1) ; 3. Belgique, 0 (-4).

GROUPE 2

ALLEMAGNE (RFA) 0-0 ANGLETERRE,
le 29 juin, à Madrid.
ALLEMAGNE (RFA) : Schumacher - K.-H. Förster, Stielike, B. Förster - Kaltz, Dremmler, Breitner, Briegel - Reinders (Littbarski, 62e), H. Müller (Fischer, 73e), Rummenigge (cap.). Entr. : J. Derwall.
ANGLETERRE : Shilton - Mills (cap.), P. Thompson, Butcher, Sansom - Coppell, Wilkins, Robson, Rix - Mariner, Francis (Woodcock, 77e). Entr. : R. Greenwood.

ALLEMAGNE (RFA) 2-1 (0-0) ESPAGNE,
le 2 juillet, à Madrid.
Buts.- ALLEMAGNE (RFA) : Littbarski (50e), Fischer (75e) ; ESPAGNE : Zamora (81e).
ALLEMAGNE (RFA) : Schumacher - K.-H. Förster, Stielike, B. Föster - Kaltz, Dremmler, Breitner, Briegel - Littbarski, Fischer, Rummenigge (cap., Reinders, 46e). Entr. : J. Derwall.
ESPAGNE : Arconada (cap.) - Urquiaga, Tendillo, Alessanco, Gordillo - Camacho, Alonso, Zamora, Juanito (Lopez Ufarte, 46e) - Santillana, Quini (Sanchez, 65e). Entr. : J. Santamaria.

ESPAGNE 0-0 ANGLETERRE,
le 5 juillet, à Madrid.
ESPAGNE : Arconada (cap.) - Urquiaga, Tendillo (Maceda, 73e), Alessanco, Gordillo - Camacho, Alonso, Zamora, Saura (Uralde, 67e) - Santillana, Satrustegui. Entr. : J. Santamaria.
ANGLETERRE : Shilton - Mills (cap.), Butcher, P. Thompson, Sansom - Francis, Robson, Wilkins, Rix (Brooking, 63e) - Woodcock (Keegan, 64e), Mariner. Entr. : R. Greenwood.

CLASSEMENT

1. Allemagne, 3 (+1) ; 2. Angleterre, 2 (0) ; 3. Espagne, 1 (-1).

GROUPE 3

ITALIE 2-1 (0-0) ARGENTINE,
le 29 juin, à Barcelone.
Buts.- ITALIE : Tardelli (56e), Cabrini (67e) ; ARGENTINE : Passarella (83e).
Expulsion.- Argentine : Gallego (84e).
ITALIE : Zoff (cap.) - Gentile, Collovati, Scirea, Cabrini - Oriali (Marini, 75e), Tardelli, Antognoni, Conti - Rossi (Altobelli, 80e), Graziani.
Entr. : E. Bearzot.
ARGENTINE : Fillol - Olguin, Luis Galvan, Passarella (cap.), Tarantini - Ardiles, Gallego, Kempes (Calderon, 58e) - R. Diaz (Valencia, 58e), Bertoni, Maradona. Entr. : C.L. Menotti.

ARGENTINE 1-3 (0-1) BRÉSIL,
le 2 juillet, à Barcelone.
Buts.- ARGENTINE : R. Diaz (88e) ; BRÉSIL : Zico (12e), Serginho (68e), Junior (75e).
Expulsion.- Argentine : Maradona (87e).
ARGENTINE : Fillol - Olguin, Luis Galvan, Passarella (cap.), Tarantini - Ardiles, Barbas, Kempes (R. Diaz, 46e), Calderon, Bertoni (Santamaria, 63e), Maradona.
Entr. : C.L. Menotti.
BRÉSIL : Waldir Perez - Leandro (Edevaldo, 82e), Oscar, Luizinho, Junior - Socrates (cap.), Cerezo, Falcao - Zico (Batista, 83e) - Serginho, Eder. Entr. : T. Santana.

ITALIE 3-2 (2-1) BRÉSIL,
le 5 juillet, à Barcelone.
Buts.- ITALIE : Rossi (5e, 24e, 74e) ; BRÉSIL : Socrates (12e), Falcao (68e).
ITALIE : Zoff (cap.) - Gentile, Collovati (Bergomi, 33e), Scirea, Cabrini - Oriali, Tardelli (Marini, 75e), Antognoni, Conti - Rossi, Graziani. Entr. : E. Bearzot.
BRÉSIL : Waldir Perez - Leandro, Luizinho, Oscar, Junior - Socrates (cap.), Cerezo, Falcao - Zico - Serginho (Paulo Isidoro, 69e), Eder. Entr. : T. Santana.

CLASSEMENT

1. Italie, 4 (+2) ; 2. Brésil, 2 (+1) ; 3. Argentine, 0 (-3).

GROUPE 4

AUTRICHE 0-1 (0-1) FRANCE,
le 28 juin, à Madrid.
But : Genghini (39e).
FRANCE : Ettori - Bossis, Janvion, Trésor

(cap.), Battiston - Giresse, Tigana, Genghini (Girard, 86e) - Soler, Lacombe (Rocheteau, 15e), Six. Entr. : M. Hidalgo.
AUTRICHE : Koncilia - Krauss, Obermaier (cap.), Pezzey, Degeorgi (Baumeister, 46e) - Hattenberger, Hintermaier, Prohaska - Jara (Welzl, 46e), Krankl, Schachner.
Entr. : G. Schmidt.

AUTRICHE 2-2 (0-1) IRLANDE DU NORD,
le 1er juillet, à Madrid.
Buts.- AUTRICHE : Pezzey (49e), Hintermaier (67e) ; IRLANDE DU NORD : Hamilton (27e, 75e).
AUTRICHE : Koncilia - Krauss, Obermaier (cap.), Pezzey, Pregesbauer (Hintermaier, 46e) - Prohaska, Pichler, Baumeister - Schachner, Hagmayr (Welzl, 46e), Jurtin. Entr. : G. Schmidt.
IRLANDE DU NORD : Platt - J. Nicholl, McClelland, C. Nicholl, Nelson - McIlroy, O'Neill (cap.), McCreery, Whiteside (Brotherston, 68e) - Armstrong, Hamilton.
Entr. : B. Bingham.

FRANCE 4-1 (1-0) IRLANDE DU NORD,
le 4 juillet, à Madrid.
Buts.- FRANCE : Giresse (34e, 80e), Rocheteau (47e, 68e) ; IRLANDE DU NORD : Armstrong (75e).
FRANCE : Ettori - Bossis, Janvion, Trésor, Amoros - Giresse, Tigana, Genghini - Platini (cap.) - Soler (Six, 63e), Rocheteau (Couriol, 83e). Entr. : M. Hidalgo.
IRLANDE DU NORD : Jennings - J. Nicholl., McClelland, C. Nicholl, Donaghy - McIlroy, M. O'Neill (cap.), McCreery (J. O'Neill, 86e), Whiteside - Armstrong, Hamilton.
Entr. : B. Bingham.

CLASSEMENT

1. France, 4 (+4) ; 2. Autriche, 1 (-1) ; 3. Irlande du Nord, 1 (-3).

DEMI-FINALES

POLOGNE 0-2 (0-1) ITALIE,
le 8 juillet, à Barcelone.
Buts : Rossi (22e, 73e).
POLOGNE : Mlynarczyk - Dziuba, Janas, Zmuda (cap.), Majewski - Ciolek (Palasz, 46e), Buncol, Kupcewicz, Matysik - Lato, Smoralek (Kusto, 76e). Entr. : A. Piechniczek.
ITALIE : Zoff (cap.) - Bergomi, Collovati, Scirea, Cabrini - Conti, Tardelli, Antognoni (Marini, 28e), Oriali - Graziani (Altobelli, 69e), Rossi. Entr. E. Bearzot.

ALLEMAGNE (RFA) 3-3 a.p. (1-1 ; 1-1) 5-4 aux t.a.b. FRANCE,
le 8 juillet, à Séville.
Buts.- ALLEMAGNE (RFA) : Littbarski (18e), Rummenigge (104e), Fischer (110e) ; FRANCE : Platini (27e s.p.), Trésor (93e), Giresse (100e).
Tirs au but.- Allemagne (RFA) : réussis par Hrubesch, Kaltz, Breitner, Littbarski et Rummenige ; manqué par Stielike. France : réussis par Giresse, Amoros, Rocheteau, Platini ; manqués par Six et Bossis.
ALLEMAGNE (RFA) : Schumacher - K.-H. Förster, Stielike, B. Förster - Kaltz (cap.), Dremmler, Breitner, Briegel (Rummenigge, 97e) - Littbarski, Magath (Hrubesch, 74e), Fischer.
Entr. : J. Derwall.
FRANCE : Ettori - Bossis, Janvion, Trésor, Amoros - Tigana - Giresse, Platini (cap.), Genghini (Battiston, 51e, Lopez, 61e) - Rocheteau, Six. Entr. : M. Hidalgo.

MATCH POUR LA TROISIÈME PLACE

POLOGNE 3-2 (2-1) FRANCE,
le 10 juillet, à Alicante.
Buts.- POLOGNE : Szarmach (42e), Majewski (45e), Kupcewicz (47e) ; France: Girard (14e), Couriol (75e).
POLOGNE : Mlynarczyk - Dziuba, Janas, Zmuda (cap.), Majewski - Lato, Buncol, Kupcewicz, Matysik (Wojcicki, 46e), Boniek, Szarmach.
Entr. : A. Piechniczek.
FRANCE : Castaneda - Mahut, Janvion (C. Lopez, 66e), Trésor (cap.), Amoros - Larios, Tigana (Six, 83e), Girard, Bellone - Couriol, Soler.
Entr. : M. Hidalgo.

FINALE

ITALIE 3-1 (0-0) ALLEMAGNE (RFA),
le 11 juillet, à Madrid.
Buts.- ITALIE : Rossi (56e), Tardelli (69e), Altobelli (80e) ; ALLEMAGNE (RFA) : Breitner (83e).
ITALIE : Zoff (cap.) - Gentile, Collovati, Scirea, Cabrini - Conti, Bergomi, TardelliOriali, - Graziani (Altobelli, 8e, Causio, 88e), Rossi.
Entr. : E. Bearzot.
ALLEMAGNE (RFA) : Schumacher - K.-H. Förster, Stielike, B. Förster - Kaltz, Dremmler (Hrubesch, 63e), Breitner, Briegel - Littbarski, Fischer, Rummenigge (cap., H. Müller, 70e).
Entr. : J. Derwall.

1986 / MEXIQUE

(du 31 mai au 29 juin)

PREMIER TOUR

GROUPE A

BULGARIE 1-1 (0-1) ITALIE,
le 31 mai, à Mexico.
Buts.- ITALIE : Altobelli (43e) ; BULGARIE : Sirakov (85e).
ARGENTINE 3-1 (2-0) CORÉE DU SUD,
le 2 juin, à Mexico.
Buts.- ARGENTINE : Valdano (6e, 46e), Ruggeri (18e) ; CORÉE DU SUD : Park Chang-sun (73e).
ITALIE 1-1 (1-1) ARGENTINE,
le 5 juin, à Puebla.
Buts.- ITALIE : Altobelli (7e s.p.) ; ARGENTINE : Maradona (34e).
CORÉE DU SUD 1-1 (0-1) BULGARIE,
le 5 juin, à Mexico.
Buts.- CORÉE DU SUD : Kim Jong-boo (70e) ; BULGARIE : Guetov (11e).
CORÉE DU SUD 2-3 (0-1) ITALIE,
le 10 juin, à Puebla.
Buts.- CORÉE DU SUD : Choi Soon-ho (62e), Huh Jung-moo (89e) ; ITALIE : Altobelli (17e, 73e, 82e).
ARGENTINE 2-0 (1-0) BULGARIE,
le 10 juin, à Mexico.
Buts : Valdano (3e), Burruchaga (77e).

CLASSEMENT

1. Argentine, 5 pts (+4) ; 2. Italie, 4 (+1) ; 3. Bulgarie, 2 (-2) ; 4. Corée du Sud, 1 (-3).

GROUPE B

BELGIQUE 1-2 (1-2) MEXIQUE,
le 3 juin, à Mexico.
Buts.- MEXIQUE : Quirarte (24e), H. Sanchez (37e) ; BELGIQUE : Vandenbergh (44e).
PARAGUAY 1-0 (1-0) IRAK,
le 4 juin, à Toluca.
But : Romero (36e).
MEXIQUE 1-1 (1-0) PARAGUAY,
le 7 juin, à Mexico.
Buts.- MEXIQUE : Flores (2e) ; PARAGUAY : Romero (84e).
IRAK 1-2 (0-2) BELGIQUE,
le 8 juin, à Toluca.
Buts.- IRAK : Radhi (57e) ; BELGIQUE : Scifo (16e), Claesen (21e s.p.).
Expulsion.- Irak : Basil (52e).
BELGIQUE 2-2 (0-1) PARAGUAY,
le 11 juin, à Toluca.
Buts.- BELGIQUE : Vercauteren (31e), Veyt (59e) ; PARAGUAY : Cabanas (50e, 76e).
IRAK 0-1 (0-0) MEXIQUE,
le 11 juin, à Mexico.
But : Quirarte (54e).

CLASSEMENT

1. Mexique, 5 pts (+2) ; 2. Paraguay, 4 (+1) ; 3. Belgique, 3 (0) ; 4. Irak, 0 (-3).

GROUPE C

CANADA 0-1 (0-0) FRANCE,
le 1er juin, à Leon.
But : Papin (80e).
URSS 6-0 (3-0) HONGRIE,
le 2 juin, à Irapuato.
Buts : Yakovenko (2e), Aleinikov (4e), Belanov (24e s.p.), Yaremtchouk (66e, 75e), Rodionov (80e).
FRANCE 1-1 (0-0) URSS,
le 5 juin, à Leon.
Buts.- FRANCE : Fernandez (62e) ; URSS : Rats (54e).
HONGRIE 2-0 (1-0) CANADA,
le 6 juin, à Irapuato.
Buts : Esterhazy (2e), Detari (75e).
Expulsion.- Canada : Sweeney (85e).
HONGRIE 0-3 (0-1) FRANCE,
le 9 juin, à Leon.
Buts : Stopyra (30e), Tigana (63e), Rocheteau (84e).
URSS 2-0 (0-0) CANADA,
le 9 juin, à Irapuato.
Buts : Blokhine (58e), Zavarov (75e).

CLASSEMENT

1. URSS, 5 (+8) ; 2. France, 5 (+4) ; 3. Hongrie, 2 (-7) ; 4. Canada, 0 (-5).

GROUPE D

ESPAGNE 0-1 (0-0) BRÉSIL,
le 1er juin, à Guadalajara.
But : Socrates (60e).
ALGÉRIE 1-1 (0-1) IRLANDE DU NORD,
le 3 juin, à Guadalajara.
Buts.- ALGÉRIE : Zidane (59e) ; IRLANDE DU NORD : Whiteside (6e).
BRÉSIL 1-0 (0-0) ALGÉRIE,
le 6 juin, à Guadalajara
But : Careca (66e).
IRLANDE DU NORD 1-2 (0-2) ESPAGNE,
le 7 juin, à Guadalajara.
Buts.- IRLANDE DU NORD : Clarke (47e) ; ESPAGNE : Butragueno (2e), Salinas (18e).
IRLANDE DU NORD 0-3 (0-2) BRÉSIL,
le 13 juin, à Guadalajara.
Buts : Careca (15e, 88e), Josimar (41e).
ALGÉRIE 0-3 (0-1) ESPAGNE,
le 13 juin, à Guadalajara.
Buts : Caldere (16e, 68e), Eloy (71e).

CLASSEMENT

1. Brésil, 6 pts (+5) ; 2. Espagne, 4 (+3) ; 3. Irlande du nord , 1 (-4, 2/6) ; 4. Algérie, 1 (-4, 1/5).

GROUPE E

URUGUAY 1-1 (1-0) ALLEMAGNE (RFA),
le 4 juin, à Queretaro.
Buts.- URUGUAY : Alzamendi (4e) ; ALLEMAGNE (RFA) : Allofs (84e).
ÉCOSSE 0-1 (0-0) DANEMARK,
le 4 juin, à Mexico.
But : Elkjaer (58e).
ALLEMAGNE RFA 2-1 (1-1) ÉCOSSE,
le 8 juin, Queretaro.
Buts.- ALLEMAGNE (RFA) : Völler (21e), Allofs (49e) ; ÉCOSSE : Strachan (17e).
DANEMARK 6-1 (2-0) URUGUAY,
le 8 juin, à Mexico.
Buts.- DANEMARK : Elkjaer (11e, 68e, 80e), Lerby (41e), M. Laudrup (52e), J. Olsen (89e) ; URUGUAY : Francescoli (45e s.p.).
Expulsion.- Uruguay : Bossio (19e).
DANEMARK 2-0 (1-0) ALLEMAGNE (RFA),
le 13 juin, à Queretaro.
Buts : J. Olsen (43e s.p.), Eriksen (62e).
Expulsion.- Danemark : Arnesen (89e).
ÉCOSSE 0-0 URUGUAY,
le 13 juin, à Mexico.
Expulsion.- Uruguay : Batista (1re).

CLASSEMENT

1. Danemark, 6 pts (+8) ; 2. Allemagne (RFA), 3 pts (-1) ; 3. Uruguay, 2 (-5) ; 4. Écosse, 1 (-2).

GROUPE F

MAROC 0-0 POLOGNE,
le 2 juin, à Monterrey.
PORTUGAL 1-0 (0-0) ANGLETERRE,
le 3 juin, à Monterrey.
But : Carlos Manuel (75e).
ANGLETERRE 0-0 MAROC,
le 6 juin, à Monterrey.
Expulsion.- Angleterre : Wilkins (43e).
POLOGNE 1-0 (0-0) PORTUGAL,
le 7 juin, à Monterrey.
But : Smolarek (68e).
PORTUGAL 1-3 (0-2) MAROC,
le 11 juin, à Monterrey.
Buts.- PORTUGAL : Diamantino (80e) ; MAROC : Khairi (18e, 27e), Krimau (62e).
ANGLETERRE 3-0 (3-0) POLOGNE,
le 11 juin, à Monterrey.
Buts : Lineker (8e, 14e, 36e).

CLASSEMENT

1. Maroc, 4 pts (+2) ; 2. Angleterre, 3 (+2) ; 3. Pologne, 3 (-2) ; 4. Portugal, 2 (-2).

CLASSEMENT DES MEILLEURS TROISIÈMES

1. Belgique, 3 pts (0) ; 2. Pologne, 3 (-2) ; 3. Bulgarie, 2 (-2) ; 4. Uruguay, 2 (-5) ; 5. Hongrie, 2 (-7) ; 6. Irlande du Nord, 1 (-4).

HUITIÈMES DE FINALE

MEXIQUE 2-0 (1-0) BULGARIE,
le 15 juin, à Mexico.
Buts : Negrete (35e), Servin (62e).
URSS 3-4 a.p. (1-0 ; 2-2) BELGIQUE,
le 15 juin, à Leon.
Buts.- URSS : Belanov (28e, 70e, 110e s.p.) ; BELGIQUE : Scifo (56e), Ceulemans (76e), Demol (102e), Claesen (109e).
BRÉSIL 4-0 (1-0) POLOGNE,
le 16 juin, à Guadalajara.
Buts : Socrates (30e s.p.), Josimar (55e), Edinho (79e), Careca (83e s.p.).
ARGENTINE 1-0 (1-0) URUGUAY,
le 16 juin, à Puebla.
But : Pasculli (41e).
ITALIE 0-2 (0-1) FRANCE,
le 17 juin, à Mexico.
Buts : Platini (14e), Stopyra (57e).
MAROC 0-1 (0-0) ALLEMAGNE (RFA),
le 17 juin, à Monterrey.
But : Matthäus (88e).
ANGLETERRE 3-0 (1-0) PARAGUAY,
le 18 juin, à Mexico.
Buts : Lineker (31e, 73e), Beardsley (56e).
DANEMARK 1-5 (1-1) ESPAGNE,
le 18 juin, à Queretaro.
Buts.- DANEMARK : J. Olsen (33e s.p.) ; ESPAGNE : Butragueno (43e, 56e, 80e, 88e s.p.), Goicoechea (68e s.p.).

QUARTS DE FINALE

BRÉSIL 1-1 a.p., 3-4 aux t.a.b. (1-1 ; 1-1) FRANCE,
le 21 juin, à Guadalajara.
Buts.- BRÉSIL : Careca (16e) ; FRANCE : Platini (42e).
Tirs au but. Brésil : réussis par Zico, Alemao et Branco ; manqués par Julio Cesar et Socrates. France : réussis par Amoros, Stopyra, Bellone et Fernandez ; manqué par Platini.

ALLEMAGNE (RFA) 0-0 a.p., 4-1 aux t.a.b. MEXIQUE,
le 21 juin, à Monterrey.
Tirs au but. Allemagne (RFA) : réussis par Matthäus, Allofs, Brehme, Littbarski. Mexique : réussi par Negrete ; manqués par Servin, Quirarte.
Expulsions.- Allemagne (RFA) : Berthold (65e) ; Mexique : Aguirre (100e).

ARGENTINE 2-1 (0-0) ANGLETERRE,
le 22 juin, à Mexico.
Buts.- ARGENTINE : Maradona (51e, 55e) ; ANGLETERRE : Lineker (81e).

ESPAGNE 1-1 a.p. (1-1 ; 1.1) 4-5 aux t.a.b. BELGIQUE,
le 22 juin, à Puebla.
Buts.- ESPAGNE : Senor (84e) ; BELGIQUE : Ceulemans (34e).
Tirs au but. Espagne : réussis par Senor, Victor, Butragueno, Chendo, manqué par Eloy. Belgique : réussis par Claesen, L. Van der Elst, Scifo, Broos, Vervoort.

DEMI-FINALES

FRANCE 0-2 (0-1) ALLEMAGNE (RFA),
le 25 juin, à Guadalajara.
Buts : Brehme (9e), Völler (90e).
ALLEMAGNE (RFA) : Schumacher - Brehme, Jakobs, K.-H. Förster, Briegel - Matthäus, Rolff, Eder, Magath - Rummenigge (cap.) (Völler, 57e), Allofs. Entr. : F. Beckenbauer.
FRANCE : Bats - Ayache, Battiston, Bossis, Amoros - Fernandez, Tigana, Giresse (Vercruysse, 71e) - Platini (cap.) - Stopyra, Bellone (Xuereb, 66e). Entr. : H. Michel.

ARGENTINE 2-0 (2-0) BELGIQUE,
le 25 juin, à Mexico.
Buts : Maradona (52e, 63e).
ARGENTINE : Pumpido - Ruggeri, Brown, Cuciuffo - Giusti, Batista, Enrique, Olarticoechea - Burruchaga (Bochini, 85e), Maradona (cap.), Valdano. Entr. : C. Bilardo.
BELGIQUE : Pfaff - Gerets, Renquin (Desmet, 54e), Demol, Vervoort - Scifo, Grun, Vercauteren, Ceulemans (cap.) - Veyt, Claesen. Entr. : G. Thys.

MATCH POUR LA TROISIÈME PLACE

FRANCE 4-2 a.p. (2-1 ; 2-2) BELGIQUE,
le 28 juin, à Puebla.
Buts.- FRANCE : Ferreri (27e), Papin (43e), Genghini (104e), Amoros (111e s.p.) ; BELGIQUE : Ceulemans (11e), Claesen (73e).
FRANCE : Rust - Bibard, Le Roux (Bossis, 56e), Battiston (cap.), Amoros - Ferreri, Tigana (Tusseau, 68e), Vercruysse, Genghini - Papin, Bellone. Entr. : H. Michel.
BELGIQUE : Pfaff - Gerets, Renquin (F. Van Der Elst, 46e), Demol, Vervoort - Scifo (L. Van Der Elst, 65e), Mommens, Grun, Ceulemans (cap.) - Veyt, Claesen. Entr. : G. Thys.

FINALE

ARGENTINE 3-2 (1-0) ALLEMAGNE (RFA),
le 29 juin, à Mexico.
Buts.- ARGENTINE : Brown (23e), Valdano (56e), Burruchaga (85e) ; ALLEMAGNE (RFA) : Rummenigge (73e), Völler (82e).
ARGENTINE : Pumpido - Cuciuffo, Brown, Ruggeri - Giusti, Batista, Olarticoechea - Enrique - Valdano (Trobbiani, 89e), Maradona (cap.), Burruchaga. Entr. : C. Bilardo.
ALLEMAGNE (RFA) : Schumacher - Brehme, Jakobs, K.-H. Förster, Briegel - Matthäus - Berthold, Eder, Magath (Honess, 89e) - Rummenigge (cap.), Allofs (Völler, 46e). Entr. : F. Beckenbauer.

1990 / ITALIE
(du 8 juin au 8 juillet)

PREMIER TOUR

GROUPE A

ITALIE 1-0 (0-0) AUTRICHE,
le 9 juin, à Rome.
But : Schillaci (78e).
ÉTATS-UNIS 1-5 (0-2) TCHÉCOSLOVAQUIE,
10 juin, à Florence.
Buts.- ÉTATS-UNIS : Galigiuri (61e) ; TCHÉCOSLOVAQUIE : Skuhravy (26e, 79e), Bilek (40e s.p.), Hasek (51e), Luhovy (90e).
Expulsion.- États-Unis: Wynalda (52e).
ITALIE 1-0 (1-0) ÉTATS-UNIS,
le 14 juin, à Rome.
But : Giannini (11e).
AUTRICHE 0-1 (0-1) TCHÉCOSLOVAQUIE,
le 15 juin, à Florence.
But : Bilek (30e s.p.).
ITALIE 2-0 (1-0) TCHÉCOSLOVAQUIE,
le 19 juin, à Rome.
Buts : Schillaci (9e), R. Baggio (77e).
AUTRICHE 2-1 (0-0) ÉTATS-UNIS,
le 19 juin, à Florence.
Buts.- AUTRICHE : Ogris (50e), Rodax (63e) ; ÉTATS-UNIS : Murray (84e).
Expulsion.- Autriche : Artner (34e).

CLASSEMENT
1. Italie, 6 (+4) ; 2. Tchécoslovaquie, 4 (+3) ; 3. Autriche, 2 (-1) ; 4. États-Unis, 0 (-6).

GROUPE B

ARGENTINE 0-1 (0-0) CAMEROUN,
le 8 juin, à Milan.
But : Omam-Biyik (66e).
Expulsions.- Cameroun : Kana-Biyik (62e), Massing (88e).
URSS 0-2 (0-1) ROUMANIE,
le 9 juin, à Bari.
Buts : Lacatus (41e, 55e s.p.).
ARGENTINE 2-0 (1-0) URSS,
le 13 juin, à Naples.
Buts : Troglio (28e), Burruchaga (80e).
Expulsion.- URSS: Bessonov (48e).
CAMEROUN 2-1 (0-0) ROUMANIE,
le 14 juin, à Bari.
Buts.- CAMEROUN : Milla (77e, 87e) ; ROUMANIE : Balint (88e).
CAMEROUN 0-4 (0-2) URSS,
le 18 juin, à Naples.
Buts : Protassov (21e), Zygmantovitch (30e), Zavarov (53e), Dobrovolski (63e).
ARGENTINE 1-1 (0-0) ROUMANIE,
le 18 juin, à Bari.
Buts.- ARGENTINE : Monzon (62e) ; ROUMANIE : Balint (67e).

CLASSEMENT
1. Cameroun, 4 (-2) ; 2. Roumanie, 3 (+1, 4/3) ; 3. Argentine, 3 (+1, 3/2) ; 4. URSS, 2 (0)

GROUPE C

BRÉSIL 2-1 (1-0) SUÈDE,
le 10 juin, à Turin.
Buts.- BRÉSIL : Careca (40e, 63e) ; SUÈDE : Brolin (78e).
COSTA RICA 1-0 (0-0) ÉCOSSE,
le 11 juin, à Gênes.
But : Cayasso (49e).
BRÉSIL 1-0 (1-0) COSTA RICA,
le 16 juin, à Turin.
But : Muller (33e).
SUÈDE 1-2 (0-1) ÉCOSSE,
le 16 juin, à Gênes.
Buts.- SUÈDE : Stromberg (86e) ; ÉCOSSE : McCall (11e), Johnston (80e s.p.).
BRÉSIL 1-0 (0-0) ÉCOSSE,
le 20 juin, à Turin.
But : Muller (83e).
SUÈDE 1-2 (1-0) COSTA RICA,
le 20 juin, à Gênes.
Buts.- SUÈDE : Ekström (32e) ; COSTA RICA : Flores (75e), Medford (87e).

CLASSEMENT
1. Brésil, 6 pts (+3) ; 2. Costa Rica, 4 (+1) ; 3. Écosse, 2 (-1) ; 4. Suède, 0 (-3).

GROUPE D

ÉMIRATS ARABES UNIS 0-2 (0-0) COLOMBIE,
le 9 juin, à Bologne.
Buts : Redin (52e), Valderrama (85e).
ALLEMAGNE (RFA) 4-1 (2-0) YOUGOSLAVIE,
le 10 juin, à Milan.
Buts.- ALLEMAGNE (RFA) : Matthäus (28e, 55e), Klinsmann (39e), Völler (71e) ; YOUGOSLAVIE : Jozic (55e).
YOUGOSLAVIE 1-0 (0-0) COLOMBIE,
le 14 juin, à Bologne.
But : Jozic (75e).
ALLEMAGNE (RFA) 5-1 (2-0) ÉMIRATS ARABES UNIS,
le 15 juin, à Milan.
Buts.- ALLEMAGNE (RFA) : Völler (35e, 74e), Klinsmann (37e), Matthäus (48e), Bein (59e) ; ÉMIRATS ARABES UNIS : Mubarak (47e).
YOUGOSLAVIE 4-1 (2-1) ÉMIRATS ARABES UNIS,
le 19 juin, à Bologne.
Buts.- YOUGOSLAVIE : Susic (4e), Pancev (9e, 46e), Prosinecki (90e) ; ÉMIRATS ARABES UNIS : Jumaa (22e).
ALLEMAGNE (RFA) 1-1 (0-0) COLOMBIE,
le 19 juin, à Milan.
Buts.- ALLEMAGNE (RFA) : Littbarski (88e) ; COLOMBIE : Rincon (90e).

CLASSEMENT
1. Allemagne (RFA), 5 (+7) ; 2. Yougoslavie, 4 (+1) ; 3. Colombie, 3 (+1) ; 4. Émirats arabes unis, 0 (-9).

GROUPE E

BELGIQUE 2-0 (0-0) CORÉE DU SUD,
le 12 juin, à Vérone.
Buts : De Gryse (53e), De Wolf (64e).
URUGUAY 0-0 ESPAGNE,
le 13 juin, à Udine.
BELGIQUE 3-1 (2-0) URUGUAY,
le 17 juin, à Vérone.
Buts.- BELGIQUE : Clijsters (15e), Scifo (23e), Ceulemans (47e) ; URUGUAY : Bengoechea (73e).
Expulsion.- Belgique : Gerets (42e).
CORÉE DU SUD 1-3 (1-1) ESPAGNE,
le 17 juin, à Udine.
Buts.- CORÉE DU SUD : Hwang Bo-kwan (42e) ; ESPAGNE : Michel (23e, 62e, 82e).
BELGIQUE 1-2 (1-2) ESPAGNE,
le 21 juin, à Vérone.
Buts.- ESPAGNE : Michel (27e s.p.), Gorriz (39e) ; BELGIQUE : Vervoort (31e).
CORÉE DU SUD 0-1 (0-0) URUGUAY,
le 21 juin, à Udine.
But : D. Fonseca (90e).
Expulsion.- Corée du Sud : Yoon Deok-yeo (71e).

CLASSEMENT
1. Espagne, 5 (+3) ; 2. Belgique, 4 (+3) ; 3. Uruguay, 3 (-1) ; 4. Corée du Sud, 0 (-5).

GROUPE F

ANGLETERRE 1-1 (1-0) EIRE,
le 11 juin, à Cagliari.
But.- ANGLETERRE : Lineker (8e) ; EIRE : Sheedy (75e).
PAYS-BAS 1-1 (0-0) ÉGYPTE,
le 12 juin, à Palerme.
Buts.- PAYS-BAS : Kieft (59e) ; ÉGYPTE : Abedelghani (82e s.p.).
ANGLETERRE 0-0 PAYS-BAS,
le 16 juin, à Cagliari.
EIRE 0-0 ÉGYPTE,
le 17 juin, à Palerme.
ANGLETERRE 1-0 (0-0) ÉGYPTE,
le 21 juin, à Cagliari.
But : M. Wright (64e).
EIRE 1-1 (0-1) PAYS-BAS,
le 21 juin, à Palerme.
Buts.- EIRE : N. Quinn (71e) ; PAYS-BAS : Gullit (10e).

CLASSEMENT
1. Angleterre, 4 (+1) ; 2. Eire, 3 (0, gagnant du tirage au sort) ; 3. Pays-Bas, 3 (0, perdant du tirage au sort) ; 4. Égypte, 2 (-1).

CLASSEMENT DES MEILLEURS TROISIÈMES
1. Argentine, 3 (+1) ; 2. Colombie, 3 (+1) ; 3. Pays-Bas, 3 (0) ; 4. Uruguay, 3 (-1 , une défaite de moins que l'Autriche) ; 5. Autriche, 2 (-1) ; 6. Écosse, 2 (-1)

HUITIÈMES DE FINALE

CAMEROUN 2-1 a.p. (0-0 ; 0-0) COLOMBIE,
le 23 juin, à Naples.
Buts.- CAMEROUN : Milla (106e, 109e) ; COLOMBIE : Redin (115e).

TCHÉCOSLOVAQUIE 4-1 (1-0) COSTA RICA,
le 23 juin, à Bari.
Buts.- TCHÉCOSLOVAQUIE : Skuhravy (12e, 63e, 82e), Kubik (76e) ; COSTA RICA : R. Gonzalez (55e).

BRÉSIL 0-1 (0-0) ARGENTINE,
le 24 juin, à Turin.
But : Caniggia (80e).
Expulsion.- Brésil : Ricardo Gomes (85e).

ALLEMAGNE (RFA) 2-1 (0-0) PAYS-BAS,
le 24 juin, à Milan.
Buts.- ALLEMAGNE (RFA) : Klinsmann (51e), Brehme (85e) ; PAYS-BAS : R. Koeman (88e s.p.).
Expulsions.- Allemagne (RFA) : Völler (21e) ; Pays-Bas : Rijkaard (21e).

EIRE 0-0 a.p. 5-4 aux t.a.b. ROUMANIE,
le 25 juin, à Gênes.
Tirs au but. Eire : réussis par Townsend, Sheedy, Houghton, O'Leary et Cascarino. Roumanie : réussis par Lupu, Rotariu, Lupescu et Hagi ; manqué par Timofte.

ITALIE 2-0 (1-0) URUGUAY,
le 25 juin, à Rome.
Buts : Schillaci (65e), Serena (83e).

ESPAGNE 1-2 (0-0 ; 1-1) YOUGOSLAVIE,
le 26 juin, à Vérone.
Buts.- ESPAGNE : Julio Salinas (82e) ; YOUGOSLAVIE : Dr. Stojkovic (77e, 92e).

ANGLETERRE 1-0 a.p. (0-0 ; 0-0) BELGIQUE,
le 26 juin, à Bologne.
But : Platt (119e).

QUARTS DE FINALE

YOUGOSLAVIE 0-0 a.p. ; 2-3 aux t.a.b. ARGENTINE,
le 30 juin, à Florence.
Tirs au but. Yougoslavie : réussis par Prosinecki et Savicevic ; manqués par Brnovic, Dr. Stojkovic et Hadzibegic. Argentine : réussis par Dezotti, Burruchaga et Serrizuela ; manqués par Maradona et Troglio.
Expulsion.- Yougoslavie : Sabanadzovic (31e).

ITALIE 1-0 (1-0) EIRE,
le 30 juin, à Rome.
But : Schillaci (37e).

ALLEMAGNE (RFA) 1-0 (1-0) TCHECOSLOVAQUIE,
le 1er juillet, à Milan.
But : Matthäus (25e s.p.).
Expulsion.- Tchécoslovaquie : Moravcik (70e).

ANGLETERRE 3-2 a.p. (1-0 ; 2-2) CAMEROUN,
le 1er juillet, à Naples.
Buts.- ANGLETERRE : Platt (26e), Lineker (83e s.p., 105e s.p.) ; CAMEROUN : Kunde (61e s.p.), Ekéké (66e).

DEMI-FINALES

ITALIE 1-1 a.p. (1-0 ; 1-1) ; 3-4 aux t.a.b ARGENTINE,
le 3 juillet, à Naples.
Buts.- ITALIE : Schillaci (17e) ; ARGENTINE : Caniggia (68e).
Tirs aux buts. Italie : réussis par De Agostini, R. Baggio et Baresi ; manqués par Donadoni et Serena. Argentine : réussis par Burruchaga, Olarticoechea, Maradona et Serrizuela.
Expulsion.- Argentine : Giusti (105e).
ARGENTINE : Goicoechea - Ruggeri, Simon, Serrizuela - Basualdo (Batista, 99e), Calderon (Troglio, 46e), Giusti, Burruchaga, Olarticoechea - Maradona (cap.), Caniggia. Entr. : C. Bilardo.
ITALIE : Zenga - Bergomi (cap.), Ferri, Baresi, P. Maldini - Donadoni, De Napoli, Giannini (R. Baggio, 74e), De Agostini - Vialli (Serena, 69e), Schillaci, . Entr. : A. Vicini.

ALLEMAGNE (RFA) 1-1 a.p. (0-0; 1-1) ; 4-3 aux t.a.b. ANGLETERRE,
le 4 juillet, à Turin.
Buts.- ALLEMAGNE RFA : Brehme (59e) ; ANGLETERRE : Lineker (80e).
Tirs aux buts. ALLEMAGNE (RFA) : réussis par Riedle, Brehme, Matthäus et Thon. Angleterre : réussis par Beardsley, Lineker et Platt ; manqués par Pearce et Waddle.
ALLEMAGNE (RFA) : Illgner - Kohler, Augenthaler, Berthold - Hässler (Reuter, 67e), Matthäus (cap.), Buchwald, Thon, Brehme - Klinsmann, Völler (Riedle, 39e). Entr. : F. Beckenbauer.
ANGLETERRE : Shilton (cap.) - Parker, Butcher (Steven, 71e), M. Wright, Walker, Pearce - Waddle, Platt, Gascoigne - Lineker, Beardsley. Entr. : B. Robson.

MATCH POUR LA TROISIÈME PLACE

ITALIE 2-1 (0-0) ANGLETERRE,
le 7 juillet, à Bari.
Buts.- ITALIE: R. Baggio (70e), Schillaci (85e s.p.) ; ANGLETERRE : Platt (81e).
ITALIE : Zenga - Bergomi (cap.), Ferrara, Baresi, Vierchowood - P. Maldini, Ancelotti, Giannini (Ferri, 89e), De Agostini (Berti, 66e) - Schillaci, R. Baggio. Entr. : A. Vicini.
ANGLETERRE : Shilton (cap.) - Stevens, Walker, M. Wright (Waddle, 71e), Parker, Dorigo - Steven, Platt, McMahon (Webb, 71e) - Lineker, Beardsley. Entr. : B. Robson.

FINALE

ALLEMAGNE (RFA) 1-0 (0-0) ARGENTINE,
le 8 juillet, à Rome.
But : Brehme (85e s.p.).
Expulsions.- Argentine : Monzon (65e), Dezotti (87e).
ALLEMAGNE (RFA) : Illgner - Kohler, Augenthaler, Buchwald - Berthold (Reuter, 75e), Hässler, Matthäus (cap.), Littbarski, Brehme - Klinsmann, Völler.
Entr. : F. Beckenbauer.
ARGENTINE : Goycochea - Ruggeri (Monzon, 46e), Simon, Serrizuela - Troglio, Sensini, Burruchaga (Calderon, 54e), Basualdo, Lorenzo - Dezotti, Maradona (cap.).
Entraîneur : C. Bilardo.

LES MEILLEURES ATTAQUES

1. Brésil : 201 buts
2. Allemagne : 190 buts
3. Italie : 122 buts
4. Argentine : 113 buts
5. France : 95 buts

1994 / ÉTATS-UNIS
(du 17 juin au 17 juillet)

PREMIER TOUR

GROUPE A

ÉTATS-UNIS 1-1 (1-1) SUISSE,
le 18 juin, à Détroit.
Buts.- ÉTATS-UNIS : Wynalda (44e) ; SUISSE : Brégy (39e).
ROUMANIE 1-3 (1-2) COLOMBIE,
le 18 juin, à Los Angeles.
Buts.- ROUMANIE :Raducioiu (15e, 89e), Hagi (34e) ; COLOMBIE : Valencia (43e).
ROUMANIE 1-4 (1-1) SUISSE,
le 22 juin, à Détroit.
Buts.- ROUMANIE : Hagi (35e) ; SUISSE : Sutter (16e), Chapuisat (52e), Knup (65e, 72e).
Expulsion.- Roumanie : Vladoiu (73e).
ÉTATS-UNIS 2-1 (1-0) COLOMBIE,
le 22 juin, à Los Angeles.
Buts.- ÉTATS-UNIS : Escobar (35e c.s.c.), Stewart (52e) ; COLOMBIE : Valencia (90e).
ÉTATS-UNIS 0-1 (0-1) ROUMANIE,
le 26 juin, à Los Angeles.
But : Petrescu (18e).
SUISSE 0-2 (0-1) COLOMBIE,
le 26 juin, à San Francisco
Buts : Gaviria (44e), Lozano (90e).

CLASSEMENT
1. Roumanie, 6 pts (0) ; 2. Suisse, 4 (+1) ; 3. États-Unis, 4 (0) ; 4. Colombie, 3 (-1).

GROUPE B

CAMEROUN 2-2 (1-1) SUÈDE,
le 19 juin, à Los Angeles.
Buts.- CAMEROUN : Embe (31e), Oman-Biyik (47e) ; SUÈDE : Ljung (8e), Dahlin (75e).
BRÉSIL 2-0 (1-0) RUSSIE,
le 20 juin, à San Francisco.
Buts : Romario (26e), Raï (52e s.p.).
BRÉSIL 3-0 (1-0) CAMEROUN,
le 24 juin, à San Francisco.
Buts : Romario (39e), Marcio Santos (66e), Bebeto (73e).
Expulsion.-Cameroun : R. Song (63e).
SUÈDE 3-1 (1-1) RUSSIE,
le 24 juin, à Détroit.
Buts.- SUÈDE : Brolin (38e s.p.), Dahlin (60e, 82e) ; RUSSIE : Salenko (4e s.p.).
Expulsion.- Russie : Gorloukovitch (49e).
RUSSIE 6-1 (3-0) CAMEROUN,
le 28 juin, à San Francisco.
Buts.- RUSSIE : Salenko (15e, 41e, 44e s.p., 72e, 75e), Radtchenko (81e) ; CAMEROUN : Milla (46e).
BRÉSIL 1-1 (0-1) SUÈDE,
le 28 juin, à Détroit.
Buts.- BRÉSIL : Romario (46e) ; SUÈDE : K. Andersson (23e).

CLASSEMENT
1. Brésil, 7 pts (+5) ; 2. Suède, 5 (+2) ; 3. Russie, 3 (+1) ; 4. Cameroun, 1 (-8).

GROUPE C

ALLEMAGNE 1-0 (1-0) BOLIVIE,
le 17 juin, à Chicago.
But : Klinsmann (61e).
Expulsion.- Bolivie : Etcheverry (82e).
ESPAGNE 2-2 (0-0) CORÉE DU SUD,
le 17 juin, à Dallas.
Buts.- ESPAGNE : Julio Salinas (51e), Goicoechea (55e) ; CORÉE DU SUD : Hong Myung-bo (85e), Seo Jung-won (90e).
Expulsion. Espagne : Nadal (26e).
ALLEMAGNE 1-1 (0-1) ESPAGNE,
le 21 juin, à Chicago.
Buts.- ALLEMAGNE : Klinsmann (48e) ; ESPAGNE : Goicoechea (14e).
CORÉE DU SUD 0-0 BOLIVIE,
le 23 juin, à Boston.
Expulsion.- Bolivie: Cristaldo (82e).
ALLEMAGNE 3-2 (3-0) CORÉE DU SUD,
le 27 juin, à Dallas.
Buts.- ALLEMAGNE : Klinsmann (12e, 37e), Riedle (20e) ; CORÉE DU SUD : Hwang Sun-hong (52e), Hong Myung-bo (63e).
BOLIVIE 1-3 (0-1) ESPAGNE,
le 27 juin, à Chicago.
Buts.- BOLIVIE : E. Sanchez (67e) ; ESPAGNE : Guardiola (19e s.p.) Caminero (66e, 70e).

CLASSEMENT
1. Allemagne, 7 pts (+2) ; 2. Espagne, 5 (+2) ; 3. Corée du Sud, 2 (-1) ; 4. Bolivie, 1 (-3).

GROUPE D

ARGENTINE 4-0 (2-0) GRÈCE,
le 21 juin, à Boston.
Buts : Batistuta (2e, 44e, 89e s.p.), Maradona (60e).
NIGERIA 3-0 (2-0) BULGARIE,
le 21 juin, à Dallas.
Buts : Yekini (21e), Amokachi (43e), Amunike (55e).
ARGENTINE 2-1 (2-1) NIGERIA,
le 25 juin, à Boston.
Buts.- ARGENTINE : Caniggia (21e, 28e) ; NIGERIA : Siasia (8e).
BULGARIE 4-0 (1-0) GRÈCE,
le 26 juin, à Chicago.
Buts : Stoitchkov (5e s.p., 55e s.p.), Letchkov (65e), Borimirov (90e).
ARGENTINE 0-2 (0-0) BULGARIE,
le 30 juin, à Dallas.
Buts : Stoitchkov (61e), Sirakov (90e).
GRÈCE 0-2 (0-1) NIGERIA,
le 30 juin, à Boston.
Buts : Finidi (45e), Amokachi (90e).

CLASSEMENT
1. Nigeria, 6 (+4) ; 2. Bulgarie, 6 (+3, vainqueur de l'Argentine) ; 3. Argentine, 6 (+3) ; 4. Grèce, 0 (-10).

GROUPE E

ITALIE 0-1 (0-1) EIRE,
le 18 juin, à New York.
But : Houghton (11e).
NORVÈGE 1-0 (0-0) MEXIQUE,
le 19 juin, à Washington.
But : Rekdal (84e).
ITALIE 1-0 (0-0) NORVÈGE,
le 23 juin, à New York.
But : D. Baggio (69e).
Expulsion.- Italie : Pagliuca (21e).
MEXIQUE 2-1 (1-0) EIRE,
le 24 juin, à Orlando.
Buts.- MEXIQUE : Luis Garcia (42e, 65e) ; EIRE : Aldridge (84e).
ITALIE 1-1 (0-0) MEXIQUE,
le 28 juin, à Washington.
Buts.- ITALIE : Massaro (48e) ; MEXIQUE : Bernal (57e).
EIRE 0-0 NORVÈGE,
le 28 juin, à New York.

CLASSEMENT

1. Mexique, 4 pts (0, meilleure attaque du groupe) ; 2. Eire, 4 (0, vainqueur de l'Italie) ; 3. Italie, 4 (0) ; 4. Norvège, 4 (0).

GROUPE F

BELGIQUE 1-0 (1-0) MAROC,
le 19 juin, à Orlando.
But : De Gryse (11e).
PAYS-BAS 2-1 (0-1) ARABIE SAOUDITE,
le 20 juin, à Washington.
Buts.- PAYS-BAS : Jonk (50e), Taument (86e) ; ARABIE SAOUDITE : Amin (18e).
BELGIQUE 1-0 (0-0) PAYS-BAS,
le 25 juin, à Orlando.
But : Albert (65e).
ARABIE SAOUDITE 2-1 (2-1) MAROC,
le 25 juin, à New York.
Buts. ARABIE SAOUDITE : Al-Jaber (7e s.p.), Amin (45e) ; MAROC : Chaouch (26e).
BELGIQUE 0-1 (0-1) ARABIE SAOUDITE,
le 29 juin, à Washington.
But : Owairan (5e).
MAROC 1-2 (0-1) PAYS-BAS,
le 29 juin, à Orlando.
Buts.- MAROC : Nader (47e) ; PAYS-BAS : Bergkamp (43e), Roy (77e).

CLASSEMENT

1. Pays-Bas, 6 pts (+1, vainqueur de l'Arabie Saoudite) ; 2. Arabie saoudite, 6 (+1) ; 3. Belgique, 6 (+1, moins bonne attaque) ; 4. Maroc, 0 (-3).

CLASSEMENT DES MEILLEURS TROISIÈMES

1. Argentine, 6 pts (+3) ; 2. Belgique, 6 (+1) ; 3. États-Unis, 4 (0) ; 4. Italie, 4 (0) ; 5. Russie 3 (+1) ; 6. Corée du Sud, 2 (-1).

HUITIÈMES DE FINALE

ALLEMAGNE 3-2 (3-1) BELGIQUE,
le 2 juillet, à Chicago.
Buts.- ALLEMAGNE : Völler (6e, 40e), Klinsmann (11e) ; BELGIQUE : Grun (8e), Albert (90e).

ESPAGNE 3-0 (1-0) SUISSE,
le 2 juillet, à Washington.
Buts : Hierro (15e), Luis Enrique (74e), Beguiristain (86e s.p.).

ARABIE SAOUDITE 1-3 (0-1) SUÈDE,
le 3 juillet, à Dallas.
Buts.- ARABIE SAOUDITE : Al-Ghesheyan (85e) ; SUÈDE : Dahlin (6e), K. Andersson (51e, 88e).

ROUMANIE 3-2 (2-1) ARGENTINE,
le 3 juillet, à Los Angeles.
Buts.- ROUMANIE : Dumitrescu (11e, 18e), Hagi (58e) ; ARGENTINE : Batistuta (16e s.p.), Balbo (75e).

PAYS-BAS 2-0 (2-0) EIRE,
le 4 juillet, à Orlando.
Buts : Bergkamp (11e), Jonk (41e).

BRÉSIL 1-0 (0-0) ÉTATS-UNIS,
le 4 juillet, à San Francisco.
But : Bebeto (72e).
Expulsions. Brésil : Leonardo (43e) ; États-Unis : Clavijo (85e).

NIGERIA 1-2 a.p. (1-0 ; 1-1) ITALIE,
le 5 juillet, à Boston.
Buts.- NIGERIA : Amunike (25e) ; ITALIE : R. Baggio (88e, 100e s.p.).
Expulsion. Italie : Zola (75e).

MEXIQUE 1-1 a.p. (1-1 ; 1-1), 1-3 aux t.a.b. BULGARIE,
le 5 juillet, à New York.
Buts.- MEXIQUE : Garcia Aspe (18e s.p.) ; BULGARIE : Stoitchkov (6e).
Tirs au but. Mexique : réussi par C. Suarez ; manqués par Bernal, Garcia Aspe et J. Rodriguez. Bulgarie : réussis par Letchkov, Guenchev et Borimirov ; manqué par Balakov.
Expulsions.- Mexique : L. Garcia (57e) ; Bulgarie : Kremenliev (50e).

QUARTS DE FINALE

ITALIE 2-1 (1-0) ESPAGNE,
le 9 juillet, à Boston.
Buts.- ITALIE : D. Baggio (25e), R. Baggio (87e) ; ESPAGNE : Caminero (58e).

PAYS-BAS 2-3 (0-0) BRÉSIL,
le 9 juillet, à Dallas.
Buts.- PAYS-BAS : Bergkamp (64e), Winter (76e) ; BRÉSIL : Romario (53e), Bebeto (63e), Branco (81e).

BULGARIE 2-1 (0-0) ALLEMAGNE,
le 10 juillet, à New York.
Buts.- BULGARIE : Stoitchkov (75e), Letchkov (78e) ; ALLEMAGNE : Matthäus (47e s.p.).

ROUMANIE 2-2 (1-1 ; 2-2), 4-5 aux t.a.b. SUÈDE,
le 10 juillet, à San Francisco.
Buts.- ROUMANIE : Raducioiu (88e, 101e) ; SUÈDE : Brolin (78e), K. Andersson (115e).
Tirs au but. Roumanie : réussis par Raducioiu, Lupescu, Dumitrescu et Hagi ; manqués par Petrescu et Belodedici. Suède : réussis par R. Nilsson, K. Andersson, Brolin, Ingesson et H. Larsson ; manqué par Mild.
Expulsion.- Suède : Schwarz (101e).

DEMI-FINALES

BULGARIE 1-2 (1-2) ITALIE,
le 13 juillet, à New York.
Buts.- BULGARIE : Stoitchkov (44e s.p.) ; ITALIE : R. Baggio (20e, 25e).
BULGARIE : Mikhailov (cap.) - Kiriakov, Ivanov, Houbtchev, Yankov, Tzveranov - Letchkov, Sirakov, Balakov - Stoitchkov (Guentchev 70e), Kostadinov (Iordanov, 70e). Entr. : D. Penev.
ITALIE : Pagliuca - Mussi, Costacurta, P. Maldini (cap.), Benarrivo - Berti, Albertini, D. Baggio (Conte, 55e), Donadoni - R. Baggio (Signori, 70e), Casiraghi.
Entr. : A. Sacchi.

SUÈDE 0-1 (0-0) BRÉSIL,
le 13 juillet, à Los Angeles.
But : Romario (80e).
Expulsion.- Suède : Thern (63e).
BRÉSIL : Taffarel - Jorginho, Aldair, Marcio Santos, Branco - Mazinho (Raï, 46e), Dunga (cap.), Mauro Silva, Zinho - Bebeto, Romario. Entr. : C. A. Parreira.
SUÈDE : Ravelli - R. Nilsson, P. Andersson, Bjorklund, Ljung -Brolin, Thern (cap.), Mild, Ingesson - Dahlin (Rehn, 67e), K. Andersson. Entr. : T. Svensson.

MATCH POUR LA TROISIÈME PLACE

SUÈDE 4-0 (4-0) BULGARIE,
le 16 juillet, à Los Angeles.
Buts : Brolin (8e), Mild (30e), H. Larsson (37e), K. Andersson (40e).
SUÈDE : Ravelli - R. Nilsson (cap.), P. Andersson, Bjorklund, Kamark - Brolin, Schwarz, Mild, Ingesson - H. Larsson (Limpar, 79e), K. Andersson. Entr. : T. Svensson.
BULGARIE : Mikhailov (cap., Nikolov, 46e) - Ivanov (Kremenliev, 42e), Houbtchev, Yankov - Kiriakov, Sirakov (Iordanov, 46e), Letchkov, Balakov, Tzvetanov - Kostadinov, Stoitchkov. Entr. : D. Penev.

FINALE

BRÉSIL 0-0 a.p., 3-2 aux t.a.b. ITALIE,
le 17 juillet, à Los Angeles.
Tirs au but. Brésil : réussis par Romario, Branco et Dunga ; manqué par Marcio Santos. ITALIE : réussis par Albertini et Evani ; manqués par Baresi, Massaro et R. Baggio.
BRÉSIL : Taffarel - Jorginho (Cafu, 22e), Aldair, Marcio Santos, Branco - Mazinho, Dunga, Mauro Silva, Zinho (Viola, 106e) - Bebeto, Romario. Entr. : C. A. Parreira.
ITALIE : Pagliuca - Mussi (Apolloni, 34e), Baresi (cap.), P. Maldini, Benarrivo - Berti, Albertini, D. Baggio (Evani, 95e), Donadoni - R. Baggio, Massaro. Entr. : A. Sacchi.

1998 / FRANCE

(du 10 juin à 12 juillet)

PHASE DE GROUPES

GROUPE A

BRÉSIL (2-1) ÉCOSSE,
le 10 juin, à Saint-Denis.
Buts.- BRÉSIL : Cesar Sampaio (5e), Boyd (73e c.s.c.) ; ÉCOSSE : Collins (38e s.p.).
MAROC 2-2 (1-1) NORVÈGE,
le 10 juin, à Montpellier.
Buts.- MAROC : M. Hadji (38e), Hadda (59e) ; NORVÈGE : Chippo (45e c.s.c.), Eggen (60e).
ÉCOSSE 1-1 (0-0) NORVÈGE,
le 16 juin, à Bordeaux.
Buts.- ÉCOSSE : Burley (66e) ; NORVÈGE : H. Flo (46e).
BRÉSIL 3-0 (2-0) MAROC,
le 16 juin, à Nantes.
Buts : Ronaldo (9e), Rivaldo (45e+2), Bebeto (50e).
BRÉSIL 1-2 (0-0) NORVÈGE ,
le 23 juin, à Marseille.
Buts.- BRÉSIL : Bebeto (78e) ; NORVÈGE : T. A. Flo (83e), Rekdal (89e s.p.).
ÉCOSSE 0-3 (0-1) MAROC,
le 23 juin, Saint-Étienne.
Buts : Bassir (22e, 84e), Hadda (47e).
Expulsion.- Écosse : Burley (53e).

CLASSEMENT

1. Brésil, 6 pts (+3) ; 2. Norvège, 5 (+1) ; 3. Maroc, 4 (0) ; 4. Écosse, 1 (-4).

GROUPE B

ITALIE 2-2 (1-1) CHILI,
le 11 juin, à Bordeaux.
Buts.- ITALIE : Vieri (10e), R. Baggio (85e s.p.) ; CHILI : Salas (45e, 49e).
CAMEROUN 1-1 (0-0) AUTRICHE,
le 11 juin, à Toulouse.
Buts.- CAMEROUN : Njanka (78e) ; AUTRICHE : Polster (90e).
CHILI 1-1 (0-0) AUTRICHE,
le 17 juin, à Saint-Étienne.
Buts.- CHILI : Salas (70e) ; AUTRICHE : Vastic (90e).
ITALIE 3-0 (1-0) CAMEROUN,
le 17 juin, à Montpellier.
Buts : Di Biagio (8e), Vieri (75e, 85e).
Expulsions.-Cameroun : Kalla (42e).
ITALIE 2-1 (0-0) AUTRICHE,
le 23 juin, à Saint-Denis.
Buts.- ITALIE : Vieri (49e), R. Baggio (89e) ; AUTRICHE : Herzog (90e s.p.).
CHILI 1-1 (1-0) CAMEROUN,
le 23 juin, à Nantes.
Buts.- CHILI : Sierra (20e) ; CAMEROUN : Mboma (55e).
Expulsions.- Cameroun : R. Song (51e), Lauren (88e).

CLASSEMENT

1. Italie, 7 pts (+4) ; 2. Chili, 3 (0) ; 3. Autriche, 2 (-1) ; 4. Cameroun, 2 (-3).

GROUPE C

ARABIE SAOUDITE 0-1 (0-0) DANEMARK,
le 12 juin, à Lens.
But : Rieper (68e).
FRANCE 3-0 (1-0) AFRIQUE DU SUD,
le 12 juin, à Marseille.
Buts : Dugarry (34e), Issa (77e.c.s.c.), Henry (90e).
AFRIQUE DU SUD 1-1 (0-1) DANEMARK,
le 18 juin, à Toulouse.
Buts.- AFRIQUE DU SUD : McCarthy (52e) ; DANEMARK : Nielsen (13e).
Expulsions.- Afrique du Sud : Phiri (68e) ; Molnar (66e), Wieghorst (85e).
FRANCE 4-0 (1-0) ARABIE SAOUDITE,
le 18 juin, à Saint-Denis.
Buts : Henry (36e, 77e), Trezeguet (68e), Lizarazu (85e).
Expulsions.- France : Zidane (71e) ; Afrique du Sud : Al-Khilaiwi (19e).
FRANCE 2-1 (1-1) DANEMARK,
le 24 juin, à Lyon.
Buts.- FRANCE : Djorkaeff (12e s.p.), Petit (56e) ; DANEMARK : M. Laudrup (42e s.p.).
AFRIQUE DU SUD 2-2 (1-1) ARABIE SAOUDITE,
le 24 juin, à Bordeaux.
Buts.- AFRIQUE DU SUD : Bartlett (19e, 90e+4 s.p.) ; ARABIE SAOUDITE : Al-Jaber (45e s.p.), Al-Thuniyan (74e s.p.).

CLASSEMENT

1. France, 9 pts (+8) ; 2. Danemark, 4 (0) ; 3. Afrique du Sud, 2 (-3) ; 4. Arabie saoudite, 1 (-5).

GROUPE D

PARAGUAY 0-0 BULGARIE,
le 12 juin, à Montpellier.
Expulsions.- Bulgarie : Nankov (87e).
ESPAGNE 2-3 (1-1) NIGERIA,
le 13 juin, à Nantes.
Buts.- ESPAGNE : Hierro (20e), Raul (46e) ; NIGERIA : Adepoju (24e), Lawal (72e), Oliseh (77e).
NIGERIA 1-0 (1-0) BULGARIE,
le 19 juin, à Paris.
But : Ikpeba (26e).
ESPAGNE 0-0 PARAGUAY,
le 19 juin, à Saint-Etienne.
ESPAGNE 6-1 (2-0) BULGARIE,
le 24 juin, à Lens.
ESPAGNE : Hierro (5e s.p.), Luis Enrique (18e), Morientes (53e, 80e), Kiko (88e, 90e) ; BULGARIE : Kostadinov (56e).
NIGERIA 1-3 (1-1) PARAGUAY,
le 24 juin, à Toulouse.
Buts.- NIGERIA : Oruma (10e) ; PARAGUAY : C. Ayala (1re), Benitez (58e), Cardozo (86e).

CLASSEMENT

1. Nigeria, 6 (0) ; 2. Paraguay, 5 (+2) ; 3. Espagne, 4 (+4) ; 4. Bulgarie, 1 (-8).

GROUPE E

CORÉE DU SUD 1-3 (1-0) MEXIQUE,
le 13 juin, à Lyon.
Buts.- CORÉE DU SUD : Ha Seok-ju (29e) ; MEXIQUE : Pelaez (51e), L. Hernandez (75e, 84e).
Expulsion.- Corée du Sud : Ha Seok-ju (30e).
PAYS-BAS 0-0 BELGIQUE,
le 13 juin, à Saint-Denis.
Expulsion. PAYS-BAS : Kluivert (80e).
BELGIQUE 2-2 (1-0) MEXIQUE,
le 20 juin, à Bordeaux.
Buts.- BELGIQUE : Wilmots (43e, 48e) ; MEXIQUE : Garcia Aspe (55e s.p.), Blanco (63e).
Expulsions.- Belgique : Verheyen (55e) ; Mexique : Pardo (29e).
PAYS-BAS 5-0 (2-0) CORÉE DU SUD,
le 20 juin, à Marseille.
Buts : Cocu (37e), Overmars (41e), Bergkamp (70e), Van Hooijdonk (79e), R. De Boer (83e).
BELGIQUE 1-1 (1-0) CORÉE DU SUD,
le 25 juin, à Paris.
Buts.- BELGIQUE : Nilis (7e) ; CORÉE DU SUD : Yoo Sang-chul (72e).
PAYS-BAS 2-2 (2-0) MEXIQUE,
le 25 juin, à Saint-Étienne.
Buts.- PAYS-BAS : Cocu (4e), R. De Boer (19e) ; MEXIQUE : Pelaez (75e), L. Hernandez (90e+5).
Expulsion.- Mexique : Ramirez (88e).

CLASSEMENT

1. Pays-Bas, 5 (+5) ; 2. Mexique, 5 (+2) ; 3. Belgique, 3 (0) ; 4. Corée du Sud, 1 (-7).

GROUPE F

YOUGOSLAVIE 1-0 (0-0) IRAN,
le 14 juin, à Saint-Étienne.
But : Mihajlovic (75e).
ALLEMAGNE 2-0 (1-0) ÉTATS-UNIS,
le 15 juin, à Paris.
Buts : Möller (9e), Klinsmann (65e).
ALLEMAGNE 2-2 (0-1) YOUGOSLAVIE,
le 21 juin, à Lens.
Buts.- ALLEMAGNE : Mihajlovic (73e c.s.c.), Bierhoff (80e) ; YOUGOSLAVIE : Mijatovic (13e), Dr. Stojkovic (54e).
ÉTATS-UNIS 1-2 (0-1) IRAN,
le 21 juin, à Lyon.
Buts.- ÉTATS-UNIS : McBride (87e) ; IRAN : Estili (40e), Mahdavikia (84e).
ALLEMAGNE 2-0 (0-0) IRAN,
le 25 juin, à Montpellier.
Buts : Bierhoff (50e), Klinsmann (58e).
ÉTATS-UNIS 0-1 (0-1) YOUGOSLAVIE,
le 25 juin, à Nantes.
But : Komljenovic (3e).

CLASSEMENT

1. Allemagne, 7 pts (+4) ; 2. Yougoslavie, 7 (+2) ; 3. Iran, 3 (-2) ; 4. États-Unis, 0 (-4).

GROUPE G

ANGLETERRE 2-0 (1-0) TUNISIE,
le 15 juin, à Marseille.
Buts : Shearer (42e), Scholes (89e).
ROUMANIE 1-0 (1-0) COLOMBIE,
le 15 juin, à Lyon.
But : Ilie (45e).
COLOMBIE 1-0 (0-0) TUNISIE,
le 22 juin, à Montpellier.
But : Preciado (83e).
ROUMANIE 2-1 (0-0) ANGLETERRE,
le 22 juin, à Toulouse.
Buts.- ROUMANIE : Moldovan (47e), Petrescu (90e) ; ANGLETERRE : Owen (83e).
ROUMANIE 1-1 (0-1) TUNISIE,
le 26 juin, à Saint-Denis.
Buts.- ROUMANIE : Moldovan (72e) ; TUNISIE : Souayah (10e s.p.).
COLOMBIE 0-2 (0-2) ANGLETERRE,
le 26 juin, à Lens.
Buts : Anderton (21e), Beckham (30e).

CLASSEMENT

1. Roumanie, 7 pts (+2) ; 2. Angleterre, 6 (+3) ; 3. Colombie, 3 (-2) ; 4. Tunisie, 1 (-3).

GROUPE H

ARGENTINE 1-0 (1-0) JAPON,
le 14 juin, à Toulouse.
But : Batistuta (28e).
JAMAÏQUE 1-3 (1-1) CROATIE,
le 14 juin, à Lens.
Buts.- JAMAÏQUE : Earle (45e) ; CROATIE : Stanic (27e), Prosinecki (53e), Suker (69e).
JAPON 0-1 (0-0) CROATIE,
le 20 juin, à Nantes.
But : Suker (77e).
ARGENTINE 5-0 (1-0) JAMAÏQUE,
le 21 juin, à Paris.
Buts : Ortega (31e, 55e), Batistuta (72e, 80e, 82e s.p.). **Expulsion.-** Jamaïque: Powell (46e).
ARGENTINE 1-0 (1-0) CROATIE,
le 26 juin, à Bordeaux.
But : Pineda (36e).
JAPON 1-2 (0-1) JAMAÏQUE,
le 26 juin, à Lyon.
Buts.- JAPON : Nakayama (74e) ; JAMAÏQUE : Whitmore (39e, 54e).

CLASSEMENT

1. Argentine, 9 (+7) ; 2. Croatie, 6 (+2) ; 3. Jamaïque, 3 (-6) ; 4. Japon, 0 (-3).

HUITIÈMES DE FINALE

ITALIE 1-0 (1-0) NORVÈGE,
le 27 juin, à Marseille.
But : Vieri (18e).
BRÉSIL 4-1 (3-0) CHILI,
le 27 juin, Paris.
Buts.- BRÉSIL : Cesar Sampaio (11e, 27e), Ronaldo (45e+1 s.p., 70e) ; CHILI : Salas (68e).
FRANCE 1-0 b.e.o. PARAGUAY,
le 28 juin, à Lens.
But : Blanc (113e).
NIGERIA 1-4 (0-2) DANEMARK,
le 28 juin, à Saint-Denis.
Buts.- NIGERIA : Babangida (78e) ; DANEMARK : Moller (3e), B. Laudrup (12e), Sand (60e), Helveg (76e).
ALLEMAGNE 2-1 (0-0) MEXIQUE,
le 29 juin, à Montpellier.
Buts.- ALLEMAGNE : Klinsmann (75e), Bierhoff (86e) ; MEXIQUE : L. Hernandez (47e).
PAYS-BAS 2-1 (1-0) YOUGOSLAVIE,
le 29 juin, à Toulouse.
Buts.- PAYS-BAS : Bergkamp (38e), Davids (90e+2) ; YOUGOSLAVIE : Komljenovic (48e).
ROUMANIE 0-1 (0-1) CROATIE,
le 30 juin, à Bordeaux.
But : Suker (45e+2 s.p.).
ARGENTINE 2-2 a.p. (2-2 ; 2-2), 4-3 aux t.a.b. ANGLETERRE,
le 30 juin, à Saint-Étienne.
Buts.- ARGENTINE : Batistuta (6e s.p.), Zanetti (45e+1) ; ANGLETERRE : Shearer (10e s.p.), Owen (16e).
Tirs au but.- Argentine : réussis par R. Ayala, Veron, Berti et Gallardo ; manqué par Crespo. Angleterre : réussis par Owen, Merson et Shearer ; manqués par Batty et Ince.
Expulsion. -Angleterre : Beckham (47e).

QUARTS DE FINALE

FRANCE 0-0, 4-3 aux t.a.b. ITALIE,
le 3 juillet, à Saint-Denis.
Tirs au but. France : réussis par Henry, Blanc, Zidane et Trezeguet ; manqué par Lizarazu. Italie : réussis par R. Baggio, Vieri et Costacurta ; manqués par Albertini et Di Biagio.

BRÉSIL 3-2 (2-1) DANEMARK,
le 3 juillet, à Nantes.
Buts.- BRÉSIL : Bebeto (11e), Rivaldo (27e, 60e) ; DANEMARK : Jorgensen (2e), B. Laudrup (50e).

PAYS-BAS 2-1 (1-1) ARGENTINE,
le 4 juillet, à Marseille.
Buts. PAYS-BAS : Kluivert (12e), Bergkamp (89e) ; ARGENTINE : C. Lopez (17e).
Expulsions. Pays-Bas : Numan (76e) ; Argentine : Ortega (87e).

ALLEMAGNE 0-3 (0-0) CROATIE,
le 4 juillet, à Lyon.
Buts : Jarni (45e+3), Vlaovic (80e), Suker (85e).
Expulsion.- Allemagne : Wörns (40e).

DEMI-FINALES

BRÉSIL 1-1 a.p. (0-0 ; 1-1), 4-2 aux t.a.b. PAYS-BAS,
le 7 juillet, à Marseille.
Buts.- BRÉSIL : Ronaldo (46e) ; PAYS-BAS : Kluivert (87e).
Tirs au but. Brésil : réussis par Ronaldo, Rivaldo, Emerson et Dunga. Pays-Bas : réussis par F. de Boer et Bergkamp ; manqués par Cocu et R. De Boer.
BRÉSIL : Taffarel - Ze Carlos, Junior Baiano, Aldair, Roberto Carlos - Leonardo (Emerson, 85e), Cesar Sampaio, Dunga (cap.), Rivaldo - Bebeto (Denilson, 69e), Ronaldo.
Entr. M. Zagallo.
PAYS-BAS : Van der Sar - Reiziger (Winter, 56e), Stam, F. de Boer, Cocu - R. de Boer, Jonk (Seedorf, 112e), Davids, Zenden (Van Hooijdonk, 75e) - Bergkamp, Kluivert.
Entr. : G. Hiddink.

FRANCE 2-1 (0-0) CROATIE,
le 8 juillet, à Saint-Denis.
Buts.- FRANCE : Thuram (47e, 70e) ; CROATIE : Suker (46e).
Expulsion.- France : Blanc (76e).
FRANCE : Barthez - Thuram, Blanc, Desailly, Lizarazu - Karembeu (Henry, 31e), Deschamps (cap.), Petit - Djorkaeff (Lebœuf, 76e), Zidane - Guivarc'h (Trezeguet, 69e).
Entr. : A. Jacquet.
CROATIE : Ladic - Bilic, Stimac, Simic - Stanic (Prosinecki, 90e), Soldo, Jarni - Boban (cap., Maric, 65e), Asanovic - Vlaovic, Suker.
Entr. : M. Blazevic.

MATCH POUR LA TROISIÈME PLACE

PAYS-BAS 1-2 CROATIE,
le 11 juillet, à Paris.
Buts.- PAYS-BAS : Zenden (21e) ; CROATIE : Prosinecki (13e), Suker (35e).
PAYS-BAS : Van der Sar - Stam, F. De Boer (cap.), Numan - Seedorf, Jonk, Davids, Cocu (Overmars, 45e) - Kluivert, Bergkamp (Van Hooijdonk, 58e), Zenden.
Entr. : G. Hiddink.
CROATIE : Ladic - Soldo, Stimac, Bilic - Stanic, Prosinecki (Vlaovic, 78e), Jurcic, Jarni - Boban (Tudor, 86e), Asanovic - Suker.
Entr. : M. Blazevic.

FINALE

BRÉSIL 0-3 (0-2) FRANCE,
le 12 juillet, à Saint-Denis.
Buts : Zidane (27e, 45e+1), Petit (90e).
Expulsion.- France : Desailly (68e).
BRÉSIL : Taffarel - Cafu, Junior Baiano, Aldair, Roberto Carlos - Leonardo (Denilson, 46e), Cesar Sampaio (Edmundo, 57e), Dunga (cap.), Rivaldo - Ronaldo, Bebeto. Entr. : M. Zagallo.
FRANCE : Barthez - Thuram, Lebœuf, Desailly, Lizarazu - Karembeu (Boghossian, 56e), Deschamps (cap.), Petit - Djorkaeff (Vieira, 74e), Zidane - Guivarc'h (Dugarry, 66e).
Entr. : A. Jacquet.

LES MEILLEURES ATTAQUES SUR UNE ÉDITION

1. Hongrie :	**27 buts** (1954)
2. France :	**23 buts** (1958)
3. Brésil :	**22 buts** (1950)
4. Brésil :	**19 buts** (1970)
5. Argentine :	**18 buts** (1930)
6. Brésil :	**18 buts** (2002)

2002 / CORÉE DU SUD ET JAPON

(du 31 mai au 30 juin)

PHASE DE GROUPES

GROUPE A

FRANCE 0-1 (0-1) SÉNÉGAL,
le 31 mai, à Séoul (CDS).
But : Bouba Diop (30e).
URUGUAY 1-2 (0-1) DANEMARK,
le 1er juin, à Ulsan (CDS).
Buts.- DANEMARK : Tomasson (45e, 83e) ; URUGUAY : D. Rodriguez (47e).
DANEMARK 1-1 (1-0) SÉNÉGAL,
le 6 juin, à Daegu (CDS).
Buts.- DANEMARK : Tomasson (16e s.p.) ; SÉNÉGAL : Diao (52e).
Expulsion.- Sénégal : Diao (80e).
FRANCE 0-0 URUGUAY,
le 6 juin, à Busan (CDS).
Expulsion.- France : Henry (25e)
DANEMARK 2-0 (1-0) FRANCE,
le 11 juin, à Incheon (CDS).
Buts : Rommedahl (22e), Tomasson (67e).
SÉNÉGAL 3-3 (3-0) URUGUAY,
le 11 juin, à Suwon (CDS).
Buts.- SÉNÉGAL : Fadiga (20e s.p.), Bouba Diop (26e, 38e) ; URUGUAY : R. Morales (46e), Forlan (69e), Recoba (88e s.p.).

CLASSEMENT

1. Danemark, 7 pts (+3) ; 2. Sénégal, 5 (+1) ; 3. Uruguay, 2 (-1) ; 4. France, 1 (-3).

GROUPE B

PARAGUAY 2-2 (1-0) AFRIQUE DU SUD,
le 2 juin, à Busan (CDS).
Buts.- PARAGUAY : R. Santa Cruz (39e), Arce (55e) ; AFRIQUE DU SUD : Struway (63e c.s.c.), Fortune (90e s.p.).
ESPAGNE 3-1 (1-0) SLOVÉNIE,
le 2 juin, à Gwangju (CDS).
Buts.- ESPAGNE : Raul (44e), Valeron (74e), Hierro (87e s.p.) ; SLOVÉNIE : Cimirotic (82e).
ESPAGNE 3-1 (0-1) PARAGUAY,
le 7 juin, à Jeonju (CDS).
Buts.- ESPAGNE : Morientes (53e, 69e), Hierro (82e s.p.) ; PARAGUAY : Puyol (10e c.s.c.).
AFRIQUE DU SUD 1-0 (1-0) SLOVÉNIE,
le 8 juin, à Daegu (CDS).
But : Nomvethe (4e).
Expulsion.- Slovénie : Katanec (entr., 48e).
AFRIQUE DU SUD 2-3 (1-2) ESPAGNE,
le 12 juin, à Daejeon (CDS).
Buts.- AFRIQUE DU SUD : McCarthy (31e), Radebe (53e) ; ESPAGNE : Raul (4e, 56e), Mendieta (45e).
SLOVÉNIE 1-3 (1-0) PARAGUAY,
le 12 juin, à Seogwipo (CDS).

Buts.- SLOVÉNIE : Acimovic (45e) ; PARAGUAY : Cuevas (66e, 84e), J.L. Campos (73e).
Expulsions.- Slovénie : Ceh (81e) ; Paraguay : Paredes (22e).

CLASSEMENT

1. Espagne, 9 pts (+5) ; 2. Paraguay, 4 (0, meilleure attaque que l'Afrique du Sud) ; 3. Afrique du Sud, 4 (0) ; 4. Slovénie, 0 (-5).

GROUPE C

BRÉSIL 2-1 (0-1) TURQUIE,
le 3 juin, à Ulsan (CDS).
Buts.- BRÉSIL : Ronaldo (50e), Rivaldo (87e s.p.) ; TURQUIE : Hasan Sas (45e)
Expulsions.- Turquie : Alpay (86e), Hakan Ünsal (90e).
CHINE 0-2 (0-0) COSTA RICA,
le 4 juin, à Gwangju (CDS).
Buts : R. Gomez (61e), M. Wright (65e).
BRÉSIL 4-0 (3-0) CHINE,
le 8 juin, à Jeju (CDS).
Buts : Roberto Carlos (15e), Rivaldo (32e), Ronaldinho (45e s.p.), Ronaldo (55e).
COSTA RICA 1-1 (0-0) TURQUIE,
le 9 juin, à Incheon (CDS).
Buts.- COSTA RICA : Parks (86e) ; TURQUIE : Emre Belozoglü (56e).
COSTA RICA 2-5 (1-3) BRÉSIL,
le 13 juin, à Suwon (CDS).
Buts.- COSTA RICA : Wanchope (39e), R. Gomez (56e) ; BRÉSIL : Ronaldo (10e, 13e), Edmilson (38e), Rivaldo (62e), Junior (64e).
TURQUIE 3-0 (2-0) CHINE,
le 13 juin, à Séoul (CDS).
Buts : Hasan Sas (6e), Bülent Korkmaz (9e), Ümit Davala (85e).
Expulsion.- Chine : Shao Jiayi (59e).

CLASSEMENT

1. Brésil, 9 pts (+8) ; 2. Turquie, 4 (+2) ; 3. Costa Rica, 4 (-1) ; 4. Chine, 0 (-9).

GROUPE D

CORÉE DU SUD 2-0 (1-0) POLOGNE,
le 4 juin, à Busan (CDS).
Buts : Hwang Sun-hong (26e), Yoo Sang-chul (53e).
ÉTATS-UNIS 3-2 (3-1) PORTUGAL,
le 5 juin, à Suwon (CDS).
Buts.- ÉTATS-UNIS : O'Brien (4e), Jorge Costa (29e c.s.c.), McBride (36e) ; PORTUGAL : Beto (39e), Agoos (71e c.s.c.).
CORÉE DU SUD 1-1 (0-1) ÉTATS-UNIS,
le 10 juin, à Daegu (CDS).
Buts.- ÉTATS-UNIS : Mathis (24e) ; CORÉE DU SUD : Ahn Jung-hwan (79e).
PORTUGAL 4-0 (1-0) POLOGNE,
le 10 juin, à Jeonju (CDS).
Buts : Pauleta (14e, 65e, 77e), Rui Costa (88e).
PORTUGAL 0-1 (0-0) CORÉE DU SUD,
le 14 juin, à Incheon (CDS).
But : Park Ji-sung (70e).
Expulsions.- Portugal : Joao Pinto (27e), Beto (65e).
POLOGNE 3-1 (2-0) ÉTATS-UNIS,
le 14 juin, à Daejeon (CDS).
Buts.- POLOGNE : Olisadebe (3e), Kryszalowicz (5e), Zewlakow (66e) ; ÉTATS-UNIS : Donovan (83e).

CLASSEMENT

1. Corée du Sud, 7 pts (+3) ; 2. États-Unis, 4 (-1) ; 3. Portugal, 3 (+2) ; 4. Pologne, 3 (-4).

GROUPE E

EIRE 1-1 (0-1) CAMEROUN,
le 1er juin, à Niigata (JAP).
Buts.- EIRE : Holland (52e) ; CAMEROUN : Mboma (39e).
ALLEMAGNE 8-0 (4-0) ARABIE SAOUDITE,
le 1er juin, à Sapporo (JAP).
Buts : Klose (20e, 25e, 69e), Ballack (40e), Jancker (45e), Linke (73e), Bierhoff (84e), B. Schneider (90e).
ALLEMAGNE 1-1 (1-0) EIRE,
le 6 juin, à Ibaraki (JAP).
Buts.- ALLEMAGNE : Klose (19e) ; EIRE : Rob. Keane (90e).
CAMEROUN 1-0 (0-0) ARABIE SAOUDITE,
le 6 juin, à Saitama (JAP).
But : Eto'o (65e).
CAMEROUN 0-2 (0-0) ALLEMAGNE,
le 11 juin, à Shizuoka (JAP).
Buts : Bode (50e), Klose (79e).
Expulsions.-Cameroun : Suffo (77e) ; Allemagne : Ramelow.
ARABIE SAOUDITE 0-3 (0-1) EIRE,
le 11 juin, à Yokohama (JAP).
Buts : Rob. Keane (7e), Breen (61e), Duff (87e).

CLASSEMENT

1. Allemagne, 7 pts (+10) ; 2. Eire, 5 (+3) ; 3. Cameroun, 4 (-1) ; 4. Arabie Saoudite, 0 (-12).

GROUPE F

ARGENTINE 1-0 (0-0) NIGERIA,
le 2 juin, à Ibaraki (JAP).
But : Batistuta (63e).
ANGLETERRE 1-1 (1-0) SUÈDE,
le 2 juin, à Saitama (JAP).
Buts.- ANGLETERRE : S. Campbell (24e) ; SUÈDE : Alexandersson (59e).
SUÈDE 2-1 (1-1) NIGERIA,
le 7 juin, à Kobé (JAP).
Buts. SUÈDE : H. Larsson (35e, 62e s.p.) ; NIGERIA : Aghahowa (27e).
ARGENTINE 0-1 (0-1) ANGLETERRE,
le 7 juin, à Sapporo (JAP).
But : Beckham (44e s.p.).
SUÈDE 1-1 (0-0) ARGENTINE,
le 12 juin, à Sendai (JAP).
Buts.- SUÈDE : A. Svensson (59e) ; ARGENTINE : Crespo (88e).
Expulsion.- ARGENTINE : Cannigia (remplaçant, 45e).
NIGERIA 0-0 ANGLETERRE,
le 12 juin, à Osaka (JAP).

CLASSEMENT

1. Suède, 5 (+1) ; 2. Angleterre, 5 (+1) ; 3. Argentine, 4 (0) ; 4. Nigeria, 1 (-2).

GROUPE G

CROATIE 0-1 (0-0) MEXIQUE,
le 3 juin, à Niigata (JAP).
But : Blanco (60e s.p.).
Expulsion.- CROATIE : Zivkovic (59e).
ITALIE 2-0 (2-0) ÉQUATEUR,
le 3 juin, Sapporo (JAP).
Buts : Vieri (7e, 27e).
ITALIE 1-2 (0-0) CROATIE,
le 8 juin, à Ibaraki (JAP).
Buts.- ITALIE : Vieri (55e) ; CROATIE : Olic (73e), Rapaic (76e).
MEXIQUE 2-1 (1-1) ÉQUATEUR,
le 9 juin à Sendai (JAP).
Buts.- MEXIQUE : Borgetti (28e), Torrado (57e) ; ÉQUATEUR : A. Delgado (5e).
MEXIQUE 1-1 (1-0) ITALIE,
le 13 juin, à Oita (JAP).
Buts.- MEXIQUE : Borgetti (34e) ; ITALIE : Del Piero (85e).
ÉQUATEUR 1-0 (0-0) CROATIE,
le 13 juin, à Yokohama (JAP).
But : E. Mendez (48e).

CLASSEMENT

1. Mexique, 7 pts (+2) ; 2. Italie, 4 (+1) ; 3. Croatie, 3 (-1) ; 4. Équateur, 3 (-2).

GROUPE H

JAPON 2-2 (0-0) BELGIQUE,
le 4 juin, Saitama (JAP).
Buts.- JAPON : Suzuki (59e), Inamoto (68e) ; BELGIQUE : Wilmots (57e), Van der Heyden (75e).
RUSSIE 2-0 (0-0) TUNISIE,
le 5 juin, à Kobé (JAP).
Buts : Titov (59e), Karpine (64e s.p.).
JAPON 1-0 (0-0) RUSSIE,
le 9 juin, à Yokohama (JAP).
But : Inamoto (51e).
TUNISIE 1-1 (1-1) BELGIQUE,
le 10 juin, à Oita (JAP).
Buts.- TUNISIE : Bouzaiene (17e) ; BELGIQUE : Wilmots (13e).
TUNISIE 0-2 (0-0) JAPON,
le 14 juin, à Osaka (JAP).
Buts : Morishima (48e), H. Nakata (75e).
BELGIQUE 3-2 (1-0) RUSSIE,
le 14 juin, à Shizuoka (JAP).
Buts.- BELGIQUE : Walem (7e), Sonck (78e), Wilmots (82e) ; RUSSIE : Bestchastnykh (52e), Sitchev (88e).

CLASSEMENT

1. Japon, 7 pts (+3) ; 2. Belgique, 5 (+1) ; 3. Russie, 3 (0) ; 4. Tunisie, 1 (-4).

HUITIÈMES DE FINALE

ALLEMAGNE 1-0 (0-0) PARAGUAY,
le 15 juin, à Seogwipo (CDS).
But : Neuville (88e).
Expulsion.- PARAGUAY : Acuna (90e).

DANEMARK 0-3 (0-3) ANGLETERRE,
le 15 juin, à Niigata (JAP).
Buts : R. Ferdinand (5e), Owen (22e), Heskey (44e).

SUÈDE 1-2 b.e.o. (1-1 ; 1-1) SÉNÉGAL,
le 16 juin, à Oita (JAP).
Buts.- SUÈDE : H. Larsson (11e) ; SÉNÉGAL : H. Camara (37e, 104e).

ESPAGNE 1-1 a.p., 3-2 aux t.a.b. (1-1 ; 0-1) EIRE,
le 16 juin, à Suwon (CDS).
Buts.- ESPAGNE : Morientes (8e) ; EIRE : Rob. Keane (90e s.p.).
Tirs au but. ESPAGNE : réussis par Hierro, Baraja, Mendieta ; manqués par Juanfran, Valeron. EIRE : réussis par Rob. Keane, Finnan ; manqués par Holland, Connolly, Kilbane.

MEXIQUE 0-2 (0-1) ÉTATS-UNIS,
le 17 juin, à Jeonju (CDS).
Buts : McBride (8e), Donovan (65e).
Expulsion.- MEXIQUE : Marquez (88e).

BRÉSIL 2-0 (0-0) BELGIQUE,
le 17 juin, à Kobé (JAP).
Buts : Rivaldo (67e), Ronaldo (87e).

JAPON 0-1 (0-1) TURQUIE,
le 18 juin, à Sendai (JAP).
But : Ümit Davala (12e).

CORÉE DU SUD 2-1 b.e.o. (0-1 ; 1-1) ITALIE,
le 18 juin, à Daejeon (CDS).
Buts. CORÉE DU SUD : Seol Ki-hyeon (88e), Ahn Jung-hwan (117e) ; ITALIE : Vieri (18e).
Expulsion. ITALIE : Totti (103e).

QUARTS DE FINALE

ANGLETERRE 1-2 (1-1) BRÉSIL,
le 21 juin, à Shizuoka (JAP).
Buts.- ANGLETERRE : Owen (23e) ; BRÉSIL : Rivaldo (45e), Ronaldinho (50e).
Expulsion.- BRÉSIL : Ronaldinho (57e).

ALLEMAGNE 1-0 (1-0) ÉTATS-UNIS,
le 21 juin, à Ulsan (CDS).
But : Ballack (39e).

ESPAGNE 0-0, 3-5 aux t.a.b. CORÉE DU SUD,
le 22 juin, à Gwangju (CDS).
Tirs au but. ESPAGNE : réussis par Hierro, Baraja, Xavi ; manqués par Joaquin. CORÉE DU SUD : réussis par Hwang Sun-hong, Park Ji-sung, Seol Ki-hyeon, Ahn Jung-hwan, Hong Myung-bo.

SÉNÉGAL 0-1 b.e.o. TURQUIE,
le 22 juin, à Osaka (JAP).
But : Ilhan Mansiz (94e).

DEMI-FINALES

ALLEMAGNE 1-0 (0-0) CORÉE DU SUD,
le 25 juin, à Séoul (CDS).
But : Ballack (75e).
ALLEMAGNE : Kahn (cap.) - Frings, Linke, Ramelow, Metzelder - B. Schneider (Jeremies, 85e), Hamann, Ballack, Bode - Klose (Bierhoff, 70e), Neuville (Asamoah, 88e). Entr. : R. Völler.
CORÉE DU SUD : Lee Woon-jae - Choi Jin-chul (Lee Min-sung, 56e), Hong Myung-bo (cap.), Kim Tae-young -Song Chong-gug (Seol Ki-hyeon, 80e), Park Ji-sung, Yoo Sang-chul, Lee Young-pyo - Cha Doo-ri, Hwang Sun-hong (Ahn Jung-hwan, 54e), Lee Chun-soo. Entr. : G. Hiddink (HOL).

BRÉSIL 1-0 (0-0) TURQUIE,
le 26 juin, à Saitama (JAP).
But : Ronaldo (49e).
BRÉSIL : Marcos - Lucio, Edmilson, Roque Junior - Cafu (cap.), Gilberto Silva, Kleberson (Belletti, 85e), Roberto Carlos - Edilson (Denilson, 75e) - Ronaldo (Luizao, 68e), Rivaldo. Entr. : L. F. Scolari.
TURQUIE : Rüstü - Fatih Akyel, Bülent Korkmaz, Alpay, Ergun - Ümit Davala (Izzet, 74e), Tugay, Emre Belozoglü (Ilhan Mansiz, 62e) - Basturk (Arif 88e) - Hakan Sükür (cap.), Hasan Sas. Entr. : S. Gunes.

MATCH POUR LA TROISIÈME PLACE

CORÉE DU SUD 2-3 (1-3) TURQUIE,
le 29 juin, à Daegu (CDS).
Buts.- CORÉE DU SUD : Lee Eul.-yong. (9e), Song Chong.-gug. (90e) ; TURQUIE : Hakan Sükür (1re), Mansiz (13e, 32e).
CORÉE DU SUD : Lee Woon-jae - Lee Min-sung, Hong Myung-bo (cap., Kim Tae-young, 46e), Yoo Sang-chul - Song Chong-gug, Lee Eul-yong (Cha Doo-ri, 65e), Lee Chun-soo, Lee Young-pyo - Park Ji-sung, Ahn Jung-hwan, Seol Ki-hyeon (Choi Tae-uk, 79e). Entr. : G. Hiddink (HOL).
TURQUIE : Rüstü - Fatih Akyel, Alpay, Bülent Korkmaz, Ergun - Ümit Davala (Okan Buruk, 76e), Tugay, Emre Belozoglü (Hakan Ünsal, 41e) - Basturk (Tayfur, 86e) - Hakan Sükür (cap.), Ilhan Mansiz. Entr. : S. Günes.

FINALE

ALLEMAGNE 0-2 (0-0) BRÉSIL,
le 30 juin, à Yokohama (JAP).
Buts : Ronaldo (67e, 78e).
ALLEMAGNE : Kahn (cap.) - Linke, Ramelow, Metzelder - Frings, Hamann, Jeremies (Asamoah, 77e), Bode (Ziege, 83e) - B. Schneider - Klose (Bierhoff, 74e), Neuville. Entr. : R. Völler.
BRÉSIL : Marcos - Lucio, Edmilson, Roque Junior - Cafu (cap.), Kleberson, Gilberto Silva, Ronaldinho (Juninho Paulista, 85e), Roberto Carlos - Ronaldo (Denilson, 89e), Rivaldo. Entr. : L.F. Scolari.

LES MEILLEURS BUTEURS DE CHAQUE COUPE DU MONDE

1930 : Stabile (**8 buts**, Argentine)
1934 : Nejedly (**5 buts**, Rép.Tchèque)
1938 : Leonidas (**7 buts**, Brésil)
1950 : Ademir (**9 buts**, Brésil)
1954 : Kocsis (**11 buts**, Hongrie)
1958 : Fontaine (**13 buts**, France)
1962 : Jerkovic (**5 buts**, Yougoslavie)
1966 : Eusebio (**9 buts**, Brésil)
1970 : G. Müller (**10 buts**, Allemagne)
1974 : Lato (**7 buts**, Pologne)
1978 : Kempes (**6 buts**, Argentine)
1982 : Rossi (**6 buts**, Italie)
1986 : Lineker (**6 buts**, Angleterre)
1990 : Schillaci (**6 buts**, Italie)
1994 : Salenko (**6 buts**, Russie) et Stoitchkov (**6 buts**, Bulgarie)
1998 : Suker (**6 buts**, Croatie)
2002 : Ronaldo (**8 buts**, Brésil)
2006 : Klose (**5 buts**, Allemagne)

2006 / ALLEMAGNE

(du 9 juin au 9 juillet)

PHASE DE GROUPES

GROUPE A

ALLEMAGNE 4-2 (2-1) COSTA RICA,
le 9 juin, à Munich.
Buts.- ALLEMAGNE : Lahm (6e), Klose (17e, 61e), Frings (87e) ;
COSTA RICA : Wanchope (12e, 73e).
POLOGNE 0-2 (0-1) ÉQUATEUR,
le 9 juin, à Gelsenkirchen.
Buts : C. Tenorio (24e), Delgado (80e).
ALLEMAGNE 1-0 (0-0) POLOGNE,
le 14 juin, à Dortmund.
But : Neuville (90e+1).
Expulsion.- Pologne : Sobolewski (75e).
ÉQUATEUR 3-0 (1-0) COSTA RICA,
le 15 juin, à Hambourg.
Buts : C. Tenorio (8e), A. Delgado (54e), Kaviedes (90e+2).
ÉQUATEUR 0-3 (0-2) ALLEMAGNE,
le 20 juin, à Berlin.
Buts : Klose (4e, 44e), Podolski (57e).
COSTA RICA 1-2 (1-1) POLOGNE,
le 20 juin, à Hanovre.
Buts.- COSTA RICA : R. Gomez (25e) ;
POLOGNE : Bosacki (33e, 66e).

CLASSEMENT
1. Allemagne 9 pts (+6) ;
2. Équateur, 6 (+2) ; 3. Pologne, 3 (-2) ;
4. Costa Rica 0 (-6).

GROUPE B

ANGLETERRE 1-0 (1-0) PARAGUAY,
le 10 juin, à Francfort.
But : Beckham (3e).
TRINITÉ-ET-TOBAGO 0-0 SUÈDE,
le 10 juin, à Dortmund.
Expulsion.- Trinité-et-Tobago : A. John (46e).
ANGLETERRE 2-0 (0-0) TRINITÉ-ET-TOBAGO,
le 15 juin, à Nuremberg.
Buts : Crouch (83e), Gerrard (90e +1).
SUÈDE 1-0 (0-0) PARAGUAY,
le 15 juin, à Berlin.
But : Ljungberg (89e).
SUÈDE 2-2 (0-1) ANGLETERRE,
le 20 juin, à Cologne.
Buts.- SUÈDE : Allbäck (51e), H. Larsson (90e) ; ANGLETERRE : J. Cole (34e), Gerrard (85e).
PARAGUAY 2-0 (1-0) TRINITÉ-ET-TOBAGO,
le 20 juin, à Kaiserslautern.
Buts : Sancho (25e c.s.c.), Cuevas (86e).

CLASSEMENT
1. Angleterre, 7 pts (+3) ; 2. Suède, 5 (+1) ; 3. Paraguay, 3 (0) ; 4. Trinité-et-Tobago, 1 (-4).

GROUPE C

ARGENTINE 2-1 (2-0) CÔTE D'IVOIRE,
le 10 juin, à Hambourg.
Buts.- ARGENTINE : Crespo (24e), Saviola (38e) ;
CÔTE D'IVOIRE : Drogba (82e).
SERBIE-MONTÉNÉGRO 0-1 (0-1) PAYS-BAS,
le 11 juin, à Leipzig.
But : Robben (18e).
ARGENTINE 6-0 (3-0) SERBIE-MONTÉNÉGRO,
le 16 juin, à Gelsenkirchen.
Buts : Maxi Rodríguez (6e, 41e), Cambiasso (31e), Crespo (78e), Tevez (84e), Messi (88e).
Expulsion.- Serbie-Monténégro : Kezman (65e).
PAYS-BAS 2-1 (2-1) CÔTE D'IVOIRE,
le 16 juin, à Stuttgart.
Buts.- PAYS-BAS : Van Persie (23e), Van Nistelrooy (27e) ;
CÔTE D'IVOIRE : B. Koné (38e).
PAYS-BAS 0-0 ARGENTINE,
le 21 juin, à Francfort.
CÔTE D'IVOIRE 3-2 (1-2) SERBIE-MONTÉNÉGRO,
le 21 juin, à Munich.
Buts.- CÔTE D'IVOIRE : Aruna Dindane (37e s.p., 67e), B. Kalou (85e s.p.) ;
SERBIE-MONTÉNÉGRO : Zigic (10e), Ilic (20e).
Expulsions.- Côte-d'Ivoire : C. Domoraud (90e+2) ; Serbie-Monténégro : Nadj (45e +2).

CLASSEMENT
1. Argentine, 7 pts (+7) ;
2. Pays-Bas, 7 (+2) ; 3. Côte-d'Ivoire, 3 (-1) ;
4. Serbie-Monténégro, 0 (-8).

GROUPE D

MEXIQUE 3-1 (1-1) IRAN,
le 11 juin, à Nuremberg.
Buts.- MEXIQUE : Bravo (28e, 76e), Zinha (79e) ;
IRAN : Golmohammadi (36e).
ANGOLA 0-1 (0-1) PORTUGAL,
le 11 juin, à Cologne.
But : Pauleta (4e).
MEXIQUE 0-0 ANGOLA,
le 16 juin, à Hanovre.
Expulsion.- Angola : André Macanga (79e).
PORTUGAL 2-0 (0-0) IRAN,
le 17 juin, à Francfort.
Buts : Deco (63e), Cristiano Ronaldo (80e s.p.).
PORTUGAL 2-1 (2-1) MEXIQUE,
le 21 juin, à Gelsenkirchen.
Buts.- PORTUGAL : Maniche (6e), Simao (24e s.p.) ; MEXIQUE : J. Fonseca (29e).
Expulsion.- Mexique : L. Perez (61e).
IRAN 1-1 (0-0) ANGOLA,
le 21 juin, à Leipzig.
Buts.- IRAN : Bakhtiarizadeh (75e) ;
ANGOLA : Flavio (60e).

CLASSEMENT
1. Portugal, 9 pts (+4) ; 2. Mexique, 4 (+1) ;
3. Angola, 2 (-1) ; 4. Iran, 1 (-4).

GROUPE E

ITALIE 2-0 (1-0) GHANA,
le 12 juin, à Hanovre.
Buts : Pirlo (40e), Iaquinta (83e).
ÉTATS-UNIS 0-3 (0-2) RÉPUBLIQUE TCHÈQUE,
le 12 juin, à Gelsenkirchen.
Buts : Koller (6e), Rosicky (36e, 76e).
ITALIE 1-1 (1-1) ÉTATS-UNIS,
le 17 juin, à Kaiserslautern.
Buts.- ITALIE : Gilardino (22e) ; ÉTATS-UNIS : Zaccardo (27e c.s.c.).
Expulsions.- Italie : De Rossi (28e) ; États-Unis : Mastroeni (45e), Pope (47e).
RÉPUBLIQUE TCHÈQUE 0-2 (0-1) GHANA,
le 17 juin, à Cologne.
Buts : Gyan (2e), Muntari (82e).
Expulsion.- République Tchèque : Ujfalusi (65e).
RÉPUBLIQUE TCHÈQUE 0-2 (0-1) ITALIE,
le 22 juin, à Hambourg.
Buts : Materazzi (26e), F. Inzaghi (87e).
Expulsion.- République tchèque : Polak (45e +2).
GHANA 2-1 (2-1) ÉTATS-UNIS,
le 22 juin, à Nuremberg.
Buts.- GHANA : Dramani (22e), S. Appiah (45e+2 s.p.) ; ÉTATS-UNIS : Dempsey (43e).

CLASSEMENT
1. Italie, 7 pts (+4) ; 2. Ghana, 6 (+1) ;
3. République tchèque, 3 (-1) ;
4. Etats-Unis, 1 (-4).

GROUPE F

BRÉSIL 1-0 (1-0) CROATIE,
le 13 juin, à Berlin.
But : Kaka (44e).
AUSTRALIE 3-1 (0-1) JAPON,
le 12 juin, à Kaiserslautern.
Buts.- AUSTRALIE : Cahill (84e, 89e), Aloisi (90e+2) ; JAPON : Nakamura (26e).
BRÉSIL 2-0 (0-0) AUSTRALIE,
le 18 juin, à Munich.
Buts : Adriano (49e), Fred (90e).
JAPON 0-0 CROATIE,
le 18 juin, à Nuremberg.
JAPON 1-4 (1-1) BRÉSIL,
le 22 juin, à Dortmund.
Buts.- JAPON : Tamada (34e) ;
BRÉSIL : Ronaldo (45e +1, 81e), Juninho Pernambucano (53e), Gilberto (59e).
CROATIE 2-2 (1-1) AUSTRALIE,
le 22 juin, à Stuttgart.
Buts.- CROATIE : Srna (2e), N. Kovac (56e) ;
AUSTRALIE : Moore (38e s.p.), Kewell (79e).
Expulsions.- Croatie : Simic (85e), Simunic (après le coup de sifflet final) ; Australie : Emerton (81e).

CLASSEMENT
1. Brésil, 9 pts (+6) ; 2. Australie, 4 (0) ;
3. Croatie, 2 (-1) ; 4. Japon, 1 (-5).

GROUPE G

FRANCE 0-0 SUISSE,
le 13 juin, à Stuttgart.
CORÉE DU SUD 2-1 (0-1) TOGO,
le 13 juin, à Francfort.
Buts.- CORÉE DU SUD : Lee Chun-soo. (54e), Ahn Jung-hwan (72e) ; TOGO : Ka. Touré (31e).
Expulsion.- Togo : Abalo (53e).
FRANCE 1-1 (1-0) CORÉE DU SUD,
le 18 juin, à Leipzig.
Buts.- FRANCE : Henry (9e) ;
CORÉE DU SUD : Park Ji-sung (81e).
TOGO 0-2 (0-1) SUISSE,
le 19 juin, à Dortmund.
Buts : Frei (16e), Barnetta (88e).
TOGO 0-2 (0-0) FRANCE,
le 23 juin, à Cologne.
Buts : Vieira (55e), Henry (61e).
SUISSE 2-0 (1-0) CORÉE DU SUD,
le 23 juin, à Hanovre.
Buts : Senderos (23e), Frei (77e).

CLASSEMENT
1. Suisse, 7 pts (+4) ; 2. France, 5 (+2) ;
3. Corée du Sud, 4 (-1) ; 4. Togo, 0 (-5).

GROUPE H

ESPAGNE 4-0 (2-0) UKRAINE,
le 14 juin, à Leipzig.
Buts : Xabi Alonso (13e), Villa (17e, 48e s.p.), Fernando Torres (81e).
Expulsion.- Ukraine : Vachtchouk (47e).
TUNISIE 2-2 (1-0) ARABIE SAOUDITE,
le 14 juin, à Munich.
Buts.- TUNISIE : Jaziri (23e), Jaïdi (90e+2) ;
ARABIE SAOUDITE : Al-Kahtani (57e), Al-Jaber (84e).
ESPAGNE 3-1 (0-1) TUNISIE,
le 19 juin, à Stuttgart.
Buts.- ESPAGNE : Raul (71e), Fernando Torres (76e, 90e +1 s.p.) ; TUNISIE : Mnari (8e).
ARABIE SAOUDITE 0-4 (0-2) UKRAINE,
le 19 juin, à Hambourg.
Buts : Roussol (4e), Rebrov (36e), Chevtchenko (46e), Kalinitchenko (84e).
ARABIE SAOUDITE 0-1 (0-1) ESPAGNE,
le 23 juin, à Kaiserslautern.
But : Juanito (36e).
UKRAINE 1-0 (0-0) TUNISIE,
le 23 juin, à Berlin.
But : Chevtchenko (70e s.p.).
Expulsion.- Tunisie : Jaziri (45e+1).

CLASSEMENT
1. Espagne, 9 pts (+7) ; 2. Ukraine, 6 (+1) ;
3. Tunisie, 1 (-3) ; 4. Arabie saoudite, 1 (-5).

HUITIÈMES DE FINALE

ALLEMAGNE 2-0 (2-0) SUÈDE,
le 24 juin, à Munich.
Buts.- Podolski (4e, 12e).
Expulsion.- Suède : Lucic (35e).

ARGENTINE 2-1 a.p. (1-1 ; 1-1) MEXIQUE,
le 24 juin, à Leipzig.
Buts.- ARGENTINE : Borgetti (10e c.s.c.), Maxi Rodriguez (98e) ; MEXIQUE : Marquez (6e).

ANGLETERRE 1-0 (0-0) ÉQUATEUR,
le 25 juin, à Stuttgart.
But : Beckham (60e).

PORTUGAL 1-0 (1-0) PAYS-BAS,
le 25 juin, à Nuremberg.
But : Maniche (23e).
Expulsions.- Portugal :
Da Costa (45e +1), Deco (78e) ; Pays-Bas : Boulahrouz (63e), Van Bronckhorst (90e+5).

ITALIE 1-0 (0-0) AUSTRALIE,
le 26 juin, à Kaiserslautern.
But : Totti (90e+5 s.p.).
Expulsion.- Italie : Materazzi (50e).

SUISSE 0-0, 0-3 aux t.a.b. UKRAINE,
le 26 juin, à Cologne.
Tirs au but. Suisse : manqués par Streller, Barnetta et Cabanas. Ukraine : réussis par Milevsky, Rebrov et Goussev; manqué par Chevtchenko.

BRÉSIL 3-0 (2-0) GHANA,
le 27 juin, à Dortmund.
Buts : Ronaldo (5e), Adriano (45e+1), Zé Roberto (84e).
Expulsion.- Ghana : Gyan (81e). (Ghana).

ESPAGNE 1-3 (1-1) FRANCE,
le 27 juin, à Hanovre.
Buts.- ESPAGNE : Villa (28e s.p.) ; FRANCE : Ribéry (41e), Vieira (83e), Zidane (90e+2).

QUARTS DE FINALE

ALLEMAGNE 1-1, 4-2 aux t.a.b. (0-0 ; 1-1) ARGENTINE,
le 30 juin, à Berlin.
Buts.- ARGENTINE : R. Ayala (49e),
ALLEMAGNE : Klose (80e).
Tirs au but. Allemagne: réussis par Neuville, Ballack, Podolski et Borowski. Argentine: réussis par J. Cruz et Maxi Rodriguez ; manqués par R. Ayala et Cambiasso.
Expulsion.- Argentine : Cufré (remplaçant, 120e).

ITALIE 3-0 (1-0) UKRAINE,
le 30 juin, à Hambourg.
Buts : Zambrotta (6e), Toni (59e, 69e).

ANGLETERRE 0-0, 1-3 aux t.a.b. PORTUGAL,
le 1er juillet, à Gelsenkirchen.
Tirs au but. Angleterre : réussi par Hargreaves ; manqués par Lampard, Gerrard et Carragher. Portugal : réussis par Simao, Helder Postiga et Cristiano Ronaldo ; manqués par Hugo Viana et Petit.
Expulsion.- Angleterre : Rooney (62e).

BRÉSIL 0-1 (0-0) FRANCE,
le 1er juillet, à Francfort.
But : Henry (57e).

DEMI-FINALES

ALLEMAGNE 0-2 a.p. (0-0 ; 0-0) ITALIE,
le 4 juillet, à Dortmund.
Buts : Grosso (119e), Del Piero (120e+1).
ALLEMAGNE : Lehmann - Friedrich, Mertesacker, Metzelder, Lahm - Schneider (Odonkor, 83e), Ballack (cap.), Kehl, Borowski (Schweinsteiger, 72e) - Klose (Neuville, 111e), Podolski.
Entr. : J. Klinsmann.
ITALIE : Buffon - Zambrotta, Cannavaro (cap.), Materazzi, Grosso - Camoranesi (Iaquinta, 91e), Gattuso, Pirlo, Perrotta (Del Piero, 104e) - Totti - Toni (Gilardino, 74e). Entr. : M. Lippi.

PORTUGAL 0-1 (0-1) FRANCE,
le 5 juillet, à Munich.
But : Zidane (33e s.p.).
PORTUGAL : Ricardo - Miguel (Paulo Ferreira, 62e), Fernando Meira, Ricardo Carvalho, Nuno Valente - Da Costa (Helder Postiga, 75e), Maniche - Figo (cap.), Deco, Cristiano Ronaldo - Pauleta (Simao, 68e). Entr. : L.F. Scolari (BRE).
FRANCE : Barthez - Sagnol, Thuram, Gallas, Abidal - Ribéry (Govou, 72e), Vieira, Makelele, Malouda (Wiltord, 69e) - Zidane (cap.) - Henry (Saha, 85e). Entr. : R. Domenech.

MATCH POUR LA TROISIÈME PLACE

ALLEMAGNE 3-1 (0-0) PORTUGAL,
le 8 juillet, à Stuttgart.
Buts.- ALLEMAGNE : Schweinsteiger (56e, 78e), Petit (60e c.s.c.) ; PORTUGAL : Nuno Gomes (88e).
ALLEMAGNE : Kahn (cap.) - Lahm, Nowotny, Metzelder, Jansen - B. Schneider, Kehl, Frings, Schweinsteiger (Hitzlsperger, 79e) - Klose (Neuville, 64e), Podolski (Hanke, 71e).
Entr. : J. Klinsmann.
PORTUGAL : Ricardo - Paulo Ferreira, Fernando Meira, Ricardo Costa, Nuno Valente (Nuno Gomes, 69e) - Deco, Da Costa (Petit, 46e), Maniche - Cristiano Ronaldo, Pauleta (cap.) (Figo, 77e), Simao.
Entr. : L.F. Scolari (BRE).

FINALE

ITALIE 1-1 a.p., 5-3 aux t.a.b. (1-1 ; 1-1) FRANCE,
le 9 juillet, à Berlin.
Buts.- FRANCE : Zidane (7e s.p.) ; ITALIE : Materazzi (19e).
Tirs au but : Italie : réussis par Pirlo, Materazzi, De Rossi, Del Piero, Grosso. France : réussis par Wiltord, Abidal, Sagnol ; manqué par Trezeguet.
Expulsion.- France : Zidane (110e).
ITALIE : Buffon - Zambrotta, Cannavaro (cap.), Materazzi, Grosso - Perrotta (Iaquinta, 61e), Pirlo, Gattuso, Camoranesi (Del Piero, 86e) - Totti (De Rossi, 61e) - Toni. Entr. : M. Lippi.
FRANCE : Barthez - Sagnol, Thuram, Gallas, Abidal - Ribéry (Trezeguet, 100e), Vieira (A. Diarra, 56e), Makelele, Malouda - Zidane (cap.) - Henry (Wiltord, 107e).
Entr. : R. Domenech.

LES ÉVOLUTIONS DU RÈGLEMENT DE LA PHASE FINALE

1930. Tournoi sur invitations. Quatre poules tirées au sort. Qualification des premiers pour les demi-finales (victoire : 2 points ; nul : un point).

1934. Tournoi de qualification. L'Italie, pays organisateur, dispute le tournoi éliminatoire. Seize pays qualifiés. Tournoi par élimination directe après tirage au sort. Création d'un match pour la troisième place.

1938. Pays organisateur et champion en titre qualifiés (principe valable jusqu'en 2002). Seize pays qualifiés. Forfait de l'Autriche annexée par l'Allemagne. Tournoi par élimination directe.

1950. Quatre poules. Les quatre vainqueurs disputent une poule finale pour l'attribution du titre. Pas de finale.

1954. Tirage au sort de quatre poules de quatre avec deux têtes de séries qui ne se rencontrent pas à ce stade (sauf en cas d'égalité au classement). Match d'appui, si nécessaire, pour désigner le deuxième de chaque poule. Tournoi par élimination directe à partir des quarts de finale (deux qualifiés par poule).

1958. Tirage au sort de quatre poules de quatre avec un représentant de chaque zone géographique. Match d'appui, si nécessaire, pour désigner le deuxième de chaque poule. Tournoi par élimination directe à partir des quarts de finale (deux qualifiés par poule).

1962. Tirage au sort de quatre poules de quatre avec une tête de série. Tournoi par élimination directe à partir des quarts de finale (deux qualifiés par poule). Tous les matches de cette phase se disputent à la même heure (principe définitif).

1966. Tirage au sort de quatre poules de quatre avec une tête de série. Tournoi par élimination directe à partir des quarts de finale (deux qualifiés par poule).

1970. Tirage au sort de quatre poules de quatre avec une tête de série. Les équipes à égalité de points sont départagées à la différence de buts (ou par tirage au sort en cas d'égalité). Tournoi par élimination directe à partir des quarts de finale (deux qualifiés par poule). Tirage au sort en cas d'égalité après prolongation. Le remplacement de deux joueurs est autorisé. Première utilisation des cartons jaunes et rouges.

1974. Tirage au sort de quatre poules de quatre. Les deux premiers se retrouvent à nouveau dans deux poules de quatre. Les vainqueurs de chaque groupe disputent la finale et les deuxièmes le match pour la troisième place.

1978. Tirage au sort de quatre poules de quatre. Les deux premiers se retrouvent à nouveau dans deux poules de quatre. Les vainqueurs de chaque groupe disputent la finale et les deuxièmes le match pour la troisième place.

1982. Tirage au sort de six poules de quatre. Les deux premiers se retrouvent dans quatre groupes de trois. Le premier de chaque groupe accède aux demi-finales. Apparition des tirs au but en cas d'égalité après prolongation.

1986. Tirage au sort de six poules de quatre. Les derniers matches de chaque poule ont lieu à la même heure (principe définitif). Seize équipes se qualifient pour les huitièmes de finale : les deux premiers de chaque poule plus les quatre meilleurs troisièmes. Tournoi à élimination directe à partir des huitièmes de finale.

1990. Tirage au sort de six poules de quatre. Seize équipes se qualifient pour les huitièmes de finale : les deux premiers de chaque poule plus les quatre meilleurs troisièmes. Tournoi à élimination directe à partir des huitièmes de finale.

1994. Tirage au sort de six poules de quatre prenant en compte le classement FIFA et la zone géographique. Seize équipes se qualifient pour les huitièmes de finale : les deux premiers de chaque poule plus les quatre meilleurs troisièmes. Le barème des points change : trois points au lieu de deux pour une victoire. Tournoi à élimination directe à partir des huitièmes de finale.

1998. Tirage au sort de huit poules de quatre. Les deux premiers de chaque poule disputent les huitièmes de finale. Tournoi à élimination directe à partir des huitièmes de finale et apparition du but en or.

2002. Tirage au sort de huit poules de quatre. Les deux premiers de chaque poule disputent les huitièmes de finale. Tournoi à élimination directe à partir des huitièmes de finale.

2006. Pour la première fois, l'équipe championne en titre n'est pas qualifiée d'office. Tirage au sort de huit poules de quatre prenant en compte le classement FIFA et la zone géographique. Les deux premiers de chaque poule disputent les huitièmes de finale. Tournoi à élimination directe à partir des huitièmes de finale. Abandon de la formule du but en or.

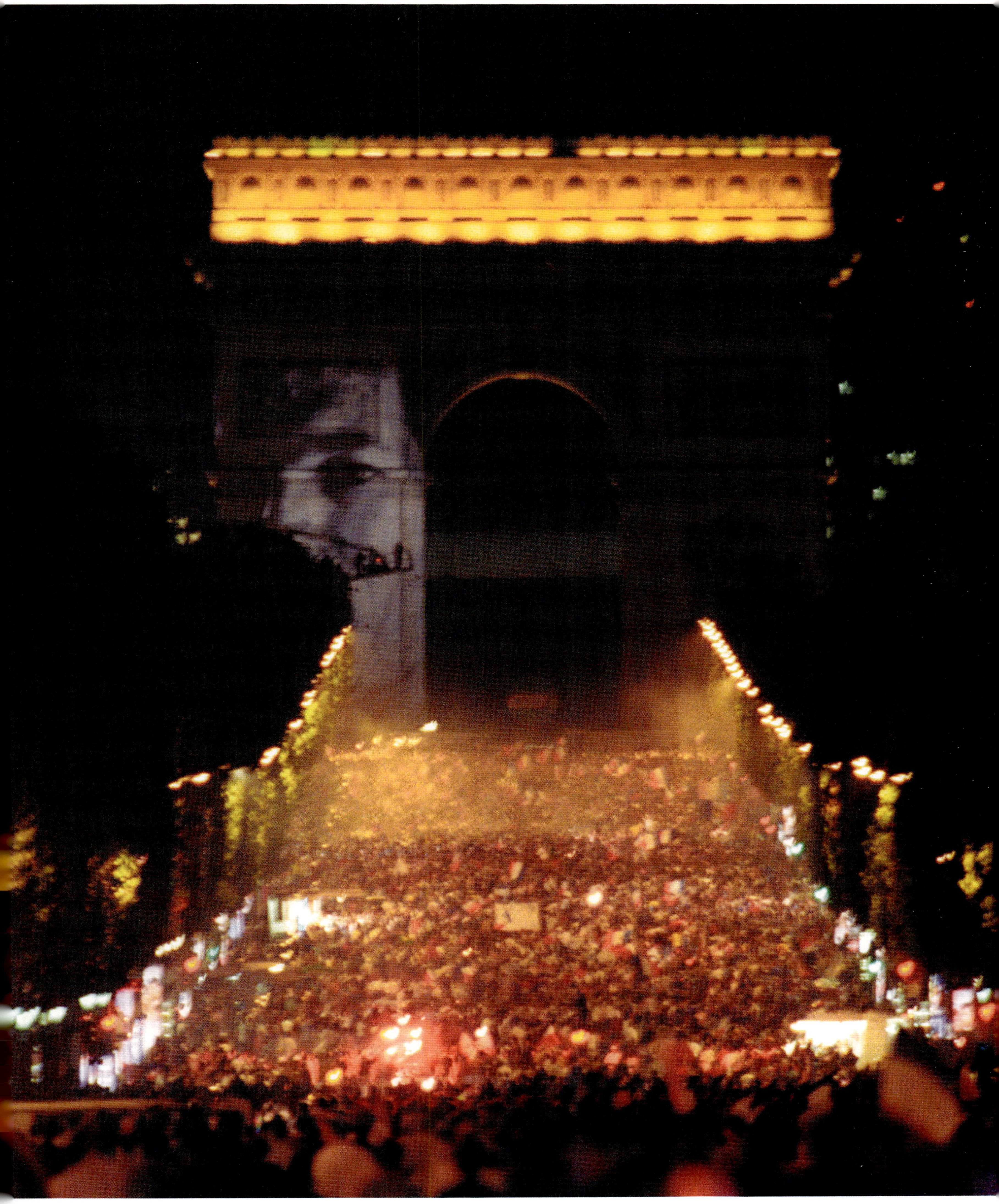

REMERCIEMENTS

Nous tenons à remercier les photographes de *L'Équipe*, d'hier et d'aujourd'hui.

Merci à « Double G », Gérard Schaller et Patrick Fillion, relecteurs experts, ainsi qu'à Françoise Prost pour sa minutieuse chasse aux coquilles.

Merci à nos documentalistes, Thierry Dengerma, Rodolphe Meunier, Alain Hasse, Dominique Bartholomé et Maurice Broquet qui, sous la houlette de leur responsable, Danièle Coussot ont accompli un formidable travail de recherche.

Merci à notre équipe de correcteurs, animée par Emir Harbi.

Céline Ruissel remercie particulièrement Frédéric et Antonin pour le temps qu'ils lui ont laissé.

Achevé d'imprimer
par Book Partners China Ltd
(Chine)